Betriebs- und Wirtschaftsinformatik

Herausgegeben von
H. R. Hansen H. Krallmann P. Mertens A.-W. Scheer
D. Seibt P. Stahlknecht H. Strunz R. Thome

Jörg Becker

Architektur eines EDV-Systems zur Materialflußsteuerung

Springer-Verlag
Berlin Heidelberg New York
London Paris Tokyo

Dr. Jörg Becker
Institut für Wirtschaftsinformatik
Universität des Saarlandes, Geb. 14
Im Stadtwald, D-6600 Saarbrücken

ISBN 3-540-18349-3 Springer-Verlag Berlin Heidelberg New York
ISBN 0-387-18349-3 Springer-Verlag New York Berlin Heidelberg

Repro- u. Druckarbeiten: Weihert-Druck GmbH, Darmstadt
Bindearbeiten: Druckhaus Beltz, Hemsbach/Bergstraße
2142/3140-543210

VORWORT

Die bestehenden Systeme zur Produktionsplanung und -steuerung sowie die betriebswirtschaftliche Literatur zur Materialwirtschaft und Produktionsplanung sind auf Fertigungsstrukturen ausgerichtet, die weitgehend denen des Maschinenbaus mit überwiegender Werkstattfertigung und ausgeprägter Stücklistenstruktur entsprechen.

Die vorliegende Arbeit zielt dagegen mehr auf Probleme der Materialflußsteuerung für nach dem Fließprinzip gestaltete Produktionssysteme. Dabei werden die Einheitlichkeit von Planung, Steuerung und Rückmeldung und die vollständige Verfolgung der logistischen Kette vom Auftragseingang bis zur Auslieferung in den Vordergrund gestellt. Es wird ein durchgängiger Lösungsansatz entwickelt von der betriebswirtschaftlich-organisatorischen Planung der Materialflußsteuerung bis zur EDV-technischen Umsetzung und Implementierungsstrategie.

Die Arbeit entstand während meiner Tätigkeit am Institut für Wirtschaftsinformatik an der Universität des Saarlandes in Saarbrücken. Erfahrungen aus mehreren Projekten mit Industriepartnern bilden das Fundament für die theoretische Gestaltung des Organisationsansatzes und seine Abbildung in einem EDV-System.

Mein besonderer Dank gilt meinem akademischen Lehrer, Herrn Professor Dr. A.-W. Scheer, für die wissenschaftliche Betreuung und die wertvolle Unterstützung. Ebenso danke ich Herrn Professor Dr. B. Tietz für die Übernahme des Korreferates.

Saarbrücken, im Februar 1987 *Jörg Becker*

INHALT

Seite

Seite

1. Rahmenbedingungen für die Materialflußsteuerung

1.1. Veränderung des Marktgeschehens

"Der Sinn aller betrieblichen Betätigung besteht darin, Güter materieller Art zu produzieren oder Güter immaterieller Art bereitzustellen."[1]

"The fundamental purpose of business activity is the satisfaction of consumer wants."[2]

Die beiden Zitate, das erste von Erich Gutenberg in seinem 1951 erschienenen Lehrbuch "Grundlagen der Betriebswirtschaftslehre: Die Produktion", das zweite aus einem modernen Lehrbuch des Marketing Management, zeigen, wie sich der Ausgangspunkt der betrieblichen Planung verschoben hat. Stand in den Nachkriegsjahren eine möglichst rationelle Produktion von Gütern im Mittelpunkt des Interesses, ist heute eine unbedingte Anpassung an Kundenwünsche - selbst unter Mißachtung optimaler Produktionsprozesse - notwendig.

In der Literatur wird dieses Phänomen als Wechsel vom Verkäufermarkt zum Käufermarkt[3] oder als Übergang von der Knappheitswirtschaft zur Überflußgesellschaft[4] bezeichnet. Obwohl dies sicher nicht für alle Bereiche zutrifft[5], wächst die Anzahl der Unternehmungen, bei denen der Absatz zum Engpaßbereich (Minimumsektor) gemäß Gutenbergs Ausgleichsgesetz der Planung[6] wird.

Der Wandel vom Verkäufer- zum Käufermarkt manifestiert sich in der Notwendigkeit, sich Kundenwünschen so weit wie möglich anzupassen, speziell was die Einhaltung vorgegebener Liefertermine oder die Reaktion auf nachträgliche Änderungen der Kundenauftragsspezifikationen betrifft. Beide Vorgaben haben direkte Auswirkungen auf die Steuerung des Materialflusses.

1.1.1. Kurzfristigkeit des Kundengeschäfts

Über Branchen hinweg ist die Tendenz im Marktgeschehen zu erkennen, daß nicht nur Preis und Qualität ausschlaggebende Faktoren für die Kunden zum Kauf von Waren sind, sondern mehr und mehr die Möglichkeit des Herstellers, in kurzen Zeiträumen und termingerecht die geforderten Waren zur Verfügung zu stellen. Die Wichtigkeit dieser Tatsache spiegelt sich darin wider, daß bestimmte Produktionsplanungssysteme die Einhaltung von zuvor ermittelten und dann dem Kunden zugesagten Lieferterminen mit erster Priorität behandeln[7].

Die Kurzfristigkeit führt dazu, daß selbst bei typischer Auftragsfertigung die geforderte Auftragsdurchlaufzeit, d.h. die Zeitspanne von der Auftragserteilung bis zur Bereitstellung der Ware im Versandlager, kürzer ist als die Fertigungsdurchlaufzeit (Zeitspanne der Fertigung des Auftrags).

1.1.2. Geforderte Flexibilität

Produktionsplanung und -steuerung werden zusätzlich durch den Umstand erschwert, daß in einigen Branchen die Abnehmer nach Auftragserteilung Änderungen an der Spezifikation des Auftrags vornehmen. Werden die Änderungswünsche abgewiesen, besteht die Gefahr, den Kunden zu verlieren; werden sie akzeptiert, wenn der Auftrag die Fertigungsstufe, in der die Änderungen zum Tragen kommen, schon passiert hat, ist mit produktionsbedingten Einbußen zu rechnen.

1.2. Reaktionen auf die Veränderung des Marktgeschehens

Tritt der Fall ein, daß die geforderte Auftragsdurchlaufzeit kürzer ist als die Fertigungsdurchlaufzeit, können folgende Gegenmaßnahmen ergriffen werden:

- Einführung neuer Fertigungstechnologien
- Aufbau von Fertigwarenlagern
- Aufbau von Zwischenlagern
- Änderung der Planungs- und Steuerungsphilosophie.

1.2.1. Fertigungstechnologie

In der Stückgutindustrie[8] und speziell im Maschinenbau hat sich die Einführung von neuen Fertigungstechnologien als wirkungsvolle Maßnahme zur Verringerung der Fertigungsdurchlaufzeit erwiesen. Ohne daß dies im einzelnen nachvollzogen wird, seien hier die Stichworte flexible Fertigungsmaschinen, Handhabungsgeräte, Roboter und die aus vorgelagerten Planungs-(PPS-) und Konstruktions-(CAD-)Systemen resultierende Steuerung von Maschinen als Beleg angeführt.

Dort, wo in den Maschinen sehr große Investitionen stecken, wo längere Umrüstzeiten auch bei Einsatz abgewandelter Verfahren unausweichlich sind, wo insgesamt bestimmte Maschinen unflexibler sind, können kaum veränderte Fertigungstechnologien eingesetzt werden. Die oben genannten Bedingungen sind insbesondere in der Fließgutfertigung häufig anzutreffen.

1.2.2. Fertigwarenlager

Der Aufbau eines Fertigwarenlagers ist immer dann sinnvoll, wenn die Anzahl der Fertigprodukte nicht zu groß ist oder wenn bestimmte Fertigwaren eine große Umschlagshäufigkeit aufweisen (mehrere Kunden für ein Produkt und/oder mehrere Aufträge pro Kunden für dieses Produkt). Ungeeignet ist der Aufbau eines Fertigwarenlagers dort, wo die Anzahl der Fertigwaren sehr groß ist, im Extremfall sogar pro Kundenauftrag unterschiedliche Fertigwaren produziert werden müssen.

Neben den genormten Teilen, die von nationalen oder internationalen Normungsorganisationen festgelegt werden (vgl. Abb. 1.2.2.1.), sind insbesondere Teile, die zwischen Lieferant und Kunde standardisiert wurden, geeignet als Fertigwarenlager-Produkte.

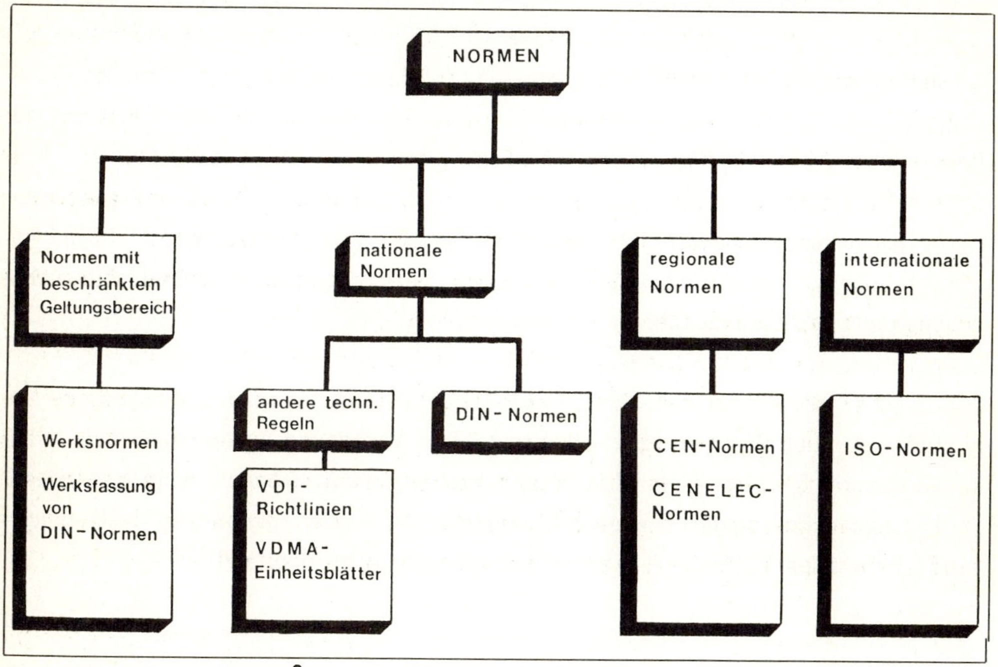

Abb. 1.2.2.1.: Normung[9]

Für den Kunden liegt der Vorteil in verkürzter Lieferzeit, geringeren Preisen und verkürzter Materialprüfung, für den Lieferanten in der Möglichkeit, größere Lose zu bilden und damit Umrüstkosten zu sparen, und in der vereinfachten Auftragsabwicklung.

1.2.3. Zwischenlager

Der gezielte Aufbau von Zwischenlagern ist dann sinnvoll, wenn die Anzahl der unterschiedlichen Zwischenprodukte im Verhältnis zur Anzahl der unterschiedlichen Endprodukte überschaubar ist oder durch Standardisierung auf einer oder mehreren Fertigungsstufen überschaubar gemacht werden kann. Die Zwischenprodukte müssen so standardisiert werden, daß alle Endprodukte oder zumindest ein großer Teil aus ihnen produziert werden kann. Vorzugsweise sollten Zwischenprodukte für solche Endprodukte auf Lager gefertigt werden, die gewöhnlich eine kurze geforderte Auftragsdurchlaufzeit haben.

Dort, wo Zwischenlager zur Verkürzung der Auftragsdurchlaufzeit geführt werden, basiert die Verwaltung heute meist auf manuellen Verfahren. Sie lassen aufgrund der unzureichenden Auswertungsmöglichkeiten der Informationen eine Steuerung nur in begrenztem Rahmen zu, da nur alternativ eine auftragsgebundene Verfolgung des Materialflusses oder eine materialbezogene Bestandsführung möglich ist.

Wenn

- bestimmte Materialien Kundenaufträgen zugeordnet sind und kundenauftragsbezogen durch die Fertigung verfolgt werden
- andere Materialien kundenneutral gefertigt und in einer bestimmten Fertigungsstufe Kundenaufträgen zugeordnet werden und somit eine materialbezogene Bestandsführung in Lagern gegeben sein muß
- bestimmte Materialien Kundenaufträgen entzogen und kundenneutral gelagert oder anderen Kundenaufträgen zugeordnet werden und somit eine gemischte Verwaltung von Kundenauftragsverfolgung und materialbezogener Bestandsführung vorliegen muß

ist eine manuelle Verwaltung wirtschaftlich nicht durchzuführen.

Die Möglichkeit der EDV, große Datenmengen zu verwalten, nach unterschiedlichen Kriterien auf Daten zuzugreifen und unterschiedliche Daten zu verknüpfen, ermöglicht eine kontrollierte Verwaltung und Steuerung von Zwischenlagern.

1.2.4. Planungs- und Steuerungsphilosophie

Die vierte Möglichkeit der Anpassung an die Markterfordernisse ist eine Änderung der Planungs- und Steuerungsphilosophie für die Fertigung.

Speziell in der Stückgutindustrie hatte sich in den vergangenen Jahren eine einheitliche Planungsphilosophie gebildet. Sie umfaßt die Stufen

- Primärbedarfsplanung
- Bedarfsauflösung mit Brutto-/Netto-Rechnung
- Kapazitätsplanung
- Werkstattsteuerung
- Betriebsdatenerfassung.

Dabei haben z.B. die im Rahmen der Bedarfsauflösung eingesetzten Stücklisten entscheidenden Einfluß auf die Entwicklung von EDV-Systemen genommen; die relativ früh entwickelten Stücklistenprozessoren waren Ausgangspunkt für die Entwicklung von Datenbanksystemen.

Es hat sich aber gezeigt, daß mit dieser fünfstufigen sukzessiven Planungsphilosophie nur schwerfällig auf sich ändernde Absatz- oder Produktionssituationen reagiert werden kann. Weiterhin ist zu bemängeln, daß die Kapazitätsterminierungs- und Einplanungsalgorithmen eine zu hohe Komplexität aufweisen und damit für den Planer in den einzelnen Planungsschritten nicht nachvollziehbar sind. Ebenso machen die langen Computerlaufzeiten, die teilweise den Minutenbereich übersteigen und im Stundenbereich liegen, nur eine Batch-Verarbeitung in der Nacht möglich, so daß bei Abweichung der Fertigungssituation Anpassungen der Planung online nicht möglich sind.

Diese Mängel in der Produktionsplanung werden in den nächsten Jahren zu zwei wesentlichen Änderungen in der Planungs- und Steuerungsphilosophie führen:

- Die Planungskomplexität auf jeder Planungsstufe wird durch Vereinfachung der Abläufe und Algorithmen verringert werden. Das führt dazu, daß die Grobplanung eine größere Bedeutung bekommt und dort mit aggregierten Daten nur solche Produktionsprogramme ermittelt werden, die sich in der Feinplanung, welche gegenüber dem heutigen Zustand weniger umfassend sein wird, auch als machbar erweisen.

- Die Steuerungsaktivitäten werden an Bedeutung zunehmen. Kapazitäts- und materialmäßig realisierbare Fertigungsaufträge werden an die Steuerungsebene gegeben, die deren genaue Zeit- und Maschinenzuteilung vornimmt.

Abb. 1.2.4.1. veranschaulicht diesen Zusammenhang[10].

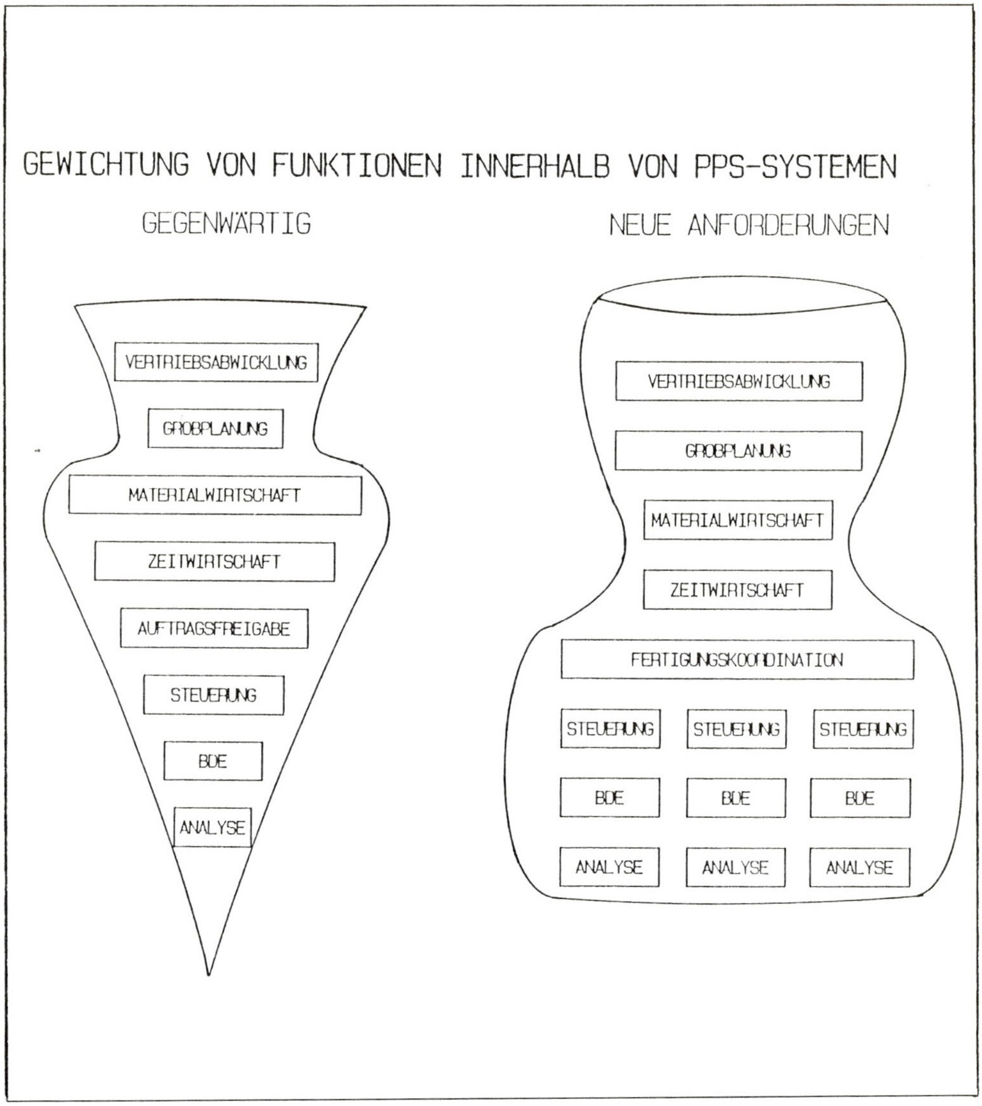

Abb. 1.2.4.1.: Gewichtung von Funktionen innerhalb von PPS-Systemen

Die Forschung zur Produktionsplanung und -steuerung hat, ausgehend von den Schwächen derzeitiger PPS-Systeme, neue Verfahren entwickelt, die auch darauf abzielen, die Planungen zu vereinfachen und die Fertigungssteuerung zu verbessern. Vier diesbezügliche Verfahren stehen im Mittelpunkt der Forschung zur Produktionsplanung und -steuerung:

- Belastungsorientierte Auftragsfreigabe
- Fortschrittszahlen-Konzept
- Kanban-System
- Fertigungsinsel.

Bei der **belastungsorientierten Auftragsfreigabe**[11] wird versucht, durch eine einfache Steuerung einen Kompromiß zu finden zwischen den gegenläufigen Zielen geringer Werkstattbestand und gute Kapazitätsauslastung. Nach der Stücklistenauflösung und Durchlaufterminierung (Bestimmung der neutralen Durchlaufzeit, unabhängig von der momentanen Kapazitätssituation) wird die Dringlichkeit der Aufträge ermittelt, indem durch Subtraktion der mittleren Durchlaufzeit vom Endtermin der Anfangstermin bestimmt wird. Alle Aufträge, deren Termine in einer vorgegebenen Terminschranke liegen, gehen in die Belastungsprüfung ein. Dort werden solange die dringlichen Aufträge an das Betriebsmittel freigegeben, bis die Belastungsschranke, das Verhältnis zwischen Belastung und Kapazität pro Planungsperiode, erreicht ist. Das Verfahren eignet sich vorwiegend für die Werkstattfertigung.

Fortschrittszahlen sind kumulierte Einzelwerte von betrieblichen Größen, wie Eingangs-Fortschrittszahl für Rohstoffe (kumulierte Menge des vom Lieferanten gelieferten Rohstoffs) oder Ausgangs-Fortschrittszahl für Fertigprodukte (kumulierte Anzahl der produzierten Fertigteile).

Durch den Vergleich von Fortschrittszahlen (Eingangsfortschrittszahl für Rohstoffe mit Ausgangs-Fortschrittszahl für Rohstoffe vom Rohstofflager in die erste Fertigungsstufe) wird der Betrieb oder die Beschaffung gesteuert. Übersteigt z.B. die Fortschrittszahl des Rohstoffeingangs die des geplanten Rohstoffabgangs um einen bestimmten Wert, müssen beim Lieferanten die Abrufe verschoben oder die Mengen reduziert werden. Bisher ist das Fortschrittszahlen-Konzept in der Hauptsache von Automobilherstellern bei der Steuerung der Abrufe bei ihren Zulieferern eingesetzt worden[12].

Das japanische Wort **Kanban**, zu deutsch Karte, Beleg, hier verwendet als Auftrags- und Arbeitsbegleitpapier, hat dieser Planungsphilosophie den Namen gegeben. "Bei der Kanban-Steuerung erfolgt die Meldung eines Güterbedarfs direkt an der letzten produzierenden Einheit, die dann ihrerseits die notwendigen Bauteile oder Vorprodukte bei der im Produktionsprozeß vorgelagerten Stelle anfordert."[13] Das Kommunikations- und Informationsinstrument zur Auslösung dieser Meldung ist die Kanban-Karte, die einen Betriebsauftrag generiert und mit der Übermittlung der angeforderten Teile an den Anforderer zurückgeht. Diese Umkehr des Bring- zum Holprinzip funktioniert nur bei immer wiederkehrendem oder konstantem Produktionsprogramm.

Der Planungsphilosophie liegen ein einfaches Regelsystem und eine Verlagerung der Aufgaben von den Planungsinstanzen auf dezentrale Steuerungsinstanzen zugrunde[14].

In noch weitergehendem Maße als bei Kanban-Systemen bedeutet der Aufbau einer **Fertigungsinsel**[15] einen organisatorischen Eingriff in die Fertigung, der nicht nur Funktionen und Aufgaben traditioneller Werkstattsteuerungssysteme umfaßt, sondern eine vollständige Änderung der Fertigungsstrategie bedeutet.

Das Werkstattprinzip, bei dem Betriebsmittel gleicher Funktionalität räumlich beieinander angesiedelt waren, wird aufgegeben zugunsten einer Struktur, in der alle Maschinen, die zur Bearbeitung eines Werkstückes notwendig sind, nach dem Objektprinzip räumlich zusammengefaßt werden. Dem dadurch erzielbaren Gewinn durch Verkürzung der Durchlaufzeit wird dabei der Vorzug vor einer in der Werkstattfertigung möglicherweise realisierbaren höheren Auslastung der Fertigungsmaschinen gegeben.

Die Planungs- und Steuerungshoheit liegt weitgehend in der Fertigungsinsel selber.

Somit ist auch die Fertigungsinsel ein Beispiel dafür, wie die Planung einfacher wird (nur globale Vorgaben an die Fertigungsinsel) und eine Verlagerung zu Steuerungsaufgaben stattfindet.

1.3. Definitionen und Abgrenzungen

1.3.1. Begriffsbestimmungen

Materialfluß ist "die Verkettung aller Vorgänge beim Gewinnen, Be- und Verarbeiten sowie bei der Verteilung von stofflichen Gütern innerhalb festgelegter Bereiche. Dazu gehören im einzelnen: Bearbeiten, Handhaben, Transportieren, Prüfen, die Aufenthalte und die Lagerungen"[16] oder kurz: "Zum Materialfluß gehören alle 'Formen des Durchlaufes von Arbeitsgegenständen durch ein System'."[17]

Die Materialflußsteuerung umfaßt alle planenden und auf eintretende Situationen reagierenden Aktivitäten des Einwirkens auf den Materialfluß.

Von den Materialflußarten

- außerbetrieblicher Materialfluß
- innerbetrieblicher Materialfluß
- Materialfluß am Arbeitsplatz[18]

wird im folgenden der Schwerpunkt auf dem innerbetrieblichen Materialfluß mit Betrachtung der Schnittstelle zum außerbetrieblichen Materialfluß liegen.

Diese Schnittstelle besteht zum einen in der Beschaffungsseite und zum anderen in der Bereitstellung für die Auslieferung. Damit umfaßt die Materialflußsteuerung folgende Bereiche vollständig oder teilweise:

- Beschaffung
- Lager
- Disposition
- Produktionsplanung und -steuerung
- Betriebsdatenerfassung
- Absatz.

Im Bereich Beschaffung werden die Aktivitäten als Bestandteil der Materialflußsteuerung angesehen, die sich auf zu liefernde Produkte, Liefermengen und Lieferzeitpunkte beziehen, weniger dagegen die der Preis- und Konditionengestaltung und der Lieferantenauswahl.

Die Bereiche Lager und Disposition sind vollständig Bestandteil der Materialflußsteuerung.

Von der Produktionsplanung und -steuerung wird der Bereich zur Materialflußsteuerung gerechnet, der sich mit

- der Planung der zu produzierenden Mengen
- den steuernden Eingriffen bei Abweichungen von den geplanten Mengen

befaßt. Außer acht bleiben die rein maschinenbezogenen Steuerungen der Kapazitätseinplanung, Reihenfolgeplanung und Werkstattsteuerung. Allerdings bestehen hier Interdependenzen, auf die im weiteren hingewiesen wird.

Die Betriebsdatenerfassung ist insoweit der Materialflußsteuerung zuzurechnen, als Daten des Lagerzugangs, des Lagerabgangs sowie des Materialzugangs und -abgangs an Fertigungsmaschinen erfaßt werden, die die reagierenden Aktivitäten des Einwirkens auf den Materialfluß unmittelbar auslösen. Nicht zur Materialflußsteuerung im hier verwendeten Sinne gehört der Bereich der Betriebsdatenerfassung, der Maschinenzustände (Betrieb, Störung, Störgrund, Störzeit) oder Personaldaten (kommt, geht, ist beschäftigt an) erfaßt.

Der Absatz ist insofern von Interesse, als er Primärbedarfsmengen und späteste Fertigstellungszeitpunkte für die Materialien determiniert. Eine weitere Überschneidung mit dem Absatzbereich liegt in der Bereitstellung der fertiggestellten Güter im Versand- bzw. Fertigwarenlager.

Nicht in die Betrachtung eingeschlossen sind alle Aktivitäten der Verkaufsabwicklung, der Preis- und Konditionenabsprachen, des Marketing und des Versandes (vgl. Abb. 1.3.1.1.).

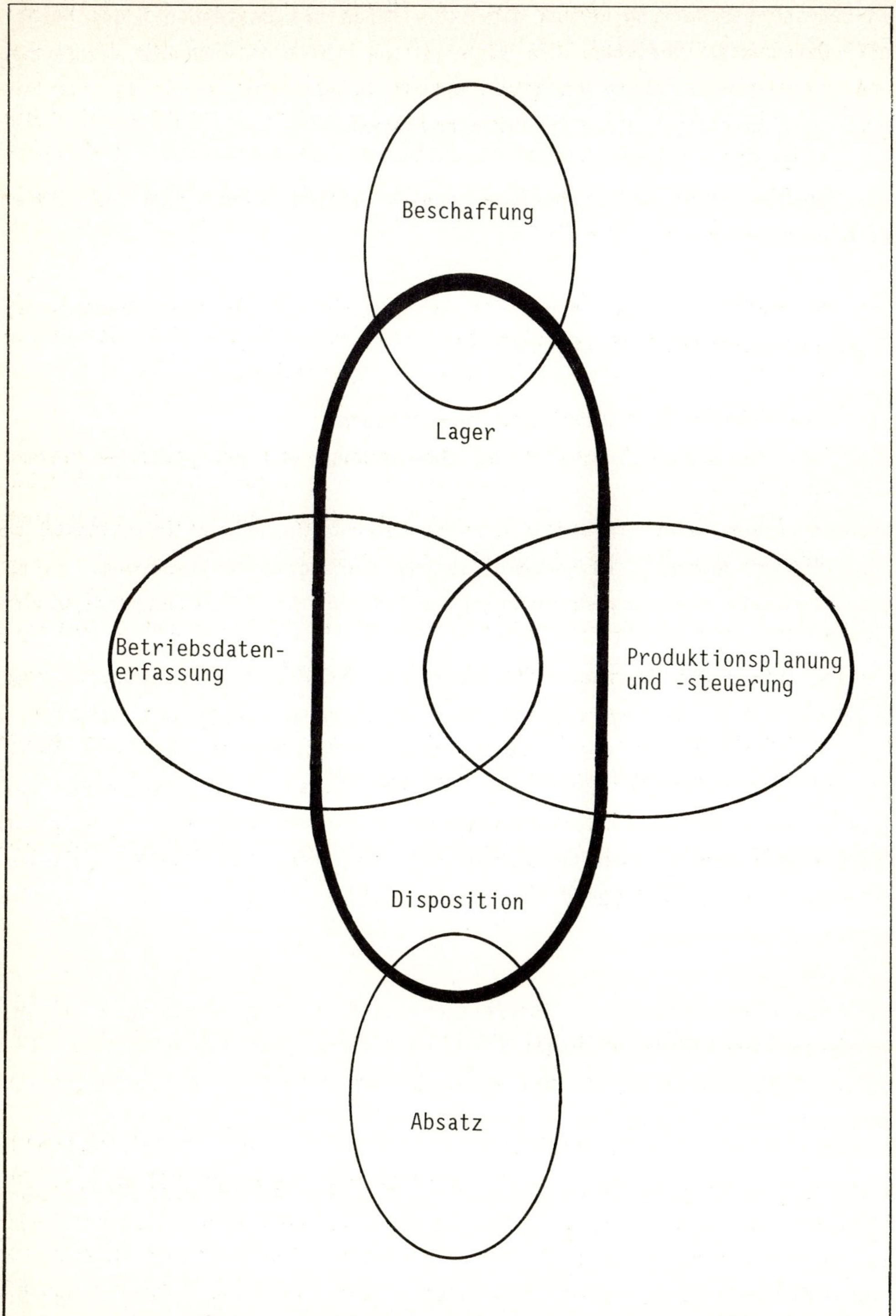

Abb. 1.3.1.1.: Abgrenzung des Begriffes Materialflußsteuerung

Durchlaufzeiten spielen in der Materialflußsteuerung eine wichtige Rolle. Die drei wichtigsten Arten der Durchlaufzeiten seien kurz erläutert:

Gesamt-Fertigungsdurchlaufzeit: Zeitspanne von der Beschaffung der für ein Endprodukt notwendigen Rohstoffe bis zur Bereitstellung im Versandlager bzw. Fertigwarenlager.
Bezugsgröße: Fertigungsauftrag.

Fertigungsdurchlaufzeit: Zeitspanne von der Bereitstellung der für ein Endprodukt notwendigen Rohstoffe (ohne Beschaffungszeit) bis zur Bereitstellung im Versandlager bzw. Fertigwarenlager.
Bezugsgröße: Fertigungsauftrag.

Auftragsdurchlaufzeit: Zeitspanne vom Eingang eines Kundenauftrags bis zur Bereitstellung des Endprodukts im Versandlager bzw. Fertigwarenlager.
Bezugsgröße: Kundenauftrag.

Ebenso sind im folgenden die Begriffe dispositives Lager und auftragsgebundenes Lager von Bedeutung, die wie folgt definiert seien:

auftragsgebundenes Lager: Lager, das Materialien aufnimmt, die einem bestimmten Kundenauftrag zugeordnet sind.

dispositives Lager: Lager, das Materialien aufnimmt, die (noch) keinem bestimmten Kundenauftrag zugeordnet sind.

1.3.2. Abgrenzung des Themengebietes

Die Architektur eines Materialflußsteuerungssystems, die im folgenden entwickelt wird, hat nicht für alle Betriebe gleichermaßen Gültigkeit. Die Anforderungen, die ein solches System erfüllt, sind z.B. nicht deckungsgleich mit denen von stark stücklistenorientierten Betrieben mit reiner Einzel-Auftragsfertigung oder Betrieben, die nur eine Produktionsstufe aufweisen.

Folgende Prämissen liegen der Fertigungsstruktur im weiteren zugrunde:

- es handelt sich um kapitalintensive Reihenfertigung,
- die Fertigung umfaßt mehrere Produktionsstufen,
- zwischen Rohstoffen und Endprodukten besteht eine m:n-Beziehung, dabei geht eine überschaubare Anzahl von Rohstoffen in viele Endprodukte ein,
- Zwischenprodukte sind auf einer oder mehreren Fertigungsstufen lagerfähig,
- es liegt - zumindest auf der letzten Produktionsstufe - Auftragsfertigung vor (siehe hierzu die Prämissen der einzelnen Szenarien in Kapitel 2),
- auf den unteren Fertigungsstufen werden Lose (Zusammenfassung zu Sorten) gebildet, die mehrere Kunden- oder Fertigungsaufträge beinhalten,
- es treten zwischen der Fertigung von Sorten Umrüstzeiten auf,
- die Taktzeiten der einzelnen Fertigungsstufen sind nicht synchronisierbar,
- Stücklisten sind von untergeordneter Bedeutung.

Einige der Bedingungen werden bei der Entwicklung der Szenarien im folgenden Kapitel eingeschränkt oder ergänzt.

Die Prämissen treffen für eine Fertigung, die in den unteren Produktionsstufen Fließgüter herstellt, welche in den oberen Produktionsstufen zu Stückgütern transformiert werden, in besonderem Maße zu. Allerdings kann auch in reinen Fließgut- oder Stückgut-Fertigungen, sofern die genannten Bedingungen erfüllt werden, der Materialfluß mit einem System, das der folgenden Architektur entspricht, gesteuert werden.

Die zuvor genannten Reaktionen auf die Veränderungen des Marktgeschehens (Kap. 1.2.) sind für die beschriebene Fertigungsstruktur unterschiedlich gut geeignet:

Um den veränderten Markterfordernissen Rechnung zu tragen, sind neue **Fertigungstechnologien** in der kapitalintensiven Reihenfertigung mit z.T. erheblichen Umrüstzeiten kaum einzusetzen.

Die Technik der Betriebsmittel und die besondere Form der Fertigung ermöglichen nicht die gewünschte Flexibilisierung. Deswegen wird auf veränderte Fertigungstechnologien im weiteren nicht mehr eingegangen.

Unternehmungen, die vorwiegend Auftragsfertigung betreiben, führen zusätzlich meist ein Sortiment an standardisierten Produkten, die in gleicher Ausfertigung an mehrere Kunden geliefert werden. Für diese Produkte ist unter gewissen Voraussetzungen der Aufbau eines **Fertigwarenlagers** sinnvoll. Darauf wird in Kapitel 2.5. eingegangen.

Der kontrollierten Verwaltung und Steuerung von **Zwischenlagern** wird in der vorliegenden Arbeit ein breiter Raum gewidmet.

Im Mittelpunkt der Ausführungen steht nicht der physische Warenfluß an sich, sondern dessen Planung und Steuerung. Da aufgrund des Daten- und des Auswertungsvolumens nur der Einsatz der elektronischen Datenverarbeitung eine wirtschaftliche Materialflußsteuerung zuläßt, wird aufgezeigt, welche Anforderungen an ein EDV-gestütztes Materialflußsystem zu stellen sind und wie diese in einem System unterschiedlicher Rechner zu realisieren sind.

Dabei werden Zwischenlager als eigenes Organisationsobjekt gesehen und nicht, wie Schneeweiß es formuliert, nur als "**Ergebnis von Produktionsentscheidungen**"[19]. Er begründet dies damit, daß "für die Produktionsauflage ... nicht so sehr die Höhe des Lagerbestandes, sondern viel stärker die übrigen Bedingungen der Produktion ausschlaggebend sind. Mit anderen Worten, die Zielkomponente niedriger Lagerbestand tritt ... stark in den Hintergrund, so daß man nicht mehr von einem eigentlichen Lagerproblem spricht."[20]

Die folgenden Ausführungen werden zeigen, daß unter bestimmten Voraussetzungen sehr wohl Zwischenlager selbst als Grundlage von Planungs- und Steuerungsentscheidungen zu sehen sind, die unter Beachtung unterschiedlicher Zielkomponenten gute oder weniger gute Lösungen bewirken.

Damit ist der Zwischenlagerbestand nicht nur **Ergebnis** von Produktionsentscheidungen, sondern auch eine der **Input**-Größen für diese.

Hierbei sind ähnliche Zielgrößen zu betrachten wie bei Beschaffungs- oder

Fertigwarenlagern, nämlich

- Servicegrad (für folgende Produktionsstufen)
- Lagerkosten (Zinskosten und Kosten der Lagerung)
- "Bestellkosten" (im Rahmen der Produktion für die Fertigung dieses Materials anfallende Kosten, insbesondere Umrüstungskosten).

Kapitel zwei geht auf die Zielkomponenten und Strategien zu ihrer Erreichung im Detail ein.

Keiner der neuen **Ansätze zur Produktionsplanung und -steuerung** geht uneingeschränkt in die Architektur eines Materialflußsteuerungssystems ein, wie sie hier entworfen wird; dennoch sind Ansätze, speziell aus der belastungsorientierten Auftragsfreigabe und dem Fortschrittszahlen-Konzept, mit der vorgeschlagenen Struktur eines Materialflußsteuerungssystems vereinbar.

Die Kanban-Philosophie kommt für Unternehmen, wie sie im Mittelpunkt der Untersuchung stehen, weniger in Frage, denn

- "Das Kanban-Prinzip geht von einer Synchronisation des Fertigungsablaufs entsprechend einer Fließfertigung aus. Bereiche mit Losfertigung gestatten diese Taktzeit-Anpassung - bedingt durch technologische und organisatorische Restriktionen - in vielen Fällen nicht.

- Voraussetzung für Kanban ist die Harmonisierung des Produktionsprogrammes, das heißt, daß möglichst kleine Losgrößen in der Größenordnung eines Tagesbedarfs hergestellt werden; für kapitalintensivere Bereiche ... bedeutet dies jedoch ein hohes Volumen an Rüstzeit (was wirtschaftlich nicht vertretbar ist)."[21]

Auch die Fertigungsinsel ist auf einen bestimmten Typ der Fertigung (Stückgutfertigung, mehrstufige Fertigung mit mehreren alternativen Betriebsmitteln, Bildung von Teilefamilien, d.h. Teilen mit ähnlichen Fertigungsanforderungen, breites Produktspektrum, Einzel- oder Kleinserienhersteller) beschränkt, dem im weiteren nicht das primäre Interesse gilt.

Fußnoten zu Kapitel 1:

1. Gutenberg, E.: Grundlagen der Betriebswirtschaftslehre. Bd. 1: Die Produktion, Berlin-Göttingen-Heidelberg 1951, S. 1.
2. Rewoldt, S. H., Scott, J. D., Warshaw, M. R.: Introduktion to marketing management - Text and cases. 3. Auflage, Homewood, Ill. 1977, S. 5. Auch Tietz betont die Kundenorientierung des wirtschaftlichen Handelns: "Während früher ein Produkt in den technischen Abteilungen entwickelt und unter technischen Aspekten gestaltet und dann produziert wurde, erfolgt die marketingorientierte Produktion erst nach Analyse der Märkte und Absatzpotentiale." (Tietz, B.: Der Handelsbetrieb: Grundlagen der Unternehmenspolitik. München 1985, S. 6).
3. Wöhe, G.: Einführung in die Allgemeine Betriebswirtschaftslehre. 15., überarbeitete Auflage, München 1984, S. 597.
4. Nieschlag, R., Dichtl, E., Hörschgen, H.: Marketing. Ein entscheidungstheoretischer Ansatz. 9. Auflage, Berlin 1976, S. 9;
Meffert, H.: Marketing. Einführung in die Absatzpolitik. 4. Auflage, Wiesbaden 1979, S. 34.
5. Wöhe, G.: Einführung in die Allgemeine Betriebswirtschaftslehre. 15., überarbeitete Auflage, München 1984, S. 534.
6. Gutenberg, E.: Grundlagen der Betriebswirtschaftslehre. Bd. 1: Die Produktion, Berlin-Göttingen-Heidelberg 1951; 23. Auflage, Berlin-Heidelberg-New York 1979, S. 163 ff.
7. z.B. das System PROFIS von Data-Ring.
8. zu den Begriffen Stückgut und Fließgut vgl. VDI-Handbuch Betriebstechnik, VDI-Richtlinie 3246, Zubringeeinrichtungen für Blechkleinteile in der Blechverarbeitung. Berlin-Köln 1965, S. 3 ff.
9. entnommen aus: Hartmann, H.: Materialwirtschaft. 2. Auflage, Stuttgart 1983, S. 92.
10. Scheer, A.-W.: Neue Architektur für PPS-Systeme, Manuskript für: Computer-Magazin.
11. vgl. Mertens, P. u. Heigl, M.: Neue Wege bei der computergestützten Produktionsplanung. Teil 1. Online (1984), H. 11, S. 53 und
Mertens, P. u. Heigl, M.: Neuere Entwicklungen der computergestützten Produktionsplanung, Eignungen - Verbindungen - Entwicklungspfade. Erlangen 1984.
12. vgl. Heinemeyer, W.: Fortschrittszahlen - Ein Ansatz zur Steuerung in der Serienfertigung. In: Statistisch orientierte Fertigungssteuerung. Hrsg.: Institut für Fabrikanlagen der Universität Hannover (IFA). Hannover 1984, S. 98-127;
Mertens, P. u. Heigl, M.: Neue Wege bei der computergestützten Produktionsplanung, Teil 2. Online (1984), H. 12, S. 62;
Scheel, J.: Dynamische Produktionsplanung nach dem Abflußprinzip. In: Verbesserung bestehender PPS-Systeme. Hrsg.: Techno-Congress. München 1985, S. 1-17.
13. vgl. Wildemann, H.: Kanban-System. Die Betriebswirtschaft, 44 (1984), H. 2, S. 313.
14. vgl. Wildemann, H.: Flexible Werkstattsteuerung durch Integration von Kanban-Prinzipien. München 1984 (Computergestütztes Produktionsmanagement, Bd. 2. Hrsg.: H. Wildemann).
15. vgl. Flexible Fertigungsorganisation am Beispiel von Fertigungsinseln. Hrsg.: Ausschuß für wirtschaftliche Fertigung e.V. (AWF). Eschborn 1984.
16. VDI-Richtlinie 3300, Materialflußuntersuchungen. Düsseldorf 1973;
s. auch Niedereichholz, Ch.: Innerbetriebliche Materialflußplanung. Darmstadt 1979, S. 15.
17. Großmann, A.: Rationeller Materialfluß in Produktionsstätten. Berlin-

Köln 1981, S. 14, unter Einbeziehung von VDI-Richtlinie 3300, Materialflußuntersuchungen. Düsseldorf 1973.

18. Haldimann, H. R.: Materialflußplanung als Grundlage der Werkstattplanung. VDI-Zeitung (103), 1961, S. 19;
ähnlich bei Großmann, A.: Rationeller Materialfluß in Produktionsstätten. Berlin-Köln 1981, S. 10.

19. Schneeweiß, Ch.: Modellierung industrieller Lagerhaltungssysteme. Einführung und Fallstudien. Berlin-Heidelberg-New York 1981, S. 6.

20. Schneeweiß, Ch.: Modellierung industrieller Lagerhaltungssysteme. a.a.O., S. 7.

21. von Briel, G.: Möglichkeiten und Grenzen des Kanban-Systems als Instrument für die Materialsteuerung in der AUDI NSU AUTO UNION AG. In: Wildemann, H. u.a.: Flexible Werkstattsteuerung durch Integration von Kanban-Prinzipien. München 1984 (Computergestütztes Produktionsmanagement, Bd. 2. Hrsg.: H. Wildemann), S. 220; Briel bezieht seine Ausführungen auf die Automobilindustrie, jedoch sind diese beiden Aussagen allgemeingültig.

2. Anforderungen an ein EDV-gestütztes Materialflußsteuerungssystem

Im folgenden werden fünf Szenarien für die EDV-mäßige Ausgestaltung eines Materialflußsteuerungssystems entworfen. Die Planungskomplexität nimmt, ausgehend von der reinen Auftragsfertigung, durch die Einführung von dispositiven Rohstoff-, Zwischenprodukt- und Fertigwarenlagern zu.

Die Anforderungen werden zum Großteil aus betriebswirtschaftlicher Sicht formuliert, in einigen Fällen werden diese umgesetzt in softwaretechnische Gestaltungsmittel, wie Online-Verarbeitung, Datenbanksystem, Abfragesprache, Materialklassensystem und Window-Technik. Damit werden Anforderungen sowohl auf der logischen als auch auf der softwaremäßigen Ebene gestellt.

Die Auswirkungen der Einführung von dispositiven Lagern sind durch Plausibilitätsüberlegungen nachzuvollziehen. Mit Hilfe einer Simulationsuntersuchung werden sie an einem Beispiel quantifiziert. Dabei wird durch die Szenarien hindurch von einem gleichbleibenden Datenkranz ausgegangen, um die Szenarien vergleichbar zu machen.

2.1. Materialflußsteuerung bei Auftragsfertigung ohne dispositive Lager

2.1.1. Problemstellung

Bei der Auftragsfertigung ohne dispositive Lager werden alle Aktivitäten der Materialbereitstellung und Fertigung kundenauftragsbezogen durchgeführt (vgl. Abb. 2.1.1.1.). Im folgenden sei unter Auftrag der Kundenauftrag verstanden, der Fertigungsauftrag wird immer explizit als solcher bezeichnet. Ein angenommener Kundenauftrag setzt zunächst die Bestellung der Rohstoffe in Gang; es liegt demnach eine bedarfsgesteuerte Disposition der Rohstoffe vor[1]. Nach Eintreffen der Rohstoffe setzt die Fertigung durch alle Fertigungsstufen hindurch ein, bis die Ware schließlich für den Transport zum Kunden im Versandlager bereitgestellt wird.

	auftragsgebunden	dispositiv
Rohstoffe	x	
Zwischenprodukte	x	
Fertigwaren	x	

Abb. 2.1.1.1.: Struktur der Lager (Szenario 1)

2.1.2. Anforderungen aus entscheidungsorientierter Sicht

Für alle Szenarien wird eine einheitliche Darstellungsform gewählt, die einen Vergleich der Abläufe und der zu treffenden Entscheidungen ermöglicht. Dabei wird der Ablauf zum einen in einem Programmablaufplan dargestellt, der die Entscheidungssituationen aufzeigt, und zum anderen in einer Vorgangskette, die die Datenstruktur innerhalb des funktionalen Ablaufs veranschaulicht.

Im Falle der Auftragsbearbeitung ohne dispositive Lager liegt ein linearer Ablauf fast ohne mögliche Verzweigungen vom Auftragseingang bis zur Auslieferung vor. Dementsprechend kann ein EDV-System nur an wenigen Stellen Entscheidungsunterstützung geben.

Es müssen Daten vorliegen über die Auftragsdurchlaufzeit von Kundenaufträgen. Dabei ist es nicht ausreichend, nur über genaue Informationen von Bearbeitungszeiten an den Fertigungsmaschinen zu verfügen, da die Bearbeitungszeiten den geringsten Teil an der Durchlaufzeit ausmachen (vgl. Kapitel 2.1.4.). Nur die Kenntnis der gesamten Durchlaufzeit ermöglicht die Entscheidung, ob von der Terminseite her der Auftrag durchführbar ist und von daher dem Kunden bestätigt werden kann. Neben der durchschnittlichen Auftragsdurchlaufzeit muß für eine verbindliche Terminzusage auch deren Varianz bekannt sein.

Bei hoher Varianz darf kein Liefertermin verbindlich zugesagt werden, der nur um die durchschnittliche Auftragsdurchlaufzeit vom aktuellen Zeitpunkt entfernt liegt. Durchlaufzeiten und deren Varianzen lassen sich ex post aus den gespeicherten Daten vergangener Aufträge oder ex ante durch Simulationen ermitteln (vgl. Kapitel 2.1.4.).

Damit der Vertrieb eine Kundenauftragsverfolgung durchführen kann und in der Lage ist, Auskünfte über den Auftragsfortschritt zu erteilen, sind Rückmeldungen vom innerbetrieblichen Materialflußverfolgungssystem an das Kundenauftragsabwicklungssystem notwendig. Diese Rückmeldungen müssen online erfolgen, damit man Verzögerungen im Auftragsfortschritt frühzeitig erkennen kann, so daß durch eine eventuell vorzunehmende Änderung der Kapazitätsbelegung gegengesteuert werden kann.

Solche Rückmeldungen sind auch notwendig, damit die geforderte Flexibilität (vgl. Kapitel 1.1.2.) gewährleistet werden kann. Mit jedem Arbeitsfortschritt sind gewisse Änderungen am Kundenauftrag nicht mehr zu akzeptieren, während andere Änderungen weiterhin zulässig sind. Die Rückmeldungen über den Arbeitsfortschritt sollen deswegen gleichzeitig dazu benutzt werden, Sperrkennzeichen im Auftragssystem zu setzen, so daß der Vertrieb durch Datenabruf aus seinem EDV-System Entscheidungen über Annahme oder Ablehnung von Änderungen der Auftragsspezifikation treffen kann.

Abb. 2.1.2.1. faßt die Anforderungen an ein EDV-gestütztes Materialflußsteuerungssystem aus entscheidungsorientierter Sicht in einem Programmablaufplan zusammen.

Erläuterungen zu Abb. 2.1.2.1.:

FDLZ	: Fertigungsdurchlaufzeit
f	: Angabe der Fertigungsstufe
F	: höchste Fertigungsstufe
FDLZ (0 bis F)	: Zeitspanne von der Bestellung der Rohstoffe bis zur Bereitstellung des Endprodukts im Versandlager = Gesamt-Fertigungsdurchlaufzeit
FDLZ (1 bis F)	: Zeitspanne von der Bereitstellung der für ein Endprodukt notwendigen Rohstoffe bis zur Bereitstellung im Versandlager = Fertigungsdurchlaufzeit
ADLZ	: Auftragsdurchlaufzeit = Durchlaufzeit von der Erteilung des Auftrags bis zur Bereitstellung im Versandlager
gef. ADLZ	: vom Kunden geforderte Auftragsdurchlaufzeit

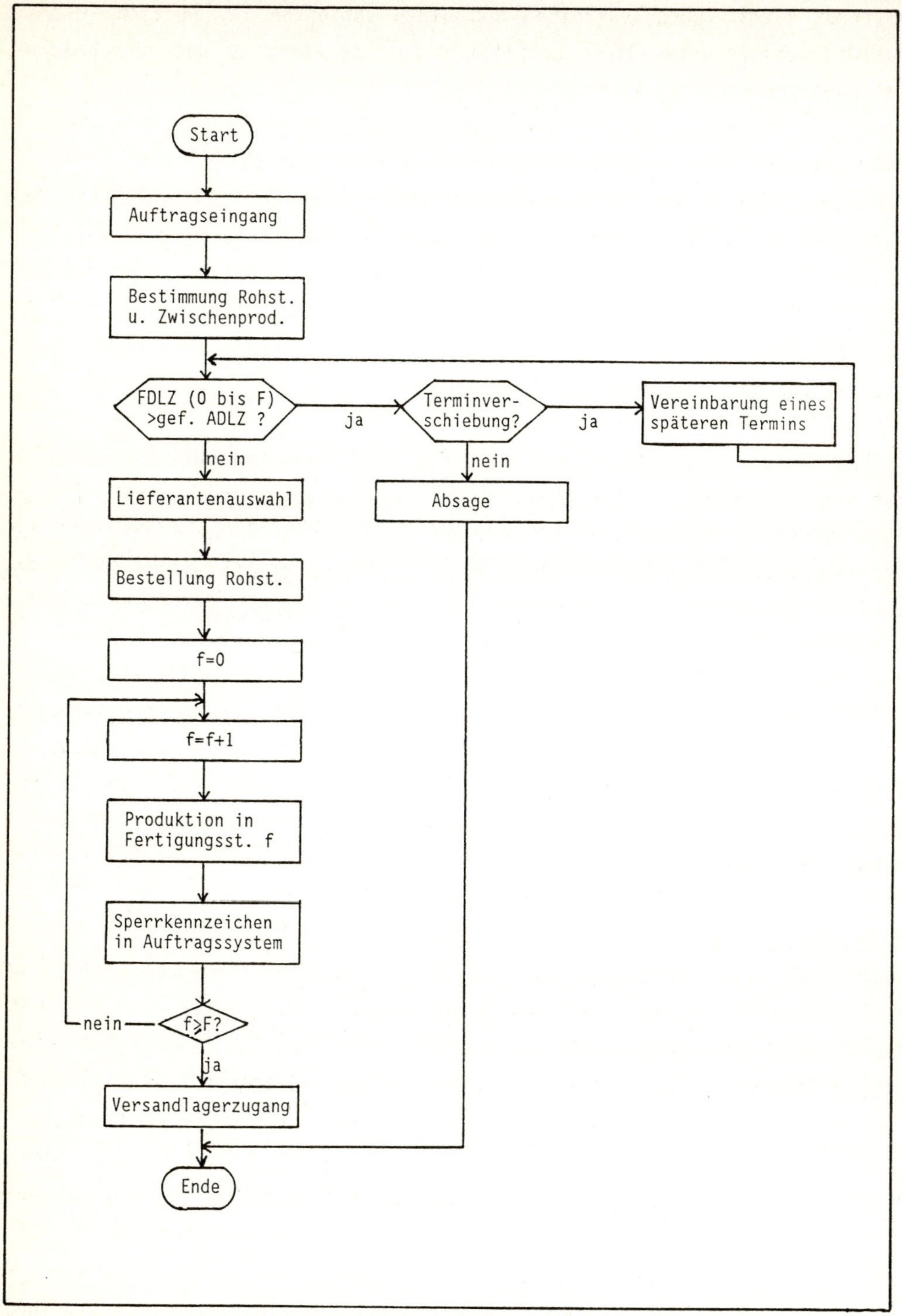

Abb. 2.1.2.1.: Programmablaufplan des Auftragsdurchlaufs (Szenario 1)

2.1.3. Anforderungen aus datenorientierter Sicht

Die Anforderungen, die an ein EDV-gestütztes Materialflußsystem für die Auftragsfertigung ohne dispositive Lager gestellt werden, liegen in der Hauptsache in der Verfolgung der Materialien vom Rohstoffeingang über die einzelnen Fertigungsstufen bis zum Versandlagerzugang. In der folgenden Darstellung wird ein Betrieb mit vier Fertigungsstufen und damit drei innerbetrieblichen Zwischenlagern sowie einem Rohstofflager und einem Versandlager unterstellt.

Als Darstellungsmittel, wie eine EDV-mäßige Unterstützung der Materialflußsteuerung bei den unterschiedlichen Arten der Auftragsfertigung zu gestalten ist, wird die Vorgangskette gewählt[2]. In der Darstellungsform der Vorgangskette werden die einzelnen Tätigkeiten auf einer etwas aggregierten Stufe wiedergegeben und nach manueller bzw. DV-unterstützter Batch- oder Online-Verarbeitung klassifiziert. Ebenso wird aufgezeigt, welcher Art die zugrundeliegende manuelle oder DV-gestützte Datenbasis ist.

Dabei beschreibt ein Pfeil von einer Datei zu einem Bearbeitungsschritt einen lesenden Zugriff, ein Pfeil in umgekehrter Richtung einen schreibenden Zugriff. Analog bedeutet ein Pfeil zu einer manuellen Datenbasis die Erstellung eines Schriftstücks, Dokuments oder einer Liste; ein Pfeil in umgekehrter Richtung besagt, daß die manuelle Datenbasis Grundlage für den Bearbeitungsschritt ist.

Bei Auftragseingang muß zunächst die geforderte Auftragsdurchlaufzeit auf ihre Realisierbarkeit hin überprüft werden oder ein möglicher Liefertermin bestimmt werden. Eine Möglichkeit besteht darin, bei jedem Auftragseingang eine vollständige Einplanung des Auftrags unter Berücksichtigung der derzeitigen Kapazitätssituation vorzunehmen. Wegen des erheblichen Aufwands dieses Verfahrens wird es nicht empfohlen. Stattdessen sollen pro Produktgruppe oder Sorte die durchschnittlichen Durchlaufzeiten und deren Varianzen in den Materialstammsätzen abgespeichert werden, so daß die Daten auf Abruf zur Verfügung stehen.

Die Zusammensetzung der Endprodukte aus Rohstoffen und Zwischenprodukten wird dabei nicht aus Stücklisten ermittelt, sondern wegen der besonderen

Fertigungsstruktur aus Analysen ihrer geforderten technischen Spezifikation (chemische Analysen, Farbanalysen). Einige Zwischenprodukte werden durch bestimmte Optimierungsverfahren (z.B. Verschnittoptimierung) ermittelt.

Bei der Materialverfolgung muß sichergestellt werden, daß jedes Material auf jeder Fertigungsstufe eindeutig einem Kundenauftrag zugeordnet werden kann. Dazu ist es notwendig, daß die Kundenauftragsnummer bei den beschafften und weiterverarbeiteten Materialien mitgeführt wird.

Bei allen Lagerbestandszu- und -abgängen in den innerbetrieblichen Zwischenlagern, die in den Bewegungsdateien "Bestand" verbucht werden, werden mehrere Transaktionen durchgeführt:

- Ausgabe der Sollvorschrift für den Lagerbestandszu- bzw. -abgang des Materials an dem entsprechenden Lager
- Verbuchung des tatsächlichen Zu- bzw. Abgangs
- dabei Zuordnung des Materials zum Kundenauftrag
- Soll-/Ist-Vergleich
- Setzen des Sperrkennzeichens zur Verhinderung nicht mehr möglicher kundenseitiger Auftrags-Änderungen im Auftragsabwicklungssystem
- evtl. Nachricht an das Auftragsabwicklungssystem über abweichende Mengen bzw. Terminverzögerungen (zur Information des Vertriebs und des Kunden)

Alle vorgenannten Transaktionen werden in der Funktion "Verwaltung des Zwischenlagers" zusammengefasst.

Abb. 2.1.3.1. zeigt die Vorgangskette für die Materialflußsteuerung bei Auftragsfertigung ohne dispositive Lager.

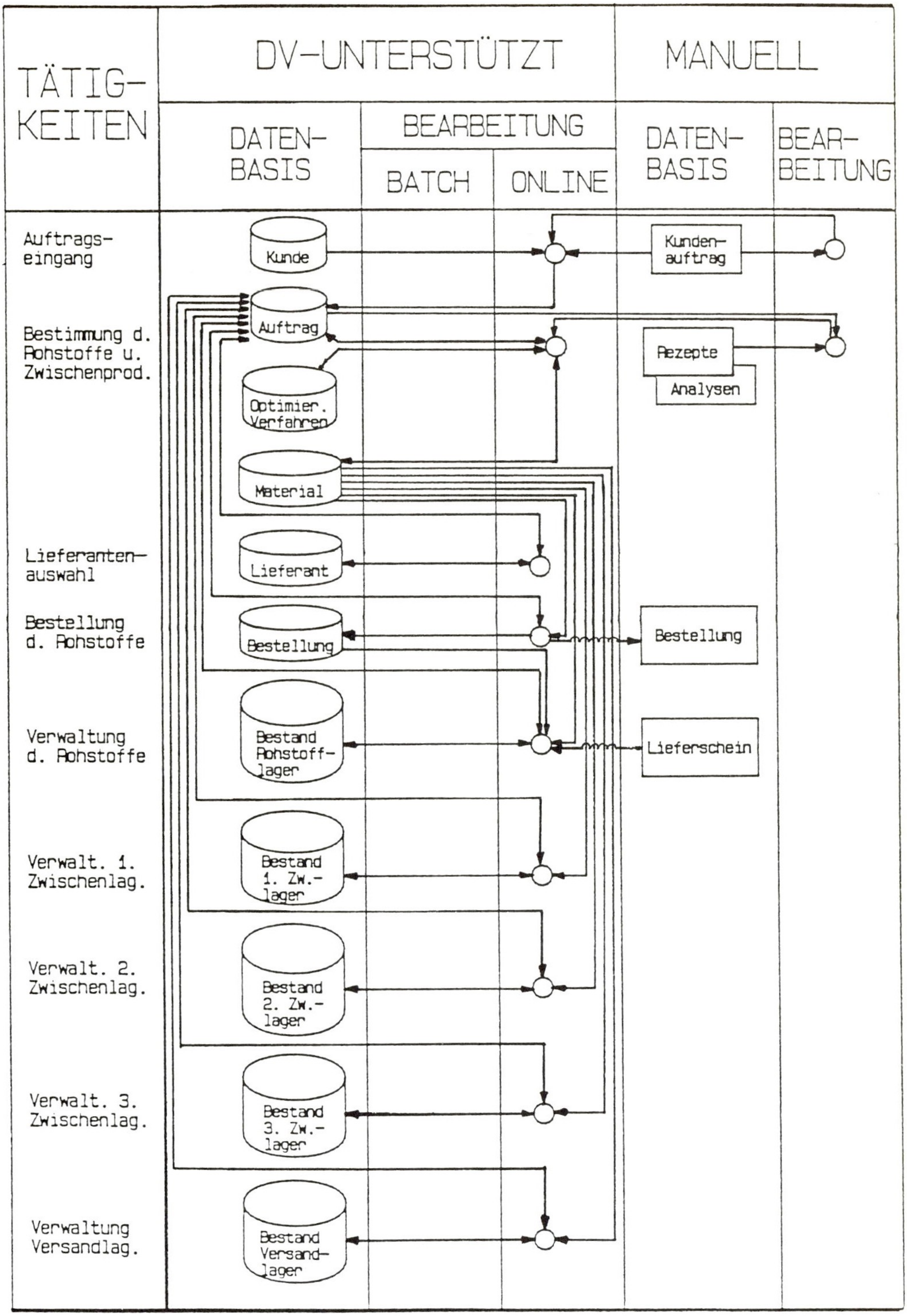

Abb. 2.1.3.1.: Vorgangskette innerbetriebliche Materialflußsteuerung (Szenario 1)

2.1.4. Quantitative Analyse

Der Materialfluß durch ein Unternehmen, das Auftragsfertigung ohne dispositive Lager betreibt, wird mit Hilfe eines Simulationsprogramms abgebildet. Da normalerweise die Verteilung der Kundenaufträge auf unterschiedliche Sortimente und die Bearbeitungsdauern der Materialien auf den Maschinen stochastischen Bedingungen unterworfen sind, versagen analytische Verfahren, um Aussagen über

- Durchlaufzeiten
- Wartezeiten
- Transportwartezeiten
- Bearbeitungszeiten von Aufträgen
- und die kapazitätsmäßige Auslastung der Fertigungsmaschinen

zu gewinnen. Auch können Veränderungen über die Zeit in einem analytischen Modell nur schwer ermittelt werden. Die Simulation als "the use of a numerical model to study the behavior of a system as it operates over time"[3] genügt beiden Anforderungen[4].

Zur Definition der Simulationsmodelle werden eigene Simulationssprachen eingesetzt. Man unterscheidet zwischen diskreten und stetigen Simulationssprachen, wobei überwiegend die diskreten zum Einsatz kommen. Die bekanntesten diskreten Simulationssprachen sind CSL, GASP II, GPSS, SIMSCRIPT und SIMULA, wobei GPSS die am weitesten verbreitete Sprache ist[5].

Die folgenden Simulationen werden mit Hilfe des Programmpaketes CAPSIM[6] durchgeführt, welches GPSS-F-Routinen[7] zur Simulation benutzt, wobei eine benutzerfreundliche Eingabeschnittstelle geschaffen wurde, aus deren Daten das Simulationsprogramm generiert wird (vgl. Abb 2.1.4.1.).

Die von den Simulationsroutinen bereitgestellten Ausgabedateien werden durch CAPSIM aufbereitet und die Ergebnisse in einer Vielzahl von Auswertungsmöglichkeiten bereitgestellt. Die vom Programm benutzten Dateien und der Ablauf einer Simulation sind in Abb. 2.1.4.2. wiedergegeben.

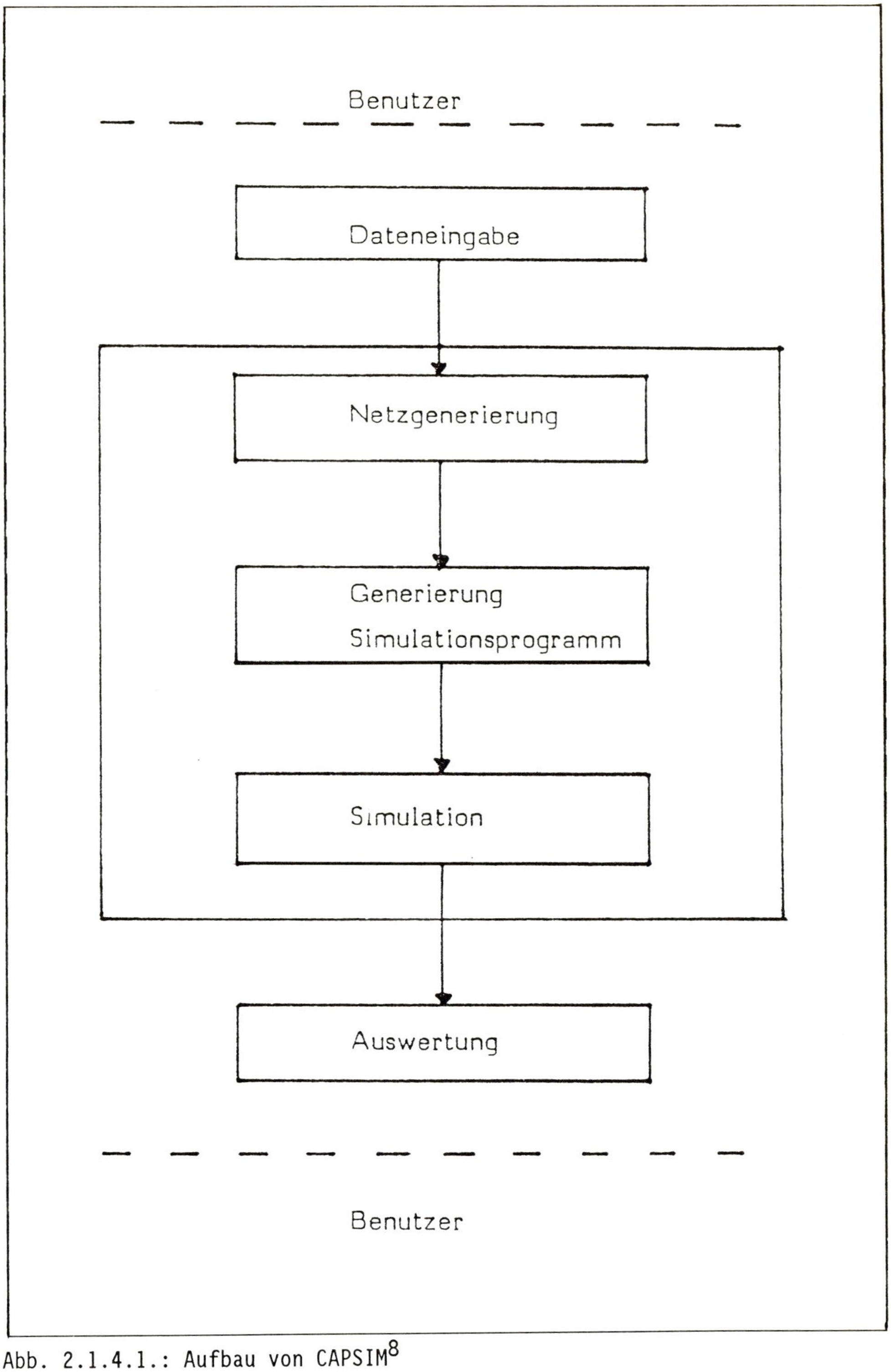

Abb. 2.1.4.1.: Aufbau von CAPSIM[8]

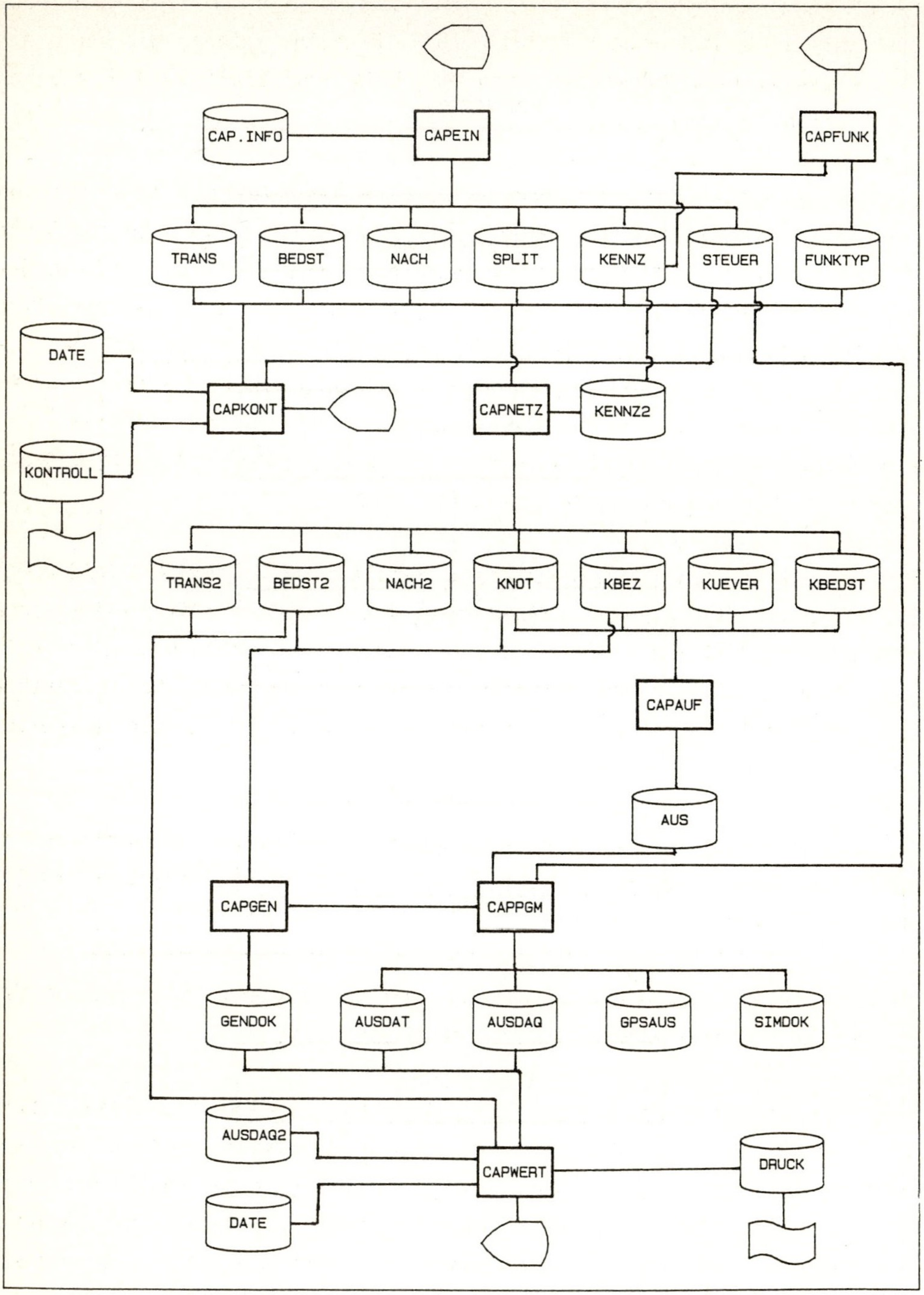

Abb. 2.1.4.2.: Ablauf einer Simulation in CAPSIM und benutzte Dateien

CAPSIM wurde ursprünglich für die Analyse von Büroprozessen entworfen, doch eignet es sich ohne Einschränkungen für alle Systeme, die durch den "Fluß dynamischer Elemente durch ein Netz von statischen Elementen beschrieben"[9] werden können.

Ein Netz, bestehend aus mehreren Knoten, wird durch eine Folge von Transaktionen durchlaufen. Der Knoten ist charakterisiert durch den Namen des betreffenden Vorgangs, der eindeutig bezeichnet sein muß, und den Namen der Bedienstation, die diesen Vorgang ausführt. Eine Bedienstation kann mehrere unterschiedliche Vorgänge bearbeiten. Die Kapazität der Bedienstation ist definiert als die Anzahl der möglichen Wege einer Transaktion durch diese Bedienstation. Wenn sie eine Kapazität > 1 aufweist, können mehrere Vorgänge parallel bearbeitet werden, wobei ein Vorgang genau eine Einheit dieser Kapazität in Anspruch nimmt.

Die Transaktionen erreichen mit einer bestimmten Ankunftsrate, die durch eine Funktion wiedergegeben werden kann, das System. Die Bearbeitungszeit im Knoten beträgt die ebenfalls in einer Funktion angegebenen Zeiteinheiten. Liegen mehrere Nachfolgeknoten vor, wird in einer Übergangswahrscheinlichkeit die relative Anzahl der in einem Nachfolgeknoten bearbeiteten Transaktionen angegeben.

Hat ein Knoten zwei oder mehr Nachfolgeknoten, wobei eine Transaktion sowohl den einen als auch den anderen Nachfolgeknoten durchläuft, so besitzt der Knoten eine Split-Funktion.

Werden die gesplitteten Transaktionen wieder zusammengefaßt, besitzt der Knoten, an dem dies erfolgt, eine Assemble-Funktion.

Der Übergang von einem Knoten zum nächsten kann kontinuierlich oder schubweise erfolgen. Beim schubweisen Übergang wird entweder eine gewisse Anzahl von Transaktionen gesammelt, bevor sie zum nächsten Knoten weitergeleitet werden, oder die Weiterleitung ist abhängig von zeitlichen Schranken (innerhalb eines Zyklus von x Zeiteinheiten erfolgt alle y Zeiteinheiten der Übergang).

Im ersten Fall spricht man von quantitativem Schub, im zweiten Fall von zeitlichem Schub.

Die Übergangszeit von einem Knoten zum nächsten beträgt die in einer Funktion angegebenen Zeiteinheiten.

Abb. 2.1.4.3. verdeutlicht die in CAPSIM gebräuchliche Notation.

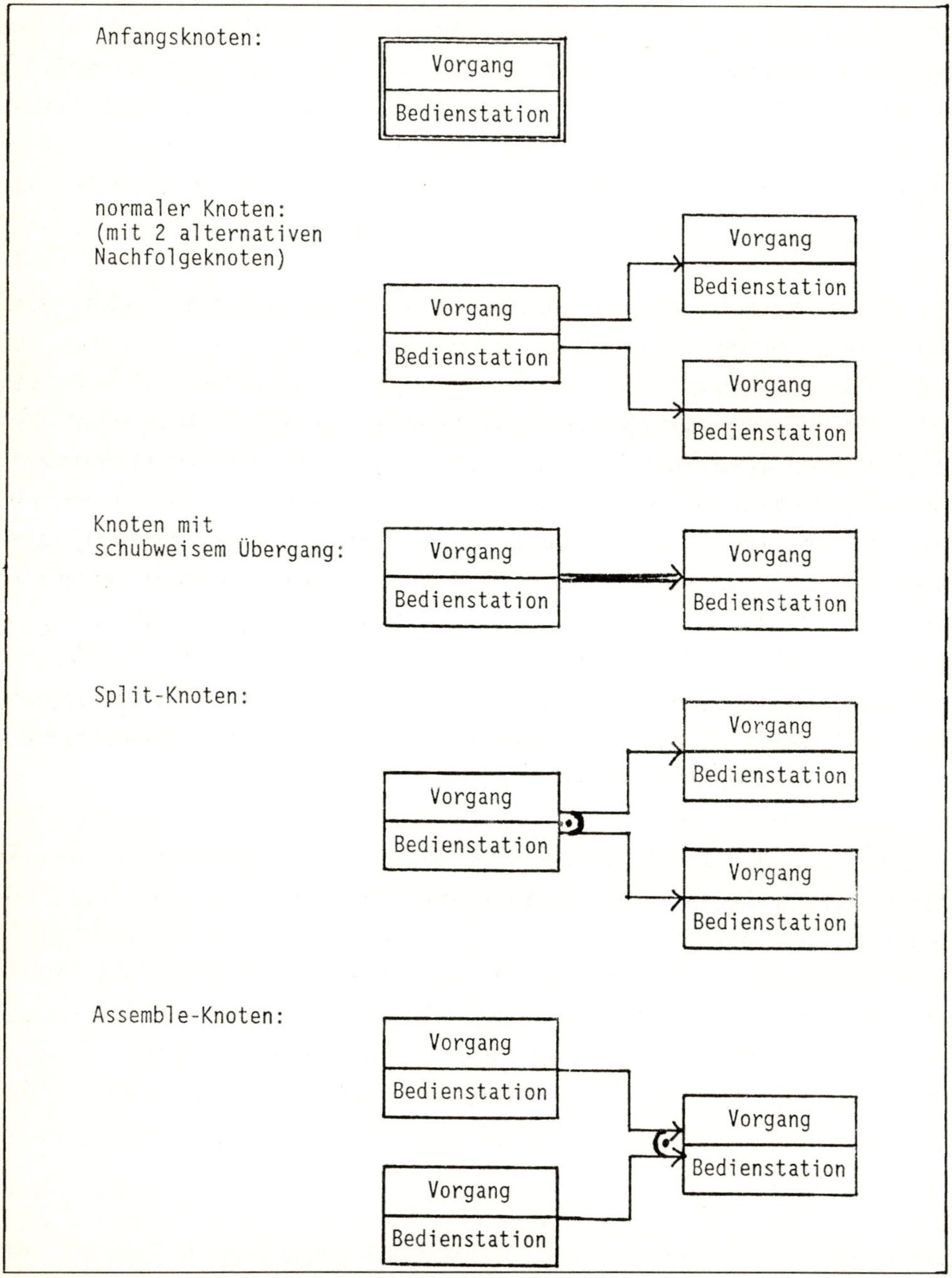

Abb. 2.1.4.3.: CAPSIM-Notation

Die Struktur des Beispiels ist in Abb. 2.1.4.4. wiedergegeben. Dabei umfaßt die Produktion vier Fertigungsstufen, die alle im Dreischichtbetrieb arbeiten. Ein zu produzierender Auftrag wird auf allen vier Fertigungsstufen bearbeitet, wobei teilweise die dritte und vierte Fertigungsstufe mehrmals durchlaufen werden müssen.

Bei der ersten und zweiten Fertigungsstufe handelt es sich um Prozesse, die über ein Betriebsmittel laufen (bzw. mehrere hintereinander geschaltete Betriebsmittel, die aber als eines gehandhabt werden können). In den Fertigungsstufen 3 und 4 stehen 4 bzw. 6 alternative Betriebsmittel zur Verfügung.

Die Materialien, die auf den Fertigungsstufen 1 und 2 produziert werden, werden zu Losen zusammengefaßt, zwischen denen Umrüstvorgänge stattfinden. Dabei können alle zu fertigenden Stoffe in drei Sorten eingeteilt werden, wobei eine Sorte mehrere fertigungstechnisch verwandte Zwischenprodukte umfaßt. Innerhalb einer Sorte ist ein Umrüstvorgang unbedeutend, bei Sortenwechsel aufwendig. Deshalb werden jeweils die Stoffe aus einer Sorte möglichst zusammenhängend produziert. Dabei findet ein Sortenwechsel nach 50 produzierten Einheiten der Sorte 10, nach 90 produzierten Einheiten der Sorte 20 und nach 60 produzierten Einheiten der Sorte 30 statt. Die Losbildung wird in CAPSIM durch den schubweisen Übergang von der Bereitstellung zur Fertigung auf Fertigungssstufe 1 realisiert. Die Abarbeitungsregel FIFO (first in, first out) der Fertigungsstufe 1 stellt dabei sicher, daß zunächst alle Stoffe einer Sorte gefertigt werden, bevor der Sortenwechsel stattfindet.

Abb. 2.1.4.4. zeigt, daß ähnliche Sortenbildung auf der zweiten Fertigungsstufe vorliegt.

Auf den Fertigungsstufen 3 und 4 spielen die Umrüstvorgänge nur eine untergeordnete Rolle, so daß hier keine Unterteilung in Sorten getroffen wird.

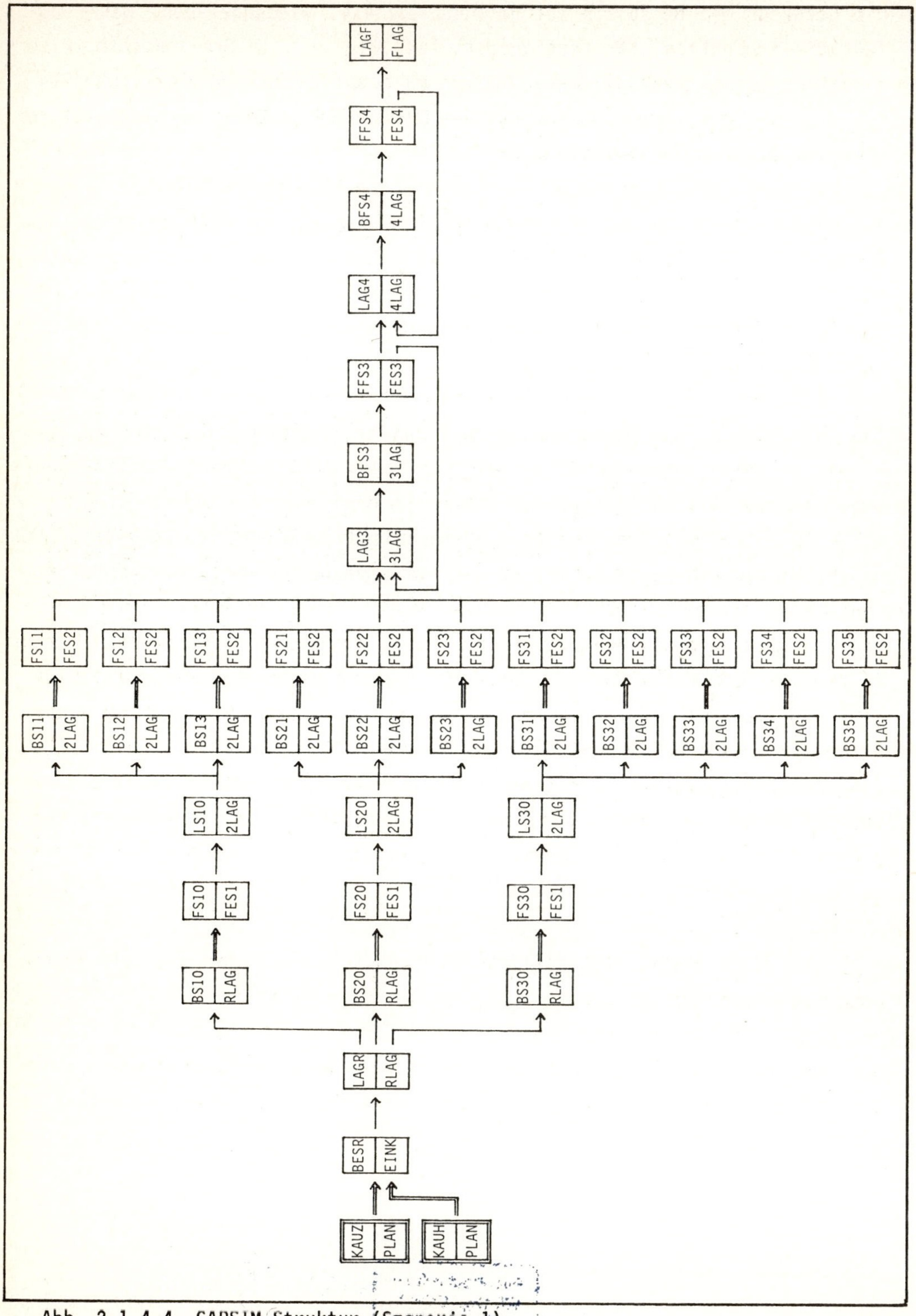

Abb. 2.1.4.4. CAPSIM-Struktur (Szenario 1)

Erläuterung zu Abb. 2.1.4.4.:
Bezeichnung der Knoten:

KAUZ : Kundenauftragseingang Zwischensaison
KAUH : zusätzlicher Kundenauftragseingang Hochsaison
BESR : Bestellung der Rohstoffe
LAGR : Lagerung der Rohstoffe
BS10 : Bereitstellung der für Sorte 10 notwendigen Rohstoffe
BS20 : Bereitstellung der für Sorte 20 notwendigen Rohstoffe
BS30 : Bereitstellung der für Sorte 30 notwendigen Rohstoffe
FS10 : Fertigung der Sorte 10
FS20 : Fertigung der Sorte 20
FS30 : Fertigung der Sorte 30
LS10 : Lagerung der Sorte 10
LS20 : Lagerung der Sorte 20
LS30 : Lagerung der Sorte 30
BS11 : Bereitstellung der für Sorte 11 notwendigen Menge von Sorte 10
BS12 : Bereitstellung der für Sorte 12 notwendigen Menge von Sorte 10
BS13 : Bereitstellung der für Sorte 13 notwendigen Menge von Sorte 10
BS21 : Bereitstellung der für Sorte 21 notwendigen Menge von Sorte 20
BS22 : Bereitstellung der für Sorte 22 notwendigen Menge von Sorte 20
BS23 : Bereitstellung der für Sorte 23 notwendigen Menge von Sorte 20
BS31 : Bereitstellung der für Sorte 31 notwendigen Menge von Sorte 30
BS32 : Bereitstellung der für Sorte 32 notwendigen Menge von Sorte 30
BS33 : Bereitstellung der für Sorte 33 notwendigen Menge von Sorte 30
BS34 : Bereitstellung der für Sorte 34 notwendigen Menge von Sorte 30
BS35 : Bereitstellung der für Sorte 35 notwendigen Menge von Sorte 30
FS11 : Fertigung der Sorte 11
FS12 : Fertigung der Sorte 12
FS13 : Fertigung der Sorte 13
FS21 : Fertigung der Sorte 21
FS22 : Fertigung der Sorte 22
FS23 : Fertigung der Sorte 23
FS32 : Fertigung der Sorte 32
FS33 : Fertigung der Sorte 33
FS34 : Fertigung der Sorte 34
FS35 : Fertigung der Sorte 35
LAG3 : Lagerung der Materialien in Lager 3
BFS3 : Bereitstellung für Fertigung in Fertigungsstelle 3
FFS3 : Fertigung in Fertigungsstelle 3
LAG4 : Lagerung der Materialien in Lager 4
BFS4 : Bereitstellung für Fertigung in Fertigungsstelle 4
FFS4 : Fertigung in Fertigungsstelle 4
LAGF : Lagerung der Materialien im Fertigwarenlager

Der Absatz ist saisonabhängig. In der Hochsaison kommen im Schnitt 50 Aufträge pro Tag, in der Zwischensaison 30 Aufträge pro Tag. Dabei wird hier der Auftrag mit einer Standardmenge gleichgesetzt, die tatsächlichen Aufträge werden auf diese Standardaufträge umgerechnet (durch Zusammenfassung mehrerer kleiner Aufträge einer Sorte oder Splittung eines großen Auftrags).

Die unterschiedliche Anzahl eintreffender Auftäge über die Zeit wird im Simulationsmodell so abgebildet, daß ein Anfangsknoten (KAUZ) durchgängig eine Ankunftsrate von 30 Transaktionen pro Tag aufweist, der Anfangsknoten KAUH zum Zeitpunkt 86.400 (= zu Beginn des vierten Monats) aktiviert wird und 20 Transaktionen pro Tag generiert. Im Simulationsmodell wird eine Saison von 1 Monat angenommen, dann wird der Anfangsknoten KAUH deaktiviert.

Die Simulationsdauer beträgt insgesamt 172.800 Zeiteinheiten, das entspricht 6 Monaten (vgl. Abb. 2.1.4.5.).

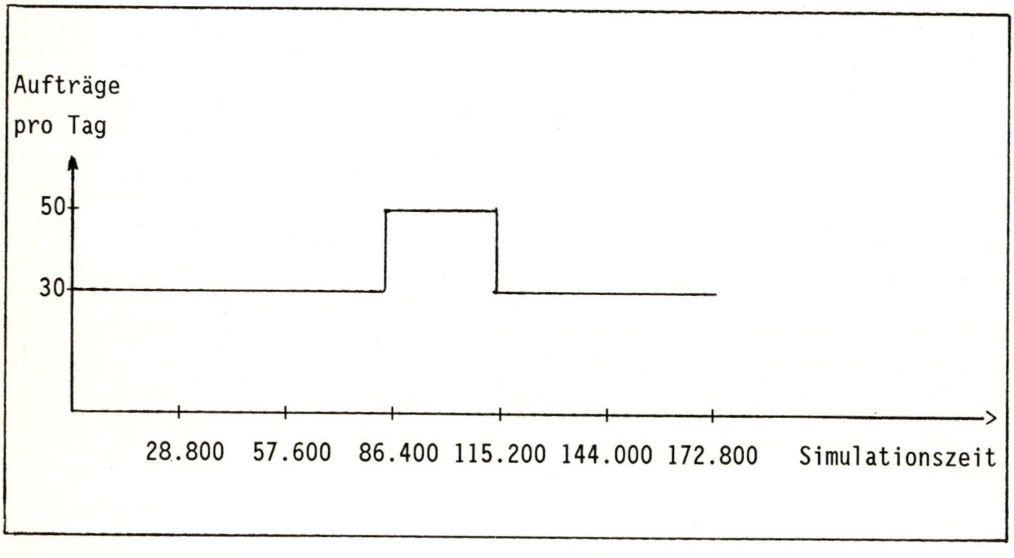

Abb. 2.1.4.5.: Auftragsvolumen und Simulationszeit

Die Übergangswahrscheinlichkeiten, Daten der schubweisen Übergänge, Ankunftsverteilungen, maximalen Ankunftsraten von Transaktionen, Bearbeitungszeiten und Steuerdaten (wie Aktivierungszeitpunkte) sind in der folgenden Tabelle zusammengestellt.

```
11 . DATENGRUPPE : UEBERGANGSWAHRSCHEINLICHKEITEN

 4.: VON LAGR/RLAG NACH  1.  NACHFOLGER BS10/RLAG  ZU  20.00 PROZENT
 4.: VON LAGR/RLAG NACH  2.  NACHFOLGER BS20/RLAG  ZU  30.00 PROZENT
 4.: VON LAGR/RLAG NACH  3.  NACHFOLGER BS30/RLAG  ZU  50.00 PROZENT
11.: VON LS10/2LAG NACH  1.  NACHFOLGER BS11/2LAG  ZU  25.00 PROZENT
11.: VON LS10/2LAG NACH  2.  NACHFOLGER BS12/2LAG  ZU  45.00 PROZENT
11.: VON LS10/2LAG NACH  3.  NACHFOLGER BS13/2LAG  ZU  30.00 PROZENT
12.: VON LS20/2LAG NACH  1.  NACHFOLGER BS21/2LAG  ZU  20.00 PROZENT
12.: VON LS20/2LAG NACH  2.  NACHFOLGER BS22/2LAG  ZU  60.00 PROZENT
12.: VON LS20/2LAG NACH  3.  NACHFOLGER BS23/2LAG  ZU  20.00 PROZENT
13.: VON LS30/2LAG NACH  1.  NACHFOLGER BS31/2LAG  ZU  10.00 PROZENT
13.: VON LS30/2LAG NACH  2.  NACHFOLGER BS32/2LAG  ZU  50.00 PROZENT
13.: VON LS30/2LAG NACH  3.  NACHFOLGER BS33/2LAG  ZU  15.00 PROZENT
13.: VON LS30/2LAG NACH  4.  NACHFOLGER BS34/2LAG  ZU  15.00 PROZENT
13.: VON LS30/2LAG NACH  5.  NACHFOLGER BS35/2LAG  ZU  10.00 PROZENT
38.: VON FFS3/FES3 NACH  1.  NACHFOLGER LAG3/3LAG  ZU  15.00 PROZENT
38.: VON FFS3/FES3 NACH  2.  NACHFOLGER LAG4/4LAG  ZU  85.00 PROZENT
41.: VON FFS4/FES4 NACH  1.  NACHFOLGER LAG4/4LAG  ZU   5.00 PROZENT
41.: VON FFS4/FES4 NACH  2.  NACHFOLGER LAGF/FLAG  ZU  95.00 PROZENT

12 . DATENGRUPPE : SCHUBWEISER UEBERGANG

 1 : NACH KNOTEN KAUZ ZEITLICHER SCHUB MIT  1 ZYKLUSZEITPUNKTEN
 5 : NACH KNOTEN BS10 QUANTITATIVER SCHUB MIT TRANSAKTIONSGRENZE 50
 6 : NACH KNOTEN BS20 QUANTITATIVER SCHUB MIT TRANSAKTIONSGRENZE 90
 7 : NACH KNOTEN BS30 QUANTITATIVER SCHUB MIT TRANSAKTIONSGRENZE 60
14 : NACH KNOTEN BS11 QUANTITATIVER SCHUB MIT TRANSAKTIONSGRENZE 40
15 : NACH KNOTEN BS12 QUANTITATIVER SCHUB MIT TRANSAKTIONSGRENZE 20
16 : NACH KNOTEN BS13 QUANTITATIVER SCHUB MIT TRANSAKTIONSGRENZE 35
17 : NACH KNOTEN BS21 QUANTITATIVER SCHUB MIT TRANSAKTIONSGRENZE 10
18 : NACH KNOTEN BS22 QUANTITATIVER SCHUB MIT TRANSAKTIONSGRENZE 10
19 : NACH KNOTEN BS23 QUANTITATIVER SCHUB MIT TRANSAKTIONSGRENZE 20
20 : NACH KNOTEN BS31 QUANTITATIVER SCHUB MIT TRANSAKTIONSGRENZE 30
21 : NACH KNOTEN BS32 QUANTITATIVER SCHUB MIT TRANSAKTIONSGRENZE 90
22 : NACH KNOTEN BS33 QUANTITATIVER SCHUB MIT TRANSAKTIONSGRENZE 40
23 : NACH KNOTEN BS34 QUANTITATIVER SCHUB MIT TRANSAKTIONSGRENZE 40
24 : NACH KNOTEN BS35 QUANTITATIVER SCHUB MIT TRANSAKTIONSGRENZE 30

14 . DATENGRUPPE : ANKUNFTSVERTEILUNGSFUNKTION

KNOTEN  1  KAUZ/PLAN ANKUNFTSVERTEILUNG :   1
KNOTEN  2  KAUH/PLAN ANKUNFTSVERTEILUNG :   2

15 . DATENGRUPPE : ANKUNFTSRATE

KNOTEN  1  KAUZ/PLAN MAX. TRANSAKTIONSZAHL : 9999
KNOTEN  2  KAUH/PLAN MAX. TRANSAKTIONSZAHL :  400
```

```
16 . DATENGRUPPE : BEARBEITUNGSFUNKTIONEN

   1.: KNOTEN KAUZ/PLAN BEARBEITUNGSFUNKTION :   3
   2.: KNOTEN KAUH/PLAN BEARBEITUNGSFUNKTION :   3
   3.: KNOTEN BESR/EINK BEARBEITUNGSFUNKTION :   4
   4.: KNOTEN LAGR/RLAG BEARBEITUNGSFUNKTION :   5
   5.: KNOTEN BS10/RLAG BEARBEITUNGSFUNKTION :   6
   6.: KNOTEN BS20/RLAG BEARBEITUNGSFUNKTION :   6
   7.: KNOTEN BS30/RLAG BEARBEITUNGSFUNKTION :   6
   8.: KNOTEN FS10/FES1 BEARBEITUNGSFUNKTION :   7
   9.: KNOTEN FS20/FES1 BEARBEITUNGSFUNKTION :   8
  10.: KNOTEN FS30/FES1 BEARBEITUNGSFUNKTION :   9
  11.: KNOTEN LS10/2LAG BEARBEITUNGSFUNKTION :  10
  12.: KNOTEN LS20/2LAG BEARBEITUNGSFUNKTION :  10
  13.: KNOTEN LS30/2LAG BEARBEITUNGSFUNKTION :  10
  14.: KNOTEN BS11/2LAG BEARBEITUNGSFUNKTION :   6
  15.: KNOTEN BS12/2LAG BEARBEITUNGSFUNKTION :   6
  16.: KNOTEN BS13/2LAG BEARBEITUNGSFUNKTION :   6
  17.: KNOTEN BS21/2LAG BEARBEITUNGSFUNKTION :   6
  18.: KNOTEN BS22/2LAG BEARBEITUNGSFUNKTION :   6
  19.: KNOTEN BS23/2LAG BEARBEITUNGSFUNKTION :   6
  20.: KNOTEN BS31/2LAG BEARBEITUNGSFUNKTION :   6
  21.: KNOTEN BS32/2LAG BEARBEITUNGSFUNKTION :   6
  22.: KNOTEN BS33/2LAG BEARBEITUNGSFUNKTION :   6
  23.: KNOTEN BS34/2LAG BEARBEITUNGSFUNKTION :   6
  24.: KNOTEN BS35/2LAG BEARBEITUNGSFUNKTION :   6
  25.: KNOTEN FS11/FES2 BEARBEITUNGSFUNKTION :  11
  26.: KNOTEN FS12/FES2 BEARBEITUNGSFUNKTION :  12
  27.: KNOTEN FS13/FES2 BEARBEITUNGSFUNKTION :  13
  28.: KNOTEN FS21/FES2 BEARBEITUNGSFUNKTION :  14
  29.: KNOTEN FS22/FES2 BEARBEITUNGSFUNKTION :  15
  30.: KNOTEN FS23/FES2 BEARBEITUNGSFUNKTION :  16
  31.: KNOTEN FS31/FES2 BEARBEITUNGSFUNKTION :  17
  32.: KNOTEN FS32/FES2 BEARBEITUNGSFUNKTION :  18
  33.: KNOTEN FS33/FES2 BEARBEITUNGSFUNKTION :  19
  34.: KNOTEN FS34/FES2 BEARBEITUNGSFUNKTION :  20
  35.: KNOTEN FS35/FES2 BEARBEITUNGSFUNKTION :  21
  36.: KNOTEN LAG3/3LAG BEARBEITUNGSFUNKTION :   5
  37.: KNOTEN BFS3/3LAG BEARBEITUNGSFUNKTION :   6
  38.: KNOTEN FFS3/FES3 BEARBEITUNGSFUNKTION :  22
  39.: KNOTEN LAG4/4LAG BEARBEITUNGSFUNKTION :   5
  40.: KNOTEN BFS4/4LAG BEARBEITUNGSFUNKTION :   6
  41.: KNOTEN FFS4/FES4 BEARBEITUNGSFUNKTION :  25
  42.: KNOTEN LAGF/FLAG BEARBEITUNGSFUNKTION :   5

18 . DATENGRUPPE : STEUERDATEN

  KURZTEXT:                 MAFL
  DRUCKZYKLUSZEIT:         14400
  MODELLGROESSE : SEHR GROSS 6000 TRANSAKTIONEN
  SIMULATIONSANFANG:           1
  SIMULATIONSENDE:        172800
  AKTIVIERUNGSZEITPUNKT VON KNOTEN  1 :       1
  AKTIVIERUNGSZEITPUNKT VON KNOTEN  2 :   84400

19 . DATENGRUPPE : SCHUBZEITPUNKTE

  KNOTEN KAUZ,   ZYKLUSZEIT        1440
  SCHUBZEITPUNKTE INNERHALB DES ZYKLUS
         1
```

```
AUSGABE DER FUNKTIONEN:
---------------------

   1.) KONSTANTE;      WERT :      48.000

   2.) KONSTANTE;      WERT :      72.000

   3.) KONSTANTE;      WERT :      90.000

   4.) INDIVIDUELLE DISKRETE FUNKTION
         WAHRSCHEINLICHKEIT (%)         WERT
                  30.000              15.000
                  40.000              20.000
                  30.000              25.000

   5.) INDIVIDUELLE DISKRETE FUNKTION
         WAHRSCHEINLICHKEIT (%)         WERT
                  30.000              12.000
                  40.000              15.000
                  30.000              17.000

   6.) KONSTANTE;      WERT :       5.000

   7.) INDIVIDUELLE KONTINUIERLICHE FUNKTION
         WAHRSCHEINLICHKEIT (%)         WERT
                  30.000              35.000
                  40.000              40.000
                  30.000              45.000

   8.) INDIVIDUELLE KONTINUIERLICHE FUNKTION
         WAHRSCHEINLICHKEIT (%)         WERT
                  30.000              17.000
                  40.000              20.000
                  30.000              23.000

   9.) INDIVIDUELLE KONTINUIERLICHE FUNKTION
         WAHRSCHEINLICHKEIT (%)         WERT
                  30.000              26.000
                  40.000              30.000
                  30.000              34.000

  10.) INDIVIDUELLE DISKRETE FUNKTION
         WAHRSCHEINLICHKEIT (%)         WERT
                  30.000              20.000
                  40.000              30.000
                  30.000              40.000

  11.) INDIVIDUELLE KONTINUIERLICHE FUNKTION
         WAHRSCHEINLICHKEIT (%)         WERT
                  30.000              18.000
                  40.000              20.000
                  30.000              22.000

  12.) INDIVIDUELLE KONTINUIERLICHE FUNKTION
         WAHRSCHEINLICHKEIT (%)         WERT
                  30.000              23.000
                  40.000              25.000
                  30.000              27.000

  13.) INDIVIDUELLE KONTINUIERLICHE FUNKTION
         WAHRSCHEINLICHKEIT (%)         WERT
                  30.000              28.000
                  40.000              30.000
                  30.000              32.000

  14.) INDIVIDUELLE KONTINUIERLICHE FUNKTION
         WAHRSCHEINLICHKEIT (%)         WERT
                  30.000              45.000
                  40.000              50.000
                  30.000              55.000

  15.) INDIVIDUELLE KONTINUIERLICHE FUNKTION
         WAHRSCHEINLICHKEIT (%)         WERT
                  30.000              50.000
                  40.000              60.000
                  30.000              70.000

  16.) INDIVIDUELLE KONTINUIERLICHE FUNKTION
         WAHRSCHEINLICHKEIT (%)         WERT
                  30.000              55.000
                  40.000              70.000
                  30.000              85.000

  17.) INDIVIDUELLE KONTINUIERLICHE FUNKTION
         WAHRSCHEINLICHKEIT (%)         WERT
                  30.000              27.000
                  40.000              30.000
                  30.000              33.000

  18.) INDIVIDUELLE KONTINUIERLICHE FUNKTION
         WAHRSCHEINLICHKEIT (%)         WERT
                  30.000              34.000
                  40.000              36.000
                  30.000              38.000

  19.) INDIVIDUELLE KONTINUIERLICHE FUNKTION
         WAHRSCHEINLICHKEIT (%)         WERT
                  30.000              36.000
                  40.000              38.000
                  30.000              39.000

  20.) INDIVIDUELLE KONTINUIERLICHE FUNKTION
         WAHRSCHEINLICHKEIT (%)         WERT
                  30.000              40.000
                  40.000              43.000
                  30.000              47.000

  21.) INDIVIDUELLE KONTINUIERLICHE FUNKTION
         WAHRSCHEINLICHKEIT (%)         WERT
                  30.000              40.000
                  40.000              50.000
                  30.000              60.000

  22.) INDIVIDUELLE KONTINUIERLICHE FUNKTION
         WAHRSCHEINLICHKEIT (%)         WERT
                  15.000              90.000
                  20.000             100.000
                  30.000             110.000
                  20.000             120.000
                  15.000             130.000

  23.) KONSTANTE;      WERT :       5.000

  24.) INDIVIDUELLE KONTINUIERLICHE FUNKTION
         WAHRSCHEINLICHKEIT (%)         WERT
                  15.000            4320.000
                  20.000            5760.000
                  30.000            7200.000
                  20.000            8640.000
                  15.000           10080.000

  25.) INDIVIDUELLE KONTINUIERLICHE FUNKTION
         WAHRSCHEINLICHKEIT (%)         WERT
                  15.000             140.000
                  20.000             170.000
                  30.000             200.000
                  20.000             230.000
                  15.000             260.000
```

Die wichtigsten Ergebnisse des Simulationslaufs sind:

- Die mittlere Durchlaufzeit der Aufträge beträgt 24.056,34 Zeiteinheiten. Das entspricht etwa 16 1/2 Tagen. 3550 Aufträge sind während des Betrachtungszeitraums bearbeitet worden.

- Die Auslastung der einzelnen Maschinengruppen beträgt im Durchschnitt:

  Fertigungsstufe 1: 52,82 %
  Fertigungsstufe 2: 72,21 %
  Fertigungsstufe 3: 60,35 %
  Fertigungsstufe 4: 63,66 %

- Die weiterhin betroffenen Abteilungen weisen folgende durchschnittliche Auslastungsgrade auf:

  PLAN : 69,44 %
  EINK : 46,14 %
  RLAG : 10,96 %
  2LAG : 38,14 %
  3LAG : 23,80 %
  4LAG : 21,32 %
  FLAG : 10,04 %

Die Auslastung allein gibt noch keinen umfassenden Überblick über die Situation des Produktionsprozesses. Ebenso wichtig ist die Betrachtung der Warteschlangen, die vor den Betriebsmitteln bzw. Abteilungen auftreten.

- Die durchschnittliche Wartezeit ohne die Transportwartezeit, die dadurch entsteht, daß erst dann der Übergang zum nächsten Knoten erfolgt, wenn die für die Losbildung notwendige Anzahl von Aufträgen erreicht ist, beträgt:

  Fertigungsstufe 1 : 1150,15
  Fertigungsstufe 2 : 3326,42
  Fertigungsstufe 3 : 102,72
  Fertigungsstufe 4 : 83,36

- Die Wartezeiten für die anderen Abteilungen betragen:

PLAN	:	160,50
EINK	:	82,56
RLAG	:	0
2LAG	:	14,31
3LAG	:	0,14
4LAG	:	0,29
FLAG	:	0,01

Gegenüber den Wartezeiten vor den Fertigungsstufen sind diese Wartezeiten vernachlässigbar gering. Die Wartezeiten und Auslastungsgrade der Fertigungsstufen sollen deswegen näher betrachtet werden.

Die längsten Wartezeiten bauen sich vor der Fertigungsstufe 2 auf, die darüber hinaus auch den höchsten Auslastungsgrad aufweist.

Die Wartezeiten und Auslastungsgrade der Fertigungsstufe 2 beim Wechsel von der Normalsaison zur Hochsaison entwickeln sich wie folgt:

Periode	Simulationsuhr	durchschnittliche Wartezeit zwischen Zeitpunkt 0 und aktuellem Zeitpunkt	durchschnittliche Wartezeit zwischen letztem Schnittzeitpunkt und aktuellem Zeitpunkt	durchschnittlicher Auslastungsgrad zwischen Zeitpunkt 0 und aktuellem Zeitpunkt	durchschnittlicher Auslastungsgrad zwischen letztem Schnittzeitpunkt und aktuellem Zeitpunkt
3	86.400	2295,01	1296,11	55,14	75,79
4	100.800	2133,16	1162,06	57,15	69,21
	115.200	2612,17	5965,24	62,48	100
5	129.600	3202,99	7929,55	66,64	100
	144.000	3615,80	7331,09	69,99	100
6	158.400	3446,15	1749,65	71,35	84,95
	1[illegible]00	3326,42	2010,83	72,21	81,67

Die Übersicht zeigt, daß sich ab Mitte des vierten Monats eine Warteschlange vor der zweiten Fertigungsstufe aufbaut, wenn die ersten zusätzlichen Aufträge aus der gesteigerten Nachfrage des vierten Monats diese Fertigungsstufe erreichen. Schließlich erreicht die Auslastung 100 %, und die Warteschlange und damit die Wartezeit steigen stark an. Die Wartezeit erhöht sich von unter einem Tag (1296,11 und 1162,06 Zeiteinheiten) auf 5 1/2 Tage (7929,55 Zeiteinheiten). Die übermäßige Belastung der zweiten Fertigungsstufe baut sich erst in der sechsten Periode wieder ab, die Wartezeiten normalisieren sich.

Wie in der obigen sind auch in allen anderen Übersichten die Werte der ersten Perioden nicht berücksichtigt, da sich dort das System in der Einschwingphase befindet. Bei Beginn der Simulation wird von einem "leeren" Betrieb ausgegangen, wobei erst nach einer gewissen Zeit die Aufträge die nachgelagerten Fertigungsstufen erreichen. Nach der Anlaufphase, wenn alle Fertigungsstufen über einen gewissen Auftragsbestand verfügen, stabilisiert sich das System. Erst dann bringen die Auswertungen aussagekräftige Ergebnisse.

Die Fertigungsstufe mit der zweithöchsten Auslastung ist Fertigungsstufe 4. Wartezeiten und Auslastungsgrade zeigen folgendes Bild:

Periode	Simulationsuhr	durchschnittliche Wartezeit zwischen Zeitpunkt 0 und aktuellem Zeitpunkt	durchschnittliche Wartezeit zwischen letztem Schnittzeitp. und aktuellem Zeitpunkt	durchschnittlicher Auslastungsgrad zwischen Zeitpunkt 0 und aktuellem Zeitpumkt	durchschnittlicher Auslastungsgrad zwischen letztem Schnitt- und aktuellem Zeitpunkt
3	72.000	40,60	31,2	42,67	74,51
	86.400	41,88	48,28	47,38	70,93
4	100.800	50,08	98,68	49,89	64,95
	115.200	63,01	153,52	54,38	85,81
5	129.600	63,88	70,12	57,34	81,02
	144.000	82,54	250,48	60,79	91,84
6	158.400	82,60	83,2	62,98	84,88
	172.800	83,36	91,72	63.66	71,14

Die Wartezeiten sind auch in Zeiten höchster Auslastung nicht von Bedeutung. Eine Vollauslastung wird, über eine Zeit von 10 Tagen betrachtet, nicht erreicht.

Eine Analyse der Fertigungsstufen 1 und 3 zeigt, daß auch sie, genau wie Fertigungsstufe 4, keinen Engpaß darstellen. Die relativ hohen Wartezeiten vor Fertigungsstufe 1 sind rein produktionsbedingt und entstehen durch die Losbildung. Eine signifikante Erhöhung der Wartezeit in der Hochsaison ist nicht zu beobachten.

Den Engpaß in der Fertigung stellt also Fertigungsstufe 2 dar. Die sich vor Fertigungsstufe 2 bildenden Warteschlangen haben direkte Auswirkungen auf die Gesamtdurchlaufzeit der Aufträge, wie die folgende Übersicht zeigt:

Periode	Simulationsuhr	durchschnittliche Durchlaufzeit der seit dem letzten Schnittzeitpunkt abgeschlossenen Transaktionen	durchschnittliche Bearbeitungszeit dieser Transaktionen	Anzahl abgeschlossener Transaktionen seit dem letzten Schnittzeitpunkt
4	115.200	21765,52	582,70	398
5	129.600	23337,02	584,36	384
	144.000	26777,61	593,19	414
6	158.400	26172,05	593.71	390
	172.800	23012,06	583,87	325

Die Durchlaufzeit steigt durch die Überlastung der Fertigungsstufe 2 von durchschnittlich 15 Tagen in der 4. Periode auf durchschnittlich über 18 1/2 Tage in der 5. Periode.

Aber auch innerhalb der Perioden ist die Varianz der Durchlaufzeit sehr groß; so beträgt in der 4. Periode die minimale Durchlaufzeit 8778 Zeiteinheiten, (entspricht ca. 6 Tagen), die maximale Durchlaufzeit 54314 Zeiteinheiten (entspricht ca. 38 Tagen oder fast 2 Monaten). Abb. 2.1.4.6. gibt einen Überblick über die Streuung der Durchlaufzeiten in der 4. Periode.

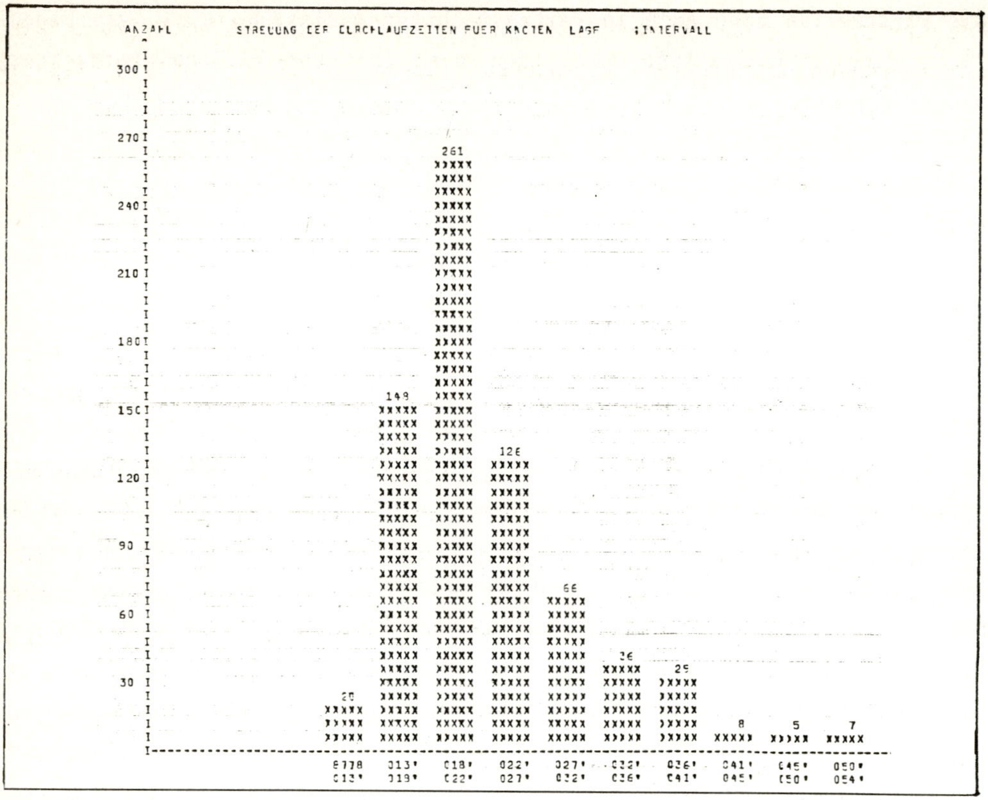

Abb. 2.1.4.6.: Streuung der Durchlaufzeiten (Szenario 1)

Die große Varianz ist vor allem zurückzuführen auf die großen Schwankungen der Lieferzeit der Rohstoffe, aber auch auf die unterschiedlichen Transportwartezeiten (bis die Anzahl von Materialien für ein Los erreicht ist) und Bedienwartezeiten (bis die Maschine das Los aufnehmen kann). Bei derart großen Schwankungen in der Durchlaufzeit der Aufträge sind sichere Terminzusagen gegenüber dem Kunden unmöglich. Damit eine Terminzusage einigermaßen sicher gehalten werden kann, müssen Lieferzeiten im oberen Bereich der Schwankungsbreite angegeben werden (also zwischen 30 und 40 Tagen).

Weiterhin fällt der geringe Anteil der Bearbeitungszeiten an den Gesamtdurchlaufzeiten auf, der hier bei gut 2 % liegt. Die Transportzeiten und Wartezeiten nehmen den überwiegenden Teil an der Gesamtdurchlaufzeit ein. Dieses Phänomen ist in vielen Unternehmungen zu beobachten. Andere Untersuchungen geben einen Anteil der Transport- und Liegezeiten von 65 % bis 99,98 % an, wobei die meisten Untersuchungen zu einem Anteil zwischen 80 % und 95 % kommen[10].

Die einzelnen Ergebnisse gewinnen durch den Vergleich mit den Ergebnissen der folgenden Szenarien an Aussagekraft, wenn die Einführung von dispositiven Zwischenlagern und deren adäquate Steuerung dargestellt werden.

2.1.5. Bewertung

Auftragsfertigung ohne dispositive Lager wird dort praktiziert, wo nahezu alle Aufträge unterschiedliche Rohstoffe und Zwischenprodukte mit nur wenigen Überschneidungen erfordern. Das EDV-System zur Materialflußsteuerung bei Auftragsfertigung ohne dispositive Lager dient in der Hauptsache der Verfolgung des Auftragsdurchlaufs. Außerdem werden die Sollvorschriften als Ergebnis der Produktionsplanung an den Arbeitsplatz übertragen. Damit kann ein Teil der Fertigungsbegleitpapiere entfallen. Durch die begrenzte Funktionalität ist das System dementsprechend wenig aufwendig. Hierin liegt aber gleichzeitig der Nachteil der Materialflußsteuerung bei Auftragsfertigung ohne dispositive Lager: Bei in der Fertigung auftretenden Abweichungen kann das System diese nur konstatieren, wegen der streng auftragsgebundenen Fertigungsstruktur aber keine steuernden Eingriffe vorschlagen. Damit ist es in seinem Wirkungsgrad relativ begrenzt.

Solche Abweichungen liegen z. B. in Über- oder Mindermengen, d.h. Ausbringungsmengen, die über bzw. unter den von der Produktionsplanung vorgeschriebenen Mengen liegen. Gerade in der Fließgutfertigung treten aber z. T. erhebliche Differenzen in der relativen Ausbringungsmenge auf, die auf die unterschiedliche Art der vorher produzierten Materialien (noch bestehende Verunreinigungen), auf die Güte des Umrüstvorgangs (Qualität der Neueinstellungen der Parameter), auf die Qualität der Adaption des Betriebsmittels an die Fertigung des neuen Produkts, auf die unterschiedliche Qualität der Verschleißteile des Betriebsmittels (Filze, Siebe), auf die Qualität der eingesetzten Materialien (Feuchte, Dichte, Reißfestigkeit) und auf den allgemeinen Maschinenzustand (Verstopfung von Düsen, Ungleichmäßigkeit von Antriebsaggregaten) zurückzuführen sind. Wo diese zufälligen Schwankungen nicht auf die Kunden abgewälzt werden können, müssen die Einsatzstoffe großzügig bemessen sein, damit die geforderte Menge auf jeden Fall sichergestellt wird. Das kann dazu führen, daß auf Endproduktebene Mehrmengen entstehen, die dann nicht abzusetzen sind.

2.2. Materialflußsteuerung bei Auftragsfertigung mit dispositivem Rohstofflager

2.2.1. Problemstellung

Auftragsfertigung ohne dispositive Lager ist dann eine ungeeignete Strategie, wenn zur Fertigung der Produkte wenige Rohstoffe eingesetzt werden, da

- aufgrund der jeweils geringen Menge, die pro kundenauftragsbezogener Bestellung beim Lieferanten geordert wird, die Konditionengestaltung nicht optimiert wird,

- die Auftragsdurchlaufzeit der Gesamt-Fertigungsdurchlaufzeit entspricht, durch Einsatz von Rohstofflagern aber erheblich verkürzt werden könnte.

Deswegen wird in diesem Szenario ein dispositives Rohstofflager eingeführt. Dispositiv meint in diesem Zusammenhang, daß Materialien auf Lager gehalten werden, ohne daß sie zunächst einem konkreten Kundenauftrag zugeordnet sind. Während im Fall der Auftragsfertigung ohne dispositive Lager das Material ausschließlich bedarfsgesteuert bestellt wurde, werden in diesem Szenario die Materialien auch verbrauchsgesteuert disponiert. Das bedeutet, daß der Bedarf an Rohstoffen nicht nur aus den Aufträgen für Endprodukte abgeleitet wird, sondern auch aus dem Verbrauch an Rohstoffen in den vorherigen Perioden[11] (vgl. Abb. 2.2.1.1.).

	auftragsgebunden	dispositiv
Rohstoffe	x	x
Zwischenprodukte	x	
Fertigwaren	x	

Abb. 2.2.1.1.: Struktur der Lager (Szenario 2)

Wenn ein dispositives Rohstofflager geführt wird, sind folgende Entscheidungen zu treffen:

- Welche Rohstoffe sollen dispositiv auf Lager gehalten werden?

- Wie hoch soll der Lagerbestand an diesen Rohstoffen sein?

- Nach welchen Kriterien soll die Entscheidung getroffen werden, ob für einen vorliegenden Auftrag die Rohstoffe, sofern Bestand vorhanden ist, aus dem dispositiven Lager entnommen oder neu beschafft werden?

2.2.2. Festlegung der bestandsmäßig zu führenden Rohstoffe

Rohstoffe für die Aufträge, bei denen die zu realisierende Durchlaufzeit normalerweise kürzer ist als die Gesamt-Fertigungsdurchlaufzeit, müssen dispositiv auf Lager gehalten werden, da die Einhaltung von geforderten Durchlaufzeiten aus Vertriebssicht eine sehr hohe Priorität hat.

Bei Rohstoffen für Aufträge, die gewöhnlich eine längere Auftragsdurchlaufzeit haben, besteht Wahlfreiheit, ob sie dispositiv geführt werden oder nicht.

Folgende Parameter gehen in die Entscheidung ein:

- Aus **Beschaffungssicht** ist zu klären, ob durch Zusammenfassung von Einzelbestellungen und Bildung von größeren Bestellmengen pro Position sowie durch vorher vereinbarte Abnahmemengen und Lieferzeitpunkte günstiger eingekauft werden kann.

- Aus **finanzwirtschaftlicher Sicht** muß darauf geachtet werden, daß das gebundenene Kapital im Rohstofflager möglichst gering ist.

- Aus **Vertriebssicht** ist zu überprüfen, ob Rohstoffe, die normalerweise nicht für zeitkritische Aufträge benötigt werden, in Ausnahmefällen nicht doch sofort benötigt werden. Außerdem muß der Vertrieb bei Kundenverhandlungen die ungefähre Lieferzeit kennen, ohne im Einzelfall darauf angewiesen zu sein, die Verfügbarkeit bestimmter Rohstoffe zu überprüfen. (Auch kennt der Vertrieb nicht immer die Zusammensetzung der Endprodukte aus den Rohstoffen.) Für die Endproduktgruppen müssen deswegen die Lieferzeiten bekannt sein. Das führt dazu, daß alle Rohstoffe, die zur Fertigung einer bestimmten Endproduktgruppe notwendig sind, dispositiv geführt werden müssen, wenn die zu realisierende Auftragsdurchlaufzeit einiger Aufträge kürzer ist als die Gesamt-Fertigungsdurchlaufzeit.

Aus Beschaffungs- und Vertriebssicht ist die lagermäßige Führung möglichst vieler Rohstoffe, aus finanzwirtschaftlicher Sicht möglichst weniger Rohstoffe anzustreben.

Tendenziell überwiegt bei Rohstoffen, die einen relativ kontinuierlichen und/oder gut prognostizierbaren Verbrauch aufweisen, der Vorteil der günstigen Beschaffung gegenüber dem Nachteil der höheren Kapitalbindung, so daß die dispositive Führung dieser Rohstoffe allein unter Berücksichtigung des Beschaffungs- und Kapitalbindungsaspekts wirtschaftlich ist. Zusätzlich werden die Vorteile aus Vertriebssicht, nämlich die Realisierung eines hohen Servicegrades durch kurze Lieferzeiten, erreicht.

Die oben genannte Forderung, daß alle **die** Rohstoffe dispositiv geführt werden, die zur Fertigung einer bestimmten Endproduktgruppe notwendig sind, wenn einige Aufträge in dieser Gruppe kurze Durchlaufzeiten haben, kann auch umgekehrt formuliert werden: Die Bildung von Endproduktgruppen (z.B. durch Materialklassenbildung, vgl. Kap. 2.3.2.) sollte **auch** unter rohstoffspezifischen Gesichtspunkten erfolgen, d.h. Bildung von Endproduktgruppen, wenn gleiche Rohstoffe eingehen, Bildung von getrennten Gruppen, wenn Rohstoffe eingehen, die nicht dispositiv geführt werden. Wegen der unterstellten Eigenschaft, daß es nur wenige Rohstoffe gibt, die aber in viele Endprodukte eingehen, zeichnen sich die nicht dipositiv geführten Rohstoffe dadurch aus, daß sie für Sonderanfertigungen der Endprodukte benötigt werden.

Wichtiger als die Rohstoff-Endprodukt-Beziehung ist die Zwischenprodukt-Endprodukt-Beziehung, da hier größere Abhängigkeiten bestehen.

2.2.3. Politik zur Auffüllung des dispositiven Rohstofflagers

Als Bestellpolitiken sind die (s, S)-Politik, die von einer Auffüllung des Lagers bis zum Maximalbestand S bei Erreichen des Bestellpunktes s ausgeht, und die (s, q)-Politik am bekanntesten, die eine Bestellmenge q bei Erreichen des Bestellpunktes s unterstellt.

Zur Ermittlung der Bestellmenge q sind in der Literatur mehrere Verfahren vorgeschlagen. Viele gehen zurück auf die von Andler[12] entwickelte Formel zur optimalen Bestellmenge

$$q = \sqrt{\frac{2 \cdot B \cdot K_f}{p \cdot z}}$$

mit:

B = Periodenbedarf

K_f = bestellfixe Kosten

p = Preis pro Einheit

z = Zins- und Lagerhaltungskostensatz.

Diese Grundformel wurde um zusätzliche Parameter erweitert, so daß mit erheblichem mathematischem Aufwand versucht wird, realitätsnahe Dispositionsunterstützung zu geben[13]. Trotzdem sind die meisten mathematischen Dispositionsmodelle in der Praxis kaum verwendet worden. Dies liegt an ihrer Komplexität und ihrer eingeschränkten Einsatzfähigkeit, die darauf beruht, daß die Struktur, die ihnen zugrunde liegt, nicht der gegebenen Situation entspricht. Außerdem sind die Datenerfordernisse, die sie stellen, schwierig zu erfüllen[14].

Verhandlungen mit den Lieferanten, die Vereinbarung von für beide Seiten günstigen Lieferplänen, die Möglichkeit, Konsignationslager zu führen, und die Bestellung mehrerer Güter bei einem Lieferanten, Faktoren, die in den meisten Formeln unberücksichtigt bleiben[15], führen zu einer kostengünstigeren Bestellung und Lagerung der Rohstoffe als die mathematisch errechnete Lösung des Bestellmengenproblems mit falschen oder ungenauen Eingangsdaten.

Es soll deshalb eine einfache Vorgehensweise für die Materialsteuerung der

Rohstoffe zum Einsatz kommen, die in zwei Schritten abläuft:

- Prognose der Abgänge aus dem Rohstofflager als Planungsgrundlage

- Steuerung des Lagers über Bestellungen/Abrufe bei Erreichen des bestellauslösenden Bestandes, wobei die Prognosewerte Grundlage sind für die Ermittlung des bestellauslösenden Bestandes und der Bestellmenge.

Prognosen haben bisher - wenn überhaupt - hauptsächlich bei Fertiglagern Anwendung gefunden[16], obwohl sich der Abgang vom Rohstofflager in die Produktion mit Prognoseverfahren oftmals sehr gut voraussagen läßt.

Dort, wo sich die möglichen Endprodukte zu Endproduktgruppen zusammenfassen lassen und für diese Endproduktgruppen Schätzungen über den zukünftigen Absatz möglich sind, wäre auch eine Bedarfsauflösung mit anschließender Brutto-/Netto-Rechnung zur Ermittlung des Bedarfs an Rohstoffen aus den geplanten Absätzen pro Endproduktgruppe möglich.

In vielen Unternehmungen der Fließgutfertigung geht aber ein großer Teil der Rohstoffe in viele Endproduktgruppen ein, und die Anzahl der unterschiedlichen Rohstoffe ist gering. Eine Bedarfsbestimmung der Rohstoffe über eine Bedarfsauflösung erzeugt in diesem Fall eine hohe Planungskomplexität, bringt aber kaum genauere Ergebnisse als eine direkte Hochrechnung des Lagerabgangs von Rohstoffen aus früheren Lagerabgangswerten in die Produktion, da Variationen im Endproduktspektrum kaum Auswirkungen auf die eingesetzten Rohstoffe haben. Deswegen ist für die Rohstoffe eine verbrauchsgesteuerte Disposition einer Bedarfsauflösung aus geschätzten Absätzen von Endproduktgruppen vorzuziehen.

Die Prognosen zur Ermittlung des zukünftigen Verbrauchs werden mithilfe der Verfahren der exponentiellen Glättung, die in das Materialflußsteuerungssystem integriert sein müssen, durchgeführt. Wenn in der Vergangenheit ein vornehmlich stetiger Wert des Verbrauchs angenommen wurde, beschränkt sich die Prognose auf eben diesen Wert mit

$$\overline{Y}_t = A \cdot Y_t + (1-A) \cdot \overline{Y}_{t-1};\ 0 \leqslant A \leqslant 1$$

oder für n Beobachtungsperioden

$$\bar{Y}_t = A \cdot \sum_{i=0}^{n-1} (1-A)^i \cdot Y_{t-i} + (1-A)^n \cdot Y_{t-n}$$

Dabei bedeuten:

$\bar{Y}_t$: der in t berechnete Mittelwert der Zeitreihe
=Prognosewert der nachfolgenden Perioden

Y_t : der in t beobachtete Wert

t : Zeitindex

A : Glättungsfaktor[17]

Wird der Glättungsfaktor A auf 1 gesetzt, ist der neue Prognosewert immer gleich dem letzten beobachteten Wert. Ein Glättungsfaktor A von 0 hat zur Folge, daß sich ein einmal festgesetzter Prognosewert nicht ändert. Somit gibt der Glättungsfaktor an, wie schnell sich der Prognosewert an einen Sprung des Wertes in den beobachteten Perioden anpaßt.

Wird der Verbrauch durch einen Trend gekennzeichnet, muß dieser zusätzlich einbezogen werden. Es ergibt sich die exponentielle Glättung 2. Ordnung. Das bekannteste dieser Verfahren ist das von Brown.

Die Grundgleichung lautet:

$$\bar{\bar{Y}}_{t+r} = \bar{a}_t + \bar{b}_t \cdot r$$

Dabei ist:

$\bar{a}_t$: in t berechneter Grundwert der Prognosegleichung

$\bar{b}_t$: in t berechnete Steigung der Prognosegleichung.

Zur Berechnung der Parameter $\bar{a}$ und $\bar{b}$ werden folgende Gleichungen benötigt:

(1) $\bar{Y}_t^{(1)} = A \cdot Y_t + (1-A) \cdot \bar{Y}_{t-1}^{(1)}$

(2) $\bar{Y}_t^{(2)} = A \cdot \bar{Y}_t^{(1)} + (1-A) \cdot \bar{Y}_{t-1}^{(2)}$

Die erste Gleichung entspricht mit Ausnahme der eingeklammerten Indizes der exponentiellen Glättung erster Ordnung. Bei der zweiten Gleichung werden die in der ersten Gleichung errechneten Werte wieder geglättet.

Für $\bar{a}_t$ und $\bar{b}_t$ gelten nun folgende Werte:

$$\bar{a}_t = 2 \cdot \bar{Y}_t^{(1)} - \bar{Y}_t^{(2)}$$

$$\bar{b}_t = \frac{A}{1-A} \cdot (\bar{Y}_t^{(1)} - \bar{Y}_t^{(2)})$$

Ist schließlich auch ein saisonaler Einfluß erkennbar, so kann ein von Winters entwickeltes Modell angewendet werden[18], das auf folgender Formel beruht:

$$\bar{\bar{Y}}_{t+r} = (\bar{a}_t + \bar{b}r) \cdot \bar{S}_{t-L+r}$$

Es sind:

$\bar{\bar{Y}}_{t+r}$: in t berechneter Prognosewert für die Periode t+r

$\bar{a}_t$: in t berechneter Grundwert der Prognosefunktion

$\bar{b}_t$: in t berechneter Trendwert der Prognosefunktion

$\bar{S}_{t-L+r}$: in t-L+r berechneter Saisonfaktor

L : Anzahl Perioden

t-L+r : die Periode, die vor t+r derselben Saisonperiode i angehört

Dabei werden die Parameter $\bar{a}_t$, $\bar{b}_t$ und $\bar{S}$ unter Verwendung von drei Glättungsfaktoren A_1, A_2, A_3 berechnet als

$$\bar{a}_t = A_1 \cdot \frac{Y_t}{\bar{S}_{t-L,i}} + (1-A_1) \cdot (\bar{a}_{t-1} + \bar{b}_{t-1})$$

$$\bar{b}_t = A_2 \cdot (\bar{a}_t - \bar{a}_{t-1}) + (1-A_2) \cdot \bar{b}_{t-1}$$

$$\bar{S}_{ti} = A_3 \cdot \frac{Y_t}{\bar{a}_t} + (1-A_3) \cdot \bar{S}_{t-L,i}$$

Es wird ein linearer Trend unterstellt, der mit der Saisonfigur multiplikativ verknüpft ist. Die Parameter, die in die Grundgleichung eingehen, werden jeweils durch Verfahren der exponentiellen Glättung ermittelt.

Das Verfahren von Winters ist insofern gut einsetzbar, als es nur geringen Speicherplatz benötigt, nämlich für die Glättungsfaktoren A_1, A_2, A_3, die Werte a_t, b_t und die L Saisonfaktoren $S_{t-L,i}$. Die Berechnung des jeweils neuen Prognosewertes ist dabei wenig aufwendig.

Auch andere Verfahren zur Bestimmung von Prognosewerten, z.B. die Methode der kleinsten Quadrate, können eingesetzt werden; die Verfahren zur exponentiellen Glättung sind allerdings weit verbreitet und als fertige Programmpakete einsetzbar. Einen Überblick, wann welches Prognoseverfahren die besten Werte liefert, geben Scheer und Mertens[19].

Daneben existiert eine Reihe von kausalen Prognoseverfahren[20], die eher bei Absatzprognosen der Endprodukte Anwendung finden, da dort bestimmte Marktsituationen und gesteuerte Eingriffe in das Marktverhalten (Werbung, Preis etc.) den Absatz bestimmter Produkte oder Produktgruppen beeinflussen. Da aber Variationen im Endproduktspektrum sich kaum auf die Rohstoffe auswirken, sind zur Prognose des Rohstoffbedarfs formale Prognoseverfahren meistens ausreichend.

Mithilfe der Analyse von Standard-Abweichungen der prognostizierten Werte von den tatsächlich realisierten Werten kann untersucht werden, inwieweit die Verfahren geeignete Prognosewerte liefern.

Periodisch werden neue Prognosewerte ermittelt, die als Grundlage für Verhandlungen mit einem oder mehreren Lieferanten über Kontrakte und Lieferpläne dienen. Ein Kontrakt ist eine Vereinbarung mit dem Lieferanten über eine in einer festgelegten Zeitspanne abzunehmende Menge (Mengenkontrakt) oder einen zu erreichenden Wert (Wertkontrakt). Die Erfüllung erfolgt über Abrufe. Bei einem Lieferplan wird zusätzlich ein Lieferrhythmus mit Mengen pro Liefertermin vereinbart[21].

Zur kurzfristigen Steuerung der Rohstofflager werden, sofern keine Lieferpläne vereinbart sind, pro Material bestellauslösende Bestände (Bestellpunkte) festgelegt, bei deren Erreichen ein Abruf bzw. eine Bestellung ausgelöst wird. Das EDV-System übernimmt die Überwachung und erzeugt eine Bestellanforderung. Der bestellauslösende Bestand ist der Bestand, bei dem bei sofortiger Bestellung das Lager im Normalfall bis zum Sicherheitsbestand weiter abnimmt, bevor unter Berücksichtigung der Lieferzeit der Lagerzugang aus der Lieferung erfolgt. Der geplante Verbrauch in der Wiederbeschaffungszeit ergibt sich aus dem für diese Zeit prognostizierten Lagerabgang.

Die Höhe der Bestellmenge richtet sich dabei an der gewünschten Lagerreichweite und den mit den Lieferanten ausgehandelten Konditionen aus. Als zukünftige Verbrauchszahlen für die Zeit der geforderten Lagerreichweite gelten dabei die Prognosewerte.

Für die Materialien, für die Lieferpläne vereinbart wurden, ist die Steuerung schwieriger. Eine Lieferung nach dem Lieferplan sollte spätestens dann eintreffen, wenn der Sicherheitsbestand erreicht ist. Ist für diesen Zeitpunkt keine Lieferung vereinbart, so ist die Gefahr des Stock-outs groß, da im Normalfall die Lieferzeit bei einer sofortigen Bestellung länger ist als die Zeit bis zur vollständigen Entnahme der vorhandenen Menge.

Auf der anderen Seite führt eine Bestellanforderung seitens des EDV-Systems bei Erreichen des Bestellpunktes immer dann zu unnötiger Dispositionsarbeit, wenn eine Lieferung innerhalb der gewöhnlichen Lieferzeit vorgesehen ist.

Damit die Verfügbarkeit der Materialien sichergestellt ist, muß also zunächst bei Erreichen des Bestellpunktes überprüft werden, ob innerhalb der Lieferzeit eine Lieferung kommt. Ist dies nicht der Fall, muß eine Bestellanforderung erstellt werden.

Diese Überprüfung ist durch das EDV-System durchzuführen. Dazu muß die Lieferzeit als Datum im Material-Stammdatensatz geführt werden. Ebenso muß das EDV-System über einen Kalender verfügen. Damit kann überprüft werden, ob

Kalendertag heute + Lieferzeit > nächster Liefertermin.

Wird daraufhin vom EDV-System eine Bestellanforderung ausgelöst, ist entweder eine Zusatzbestellung zu tätigen oder die nächste im Lieferplan vereinbarte Lieferung vorzuziehen und entsprechend zu erhöhen. Dies liegt in der Entscheidung des Disponenten; hier kann das EDV-System keine Unterstützung geben.

Wo die Lieferanten variable Mengen kurzfristig liefern können, ist auch eine Steuerung über das Fortschrittszahlen-Konzept (vgl. Kap. 1.2.4.) möglich. Allerdings muß als Planungsgrundlage auch hier eine Schätzung des Rohstoffabgangs vorliegen.

2.2.4. Anforderungen aus entscheidungsorientierter Sicht

Der Schwerpunkt der Materialflußsteuerung bei Auftragsfertigung mit dispositivem Rohstofflager liegt im Bereich des Rohstofflagers. Hier muß sichergestellt sein, daß jederzeit die benötigten Rohstoffe vorhanden sind, da der Vertrieb bei Terminzusagen für bestimmte Endproduktgruppen von einer Auftragsdurchlaufzeit von der ersten bis zur letzten Produktionsstufe ohne Beschaffung der benötigten Materialien ausgeht.

Nach der Bestimmung der Rohstoffe und Endprodukte wird eine Überprüfung der Realisierbarkeit des Liefertermins, jetzt unter Berücksichtigung der aktuellen Kapazitätssituation, vorgenommen. Kann der Termin nicht gehalten werden und kann mit den Kunden keine Verschiebung des Liefertermins vereinbart werden, ist der Auftrag nicht durchführbar.

Bei Annahme des Auftrags werden die Rohstoffe aus dem Lager entnommen und der Fertigung zugeführt. Das gilt auch dann, wenn die geforderte Auftragsdurchlaufzeit es zulassen würde, daß die Rohstoffe auftragsbezogen beschafft würden. Ausschlaggebend für die Führung von dispositiven Rohstoffen ist nämlich nicht nur der Vertriebsgesichtspunkt, sondern auch vor allem der Beschaffungsgesichtspunkt (vgl. Kap. 2.2.2.).

Anders ist die Entnahmestrategie bei den Zwischenprodukten (vgl. Kap. 2.3.4.).

Nach jedem Fertigungsfortschritt ist ein Sperrkennzeichen im Auftragssatz zu setzen, das dem Vertrieb angibt, welche Änderungen an der Auftragsspezifikation noch erlaubt sind und welche nicht mehr angenommen werden dürfen.

Die Anforderungen, die ein Materialflußsteuerungssystem abdecken muß, das bei Auftragsfertigung mit dispositivem Rohstofflager eingesetzt wird, sind aus entscheidungsorientierter Sicht in Abb. 2.2.4.1. wiedergegeben.

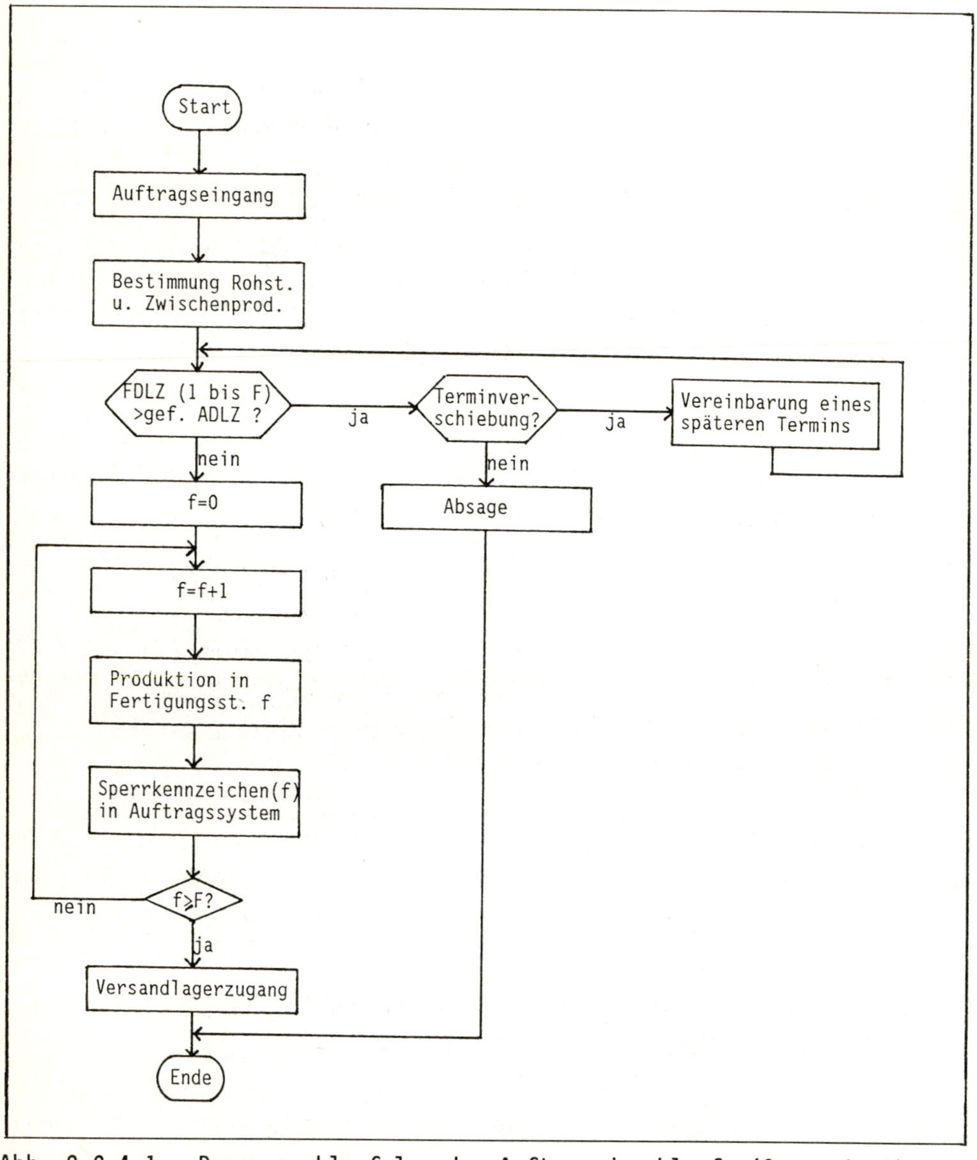

Abb. 2.2.4.1.: Programmablaufplan des Auftragsdurchlaufs (Szenario 2)

2.2.5. Anforderungen aus datenorientierter Sicht

Da es sich bei der Disposition der Rohstoffe und der innerbetrieblichen Materialflußsteuerung um zwei Regelkreise handelt, die zeitlich versetzt liegen, werden der Ablauf und die benötigten Daten jeweils in zwei Vorgangsketten dargestellt (vgl. Abb. 2.2.5.1. und 2.2.5.2.).

Bei der **Dispostion der Rohstoffe** muß zunächst festgelegt werden, welches Prognoseverfahren das geeignete ist. Dazu muß eine Methodenbank mit unterschiedlichen Prognoseverfahren zur Verfügung gestellt werden. Ebenso ist eine genügend große Anzahl von Vergangenheitswerten, die periodenbezogen in einer Statistik-Datenbank abgespeichert sind, für die Auswahl des passenden Prognoseverfahrens Voraussetzung. Dabei werden mit verschiedenen Prognoseverfahren für die Vergangenheit alle Werte nachprognostiziert. Durch Abweichungsanalyse der realisierten mit den prognostizierten Lagerabgangswerten wird das geeignete Verfahren determiniert. Mit diesem werden für die folgenden Perioden Bedarfe geplant.

Dabei werden die Ermittlung der Prognosewerte nach unterschiedlichen Prognoseverfahren und ihr Vergleich mit den tatsächlich eingetroffenen Werten im Batch durchgeführt, während die Bestimmung des einzusetzenden Verfahrens und der Parameter (z.B. Glättungsparameter) durch den Disponenten online erfolgt.

Die Abspeicherung der für die Prognosen benötigten Daten, z.B. beim Winters-Modell

- Grundwert
- Trend
- Saisonfiguren
- Glättungsparameter

erfolgt pro Produktgruppe/Produkt ebenfalls in der Statistik-Datenbank.

Sind die geeigneten Prognoseverfahren für die Produktgruppen/Produkte festgelegt, werden periodisch die zukünftigen Lagerabgänge prognostiziert.

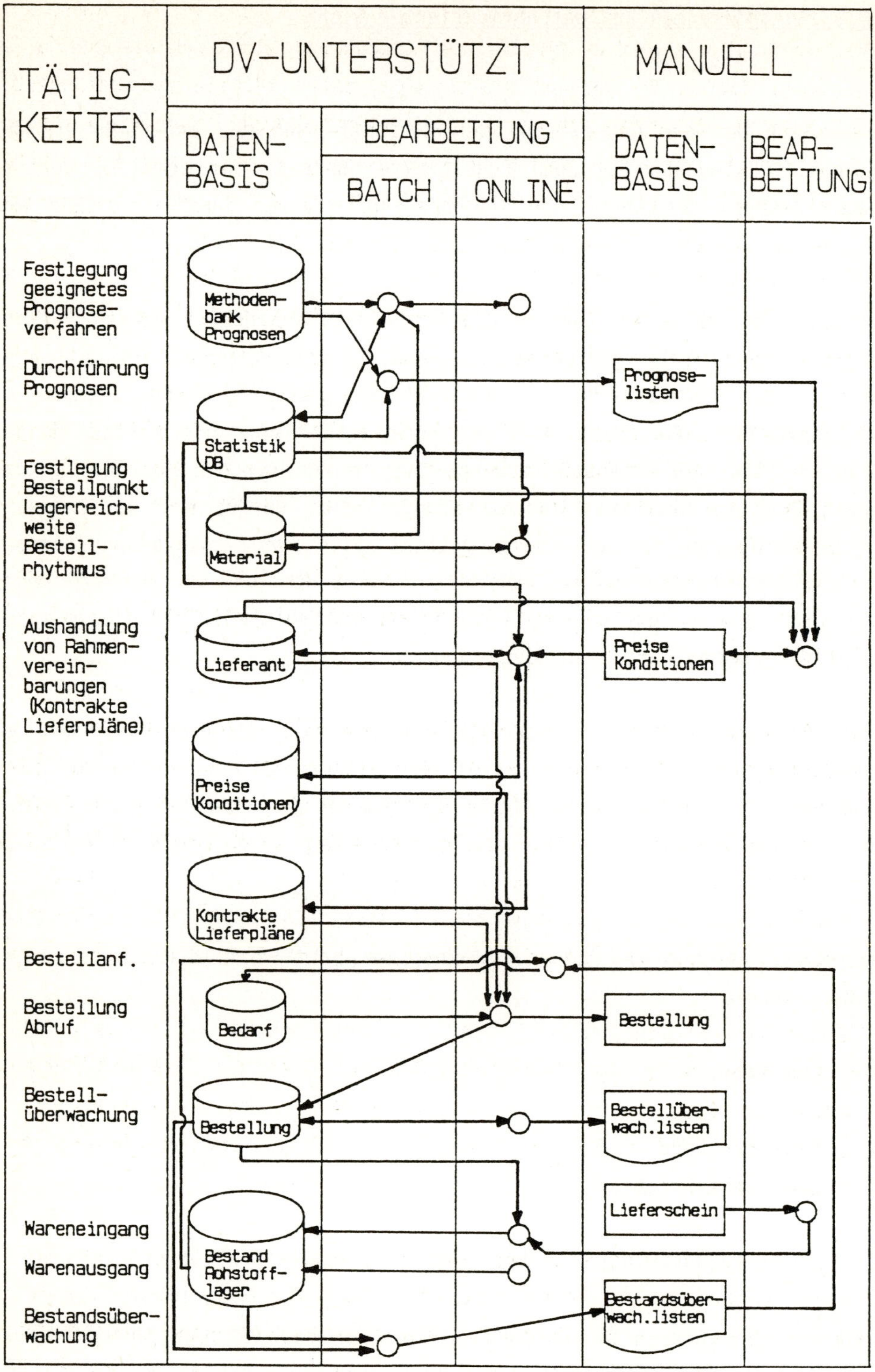

Abb. 2.2.5.1.: Vorgangskette Disposition Rohstofflager

Benötigt werden das ausgewählte Verfahren, das in der Methodenbank abgespeichert ist, und die geforderten Grunddaten des Prognosemodells wie Grundwert, Trend, Saison und Glättungsparameter (Pfeile von Methodenbank und Statistik-Datenbank zur Bearbeitung "Durchführung Prognosen"). Als Ergebnis erhält man die neuen Prognosewerte (Pfeil von Bearbeitung "Durchführung Prognosen" zu Statistik-Datenbank).

Eine periodische Durchführung der Prognosen im Batch-Betrieb ist ausreichend, da nur Periodenwerte (Wochen- oder Monatswerte) als Vergangenheitswerte in die Prognosen eingehen.

Die Ergebnis-Daten, die in der Statistik-Datenbank gespeichert werden, werden online zur Verfügung gestellt und als Liste, nach unterschiedlichen Kriterien geordnet (Einkäufer, Lieferanten, ABC-Analyse), ausgegeben.

Die Festlegung von Bestellpunkten, Lagerreichweiten und Bestellrhythmen und mittelfristige Absprachen mit den Lieferanten über Kontrakte und Lieferpläne erfolgen interdependent.

Bevor Kontrakte und Lieferpläne EDV-mäßig erfaßt werden, finden Verhandlungen mit unterschiedlichen Lieferanten statt, als deren Grundlage Informationen über Lieferanten, in der Vergangenheit realisierte Preise und Konditionen und die derzeit gültige Preis- und Konditionengestaltung der Lieferanten sowie die Bedarfe aufgrund der Prognosen dienen (vier Eingangspfeile in manuelle Bearbeitung "Aushandlung von Rahmenvereinbarungen, Kontrakte, Lieferpläne").

Ergebnis sind Preise und Konditionen für den Kontrakt/Lieferplan, die für den Lieferanten (Pfeil von manueller Bearbeitung "Aushandlung von Rahmenvereinbarungen" zu manueller Datenbasis "Preise, Konditionen") und den Abnehmer (EDV-mäßige Verbuchung in der Preis- und Konditionen-Datenbank) bindend sind.

Wenn die Verhandlung mit den Lieferanten entfällt und alle für den Kontrakt/Lieferplan gültigen Daten den Preislisten des Lieferanten zu entnehmen sind, gilt in der Vorgangskette nur die EDV-mäßige Verarbeitung mit denselben Input- und Output-Daten wie bei der gemischt manuellen und EDV-mäßigen Verarbeitung.

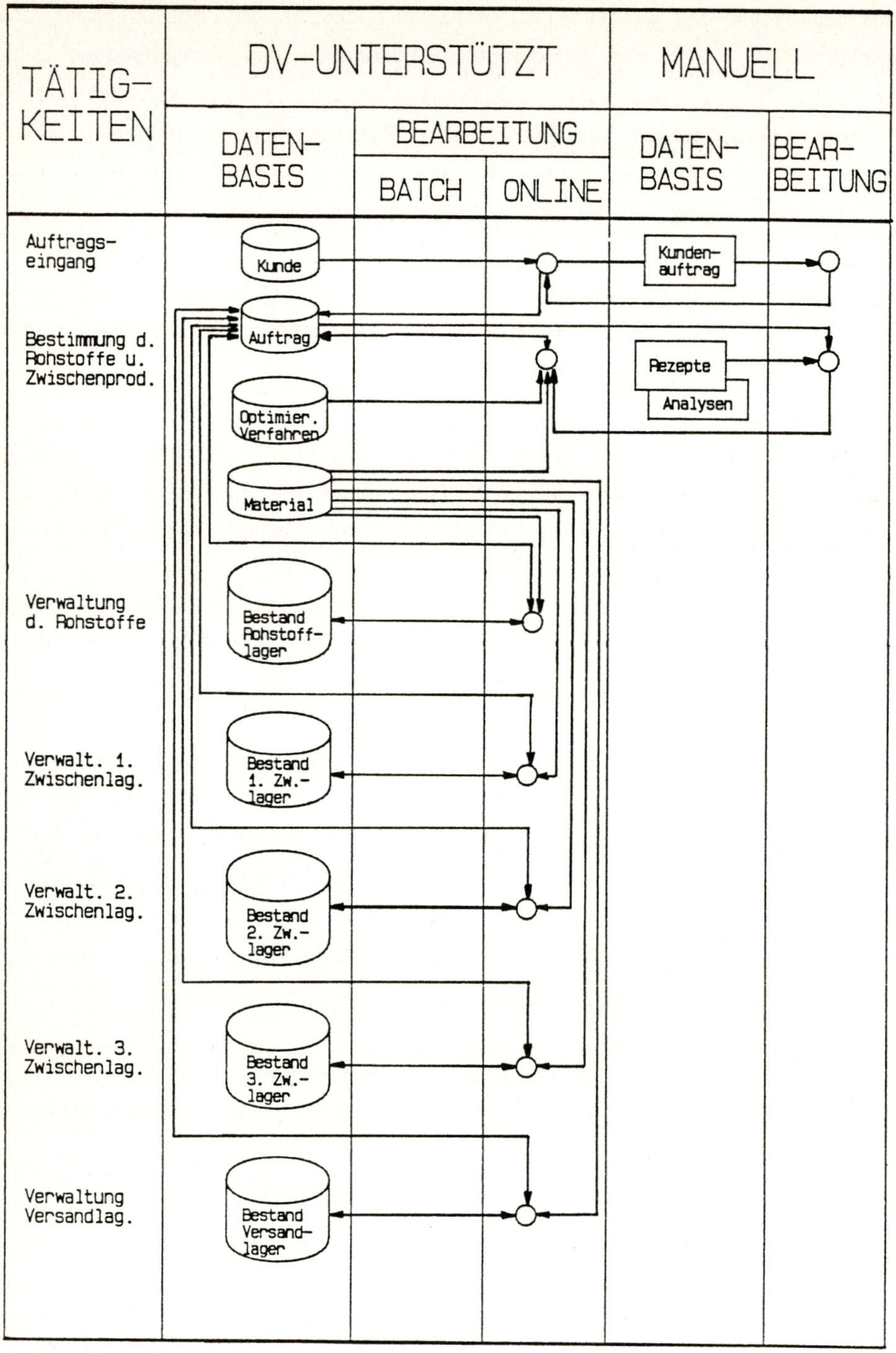

Abb. 2.2.5.2.: Vorgangskette innerbetriebliche Materialflußsteuerung (Szenario 2)

Liegt für ein bestimmtes Material ein Kontrakt bzw. ein Lieferplan vor, wird bei Erreichen des Bestellpunktes ein Abruf getätigt bzw. die nächste geplante Lieferung überprüft. Anderenfalls setzt der normale Bestellvorgang ein mit Lieferantenauswahl, Bestellung und Bestellüberwachung.

Beim Wareneingang werden Menge, Qualität etc. mit den Daten der Bestellung verglichen. Bei jeder Lagerbewegung (Zu-/Abgang) wird im Rahmen der Bestandsüberwachung die Unter- bzw. Überschreitung des Bestellpunktes überprüft.

Die Vorgangskette des **Auftragsdurchlaufs** weist gegenüber Szenario 1 nur insofern Veränderungen auf, als die Funktionen der kundenauftragsbezogenen Bestellungen entfallen und als Bestellungen für das dispositive Rohstofflager in der eigenen Vorgangskette abgebildet sind.

2.2.6. Quantitative Analyse

Mit Hilfe der Simulation wird untersucht, welche Auswirkung ein dispositives Rohstofflager auf die Durchlaufzeit von Kundenaufträgen hat. Die in Kapitel 2.1.4. angegebenen Daten beiben weitgehend unverändert, damit eine Vergleichbarkeit der beiden Szenarien erzielt werden kann.

Es wird davon ausgegangen, daß 50 % der Aufträge aus dem Rohstofflager bedient werden, während die anderen 50 % analog zur Auftragsfertigung ohne dispositive Lager gefertigt werden.

Für die Aufträge, die aus dem dispositiven Rohstofflager bedient werden, muß das Lager mit einem gewissen zeitlichen Vorlauf aufgebaut werden. Dazu sollen, wie in Kapitel 2.2.3. erläutert, Prognosen angewandt werden.

Da eine Saisonfigur vorliegt, werden unterschiedliche Mengen an Rohstoffen in Abhängigkeit von der Saison bestellt. Dies wird in der Simulation dadurch abgebildet, daß der Anfangsknoten der Prognosen für normalen Absatz (PRON) Bestellungen für 15 Aufträge pro Tag generiert, während zur Bestandsabsicherung zur Saisonzeit zusätzlich Bestellungen für 10 Aufträge pro Tag generiert werden (PROS). Um den Vorlauf dieser Bestellungen sicherzustellen, werden sie einen Monat vor dem erwarteten Spitzenabsatz getätigt. Deswegen wird der Knoten PROS zum Zeitpunkt 57.600 (= Beginn des dritten Monats) aktiviert und zum Zeitpunkt 86.400 (= Ende des dritten Monats) deaktiviert.

Damit im Simulationsmodell sichergestellt ist, daß nur Aufträge in Produktion gehen können, für die Rohstoffe vorhanden sind, werden die in den Anfangsknoten PRON und PROS erzeugten Transaktionen gesplittet. Sie werden einerseits weitergeführt in den Knoten "Bestellung der Rohstoffe", BESR, andererseits 28.800 Zeiteinheiten verzögert, bevor sie Kundenaufträgen zugeordnet werden, was einem Vorlauf der Bestellung von einem Monat entspricht. Bevor die Materialien für die Produktion bereitgestellt werden, müssen die zuvor gesplitteten Transaktionen wieder zusammengefaßt werden; dies geschieht im Assemble-Knoten-LAGR.

Da die Knoten KAUS und KAUN den Zeitpunkt markieren, zu dem der Kundenauftragseingang erfolgt, beziehen sich die Auswertungen über die Durchlaufzeit des Kundenauftrags nur auf die Zeit von den Knoten KAUS bzw. KAUN bis zum Endeknoten LAGF. Die Gesamt-Fertigungsdurchlaufzeit für diese Aufträge entspricht der Zeit von der Generierung der Transaktion (PROS und PRON) bis zum Endeknoten.

Die Struktur der Auftragsfertigung mit dispositiven Rohstofflagern ist in Abb. 2.2.6.1. wiedergegeben. Folgende Geschäftsvorfälle kommen gegenüber Szenario 1 hinzu bzw. sind in ihrer Bedeutung geändert:

KAUZ: Kundenauftragseingang Zwischensaison (Aufträge mit vollständigem Durchlauf durch die Fertigung)
KAUH: Zusätzlicher Kundenauftragseingang Hochsaison (Aufträge mit vollständigem Durchlauf durch die Fertigung)
PRON: Prognose der in der Nebensaison eingehenden Aufträge, die aus dem dispositiven Rohstofflager bedient werden
PROS: Prognose der in der Hochsaison zusätzlich eingehenden Aufträge, die aus dem dispositiven Rohstofflager bedient werden
FAUN: Kreierung daraus resultierender Fertigungsaufträge (Nebensaison)
FAUS: Kreierung daraus resultierender Fertigungsaufträge (Saison)
KAUN: Kundenauftragseingang Nebensaison (Aufträge, die aus dem dispositiven Rohstofflager bedient werden)
KAUS: zusätzlicher Kundenauftragseingang Saison (Aufträge, die aus dem dispositiven Rohstofflager bedient werden)
KAUR: modelltechnisch notwendiger Dummy-Knoten zur Zusammenfassung der Kundenaufträge, die aus dem Rohstofflager bedient werden.

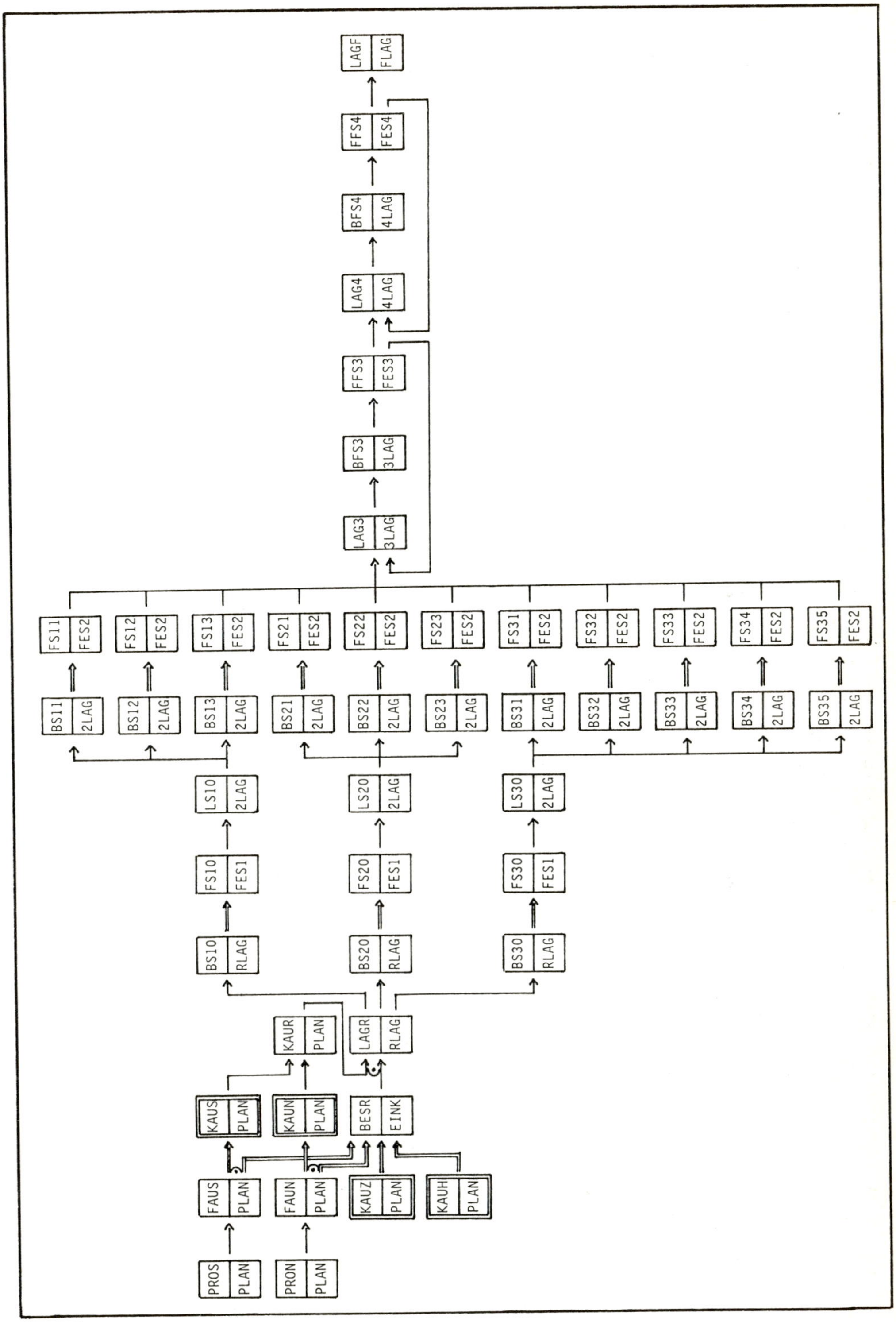

Abb 2.2.6.1.: CAPSIM-Struktur (Szenario 2)

Die Simulation liefert folgende Ergebnisse:

Die Auftragsdurchlaufzeit der Aufträge, die nicht aus dem dispositiven Rohstofflager bedient werden, bleibt gegenüber dem ersten Beispiel nahezu unverändert und beträgt im Mittel (über jeweils 10 Tage betrachtet) zwischen 22324,21 und 30337,12 Zeiteinheiten, d.h. zwischen 15 und 21 Tagen.

Dagegen beträgt die Auftragsdurchlaufzeit der Aufträge, die aus dem dispositiven Rohstofflager bedient werden, im Mittel nur zwischen 12257,55 und 18678,71 Zeiteinheiten, d. h. zwischen 8,5 und 13 Tagen. Damit wird eine durchschnittliche Verkürzung der Auftragsdurchlaufzeit von 25991,56 auf 15715,26 Zeiteinheiten (von 18 auf 11 Tage) - das entspricht etwa 40 % - erreicht. Die Gesamt-Fertigungsdurchlaufzeit der Aufträge, die aus dem dispositiven Rohstofflager bedient werden, ist mit durchschnittlich 44715,26 Zeiteinheiten (31 Tagen) länger als die der anderen Aufträge; dies resultiert aus der Liegezeit im Rohstofflager.

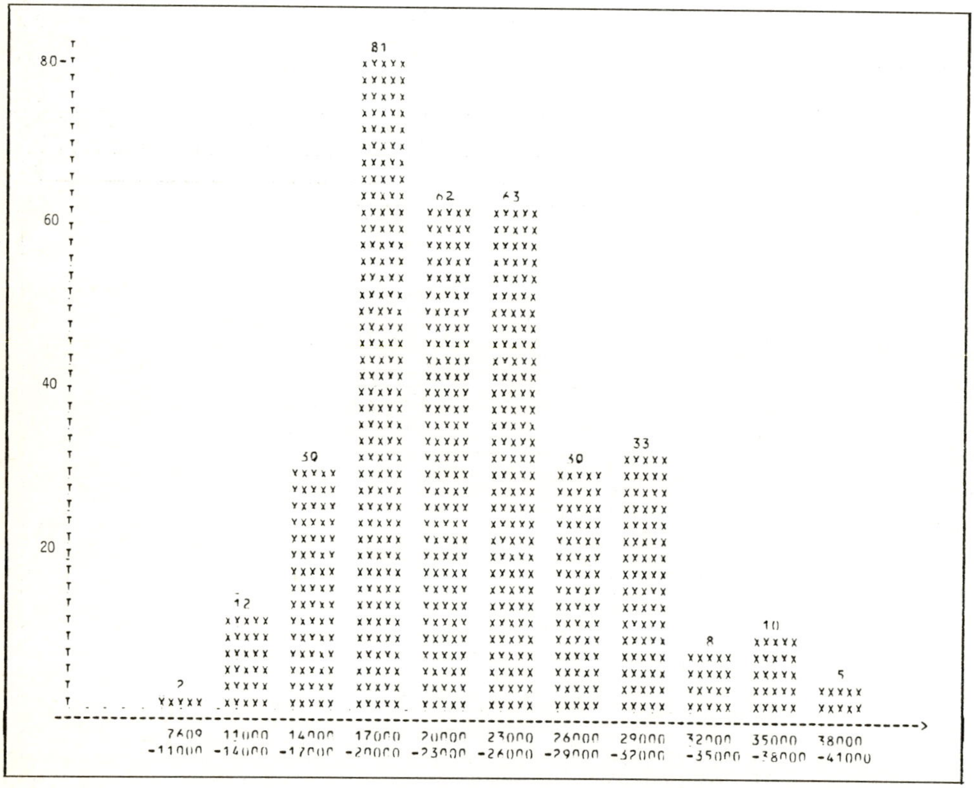

Abb. 2.2.6.2.: Streuung der Durchlaufzeiten für Aufträge, die nicht aus dem dispositiven Rohstofflager bedient werden (Szenario 2)

Die Streuung der Durchlaufzeit der Aufträge, die aus dem dispositiven Rohstofflager bedient werden, ist ähnlich der Streuung der Aufträge, die durch alle Fertigungsstufen hindurch produziert werden. Dies ist insofern erstaunlich, als die erhebliche Varianz in der Lieferzeit der Rohstoffe entfällt. Es zeigt, daß der größere Teil der Varianz in den Durchlaufzeiten auf die Wartezeiten in der Fertigung zurückzuführen ist. Abb. 2.2.6.2. und 2.2.6.3. verdeutlichen dies anhand von Durchlaufzeithistogrammen für die 4. Periode. Für diese Periode wurde auch das Histogramm von Szenario 1 dargestellt (vgl. Abb. 2.1.4.6.). Die weiterhin hohe Varianz erlaubt keine sicheren Terminzusagen dem Kunden gegenüber, solange diese sich nicht im oberen Bereich der Durchlaufzeiten bewegen.

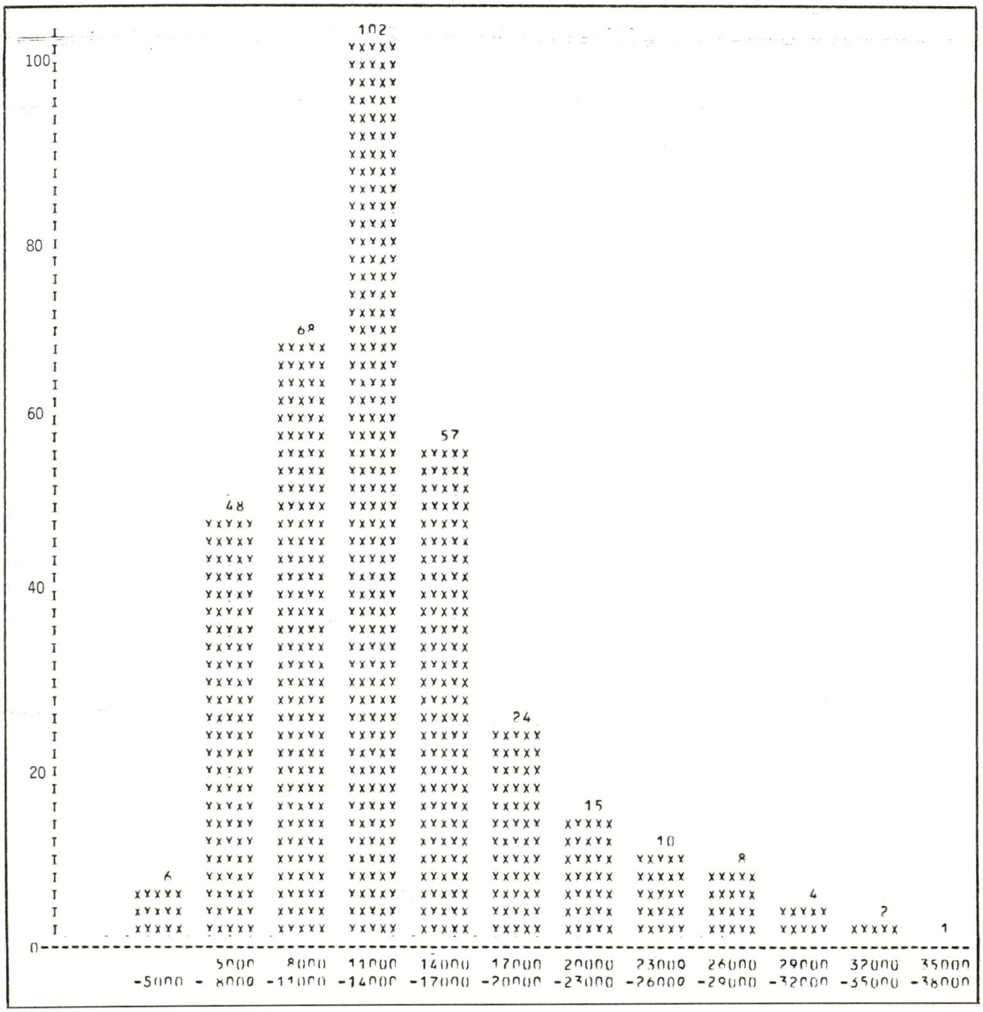

Abb. 2.2.6.3.: Streuung der Durchlaufzeiten für Aufträge, die aus dem dispositiven Rohstofflager bedient werden (Szenario 2)

Zur Analyse, welche Auswirkung ein dispositives Rohstofflager auf die Engpaßsituation hat, werden die Wartezeiten der Aufträge vor den Fertigungsstufen und die Auslastungsgrade der Fertigungsstufen betrachtet. Für die Fertigungsstelle 2 ergibt die Simulation folgende Daten:

Periode	Simulationsuhr	durchschnittliche Wartezeit zwischen Zeitpunkt 0 und aktuellem Zeitpunkt	durchschnittliche Wartezeit zwischen letztem Schnittzeitpunkt und aktuellem Zeitpunkt	durchschnittlicher Auslastungsgrad zwischen Zeitpunkt 0 und aktuellem Zeitpunkt	durchschnittlicher Auslastungsgrad zwischen letztem Schnittzeitpunkt und aktuellem Zeitpunkt
4	100.800	2125,84	1238,38	51,49	82,45
	115.200	2247,88	3102,16	57,56	100
5	129.600	2439,64	3973,72	62,27	100
	144.000	2702,96	5072,84	66,04	100
6	158.400	2709,08	2770,28	66,55	71,65
	172.800	2660,17	2122,16	68,07	84,79

Fertigungsstelle 2 ist weiterhin ein Engpaß mit - über 3 Halbperioden hinweg - 100prozentiger Auslastung und einem starken Ansteigen der durchschnittlichen Wartezeiten von knapp 1 Tag zu Beginn der Periode 4 auf über 3,5 Tage in der Periode 5. Allerdings steigen die Wartezeiten nicht so stark an wie in Szenario 1, wo die durchschnittliche Wartezeit zu Beginn der 5. Periode 7929,55 Zeiteinheiten (5,5 Tage) betrug.

Das ist darauf zurückzuführen, daß die zusätzlichen Aufträge in der Hochsaison, die aus dem dispositiven Rohstofflager bedient werden, die Fertigungsstelle 2 früher erreichen als die zu gleicher Zeit eingehenden Aufträge, für die die Rohstoffe auftragsgebunden beschafft werden. Dies führt zu einer gewissen Glättung des Auftragsstaus vor Fertigungsstufe 2.

Trotzdem ist eine durchschnittliche Bedienwartezeit vor einer Fertigungsstufe, die fast ein Drittel der Auftragsdurchlaufzeit ausmacht (5073 Zeiteinheiten von 15715 Zeiteinheiten), in einer Situation, in der Durchlaufzeiten ein wichtiger Absatzfaktor sind, nicht zu tolerieren.

Die Analyse von Fertigungsstelle 4 zeigt, daß gegenüber Szenario 1 keine nennenswerten Veränderungen eingetreten sind, die Fertigungsstelle ist gut ausgelastet, eine ständige Vollauslastung über mindestens 10 Tage hinweg wird nicht erreicht, die Wartezeiten vor der Maschine sind gering.

Periode	Simulationsuhr	durchschnittliche Wartezeit zwischen Zeitpunkt 0 und aktuellem Zeitpunkt	durchschnittliche Wartezeit zwischen letztem Schnittzeitpunkt und aktuellem Zeitpunkt	durchschnittlicher Auslastungsgrad zwischen Zeitpunkt 0 und aktuellem Zeitpunkt	durchschnittlicher Auslastungsgrad zwischen letztem Schnittzeitpunkt und aktuellem Zeitpunkt
3	86.400	49,66	29,36	39,51	80,11
4	100.800	42,81	1,71	42,85	62,89
	115.200	70,93	267,77	48,13	85,09
5	129.600	82,32	173.44	52,66	88,90
	144.000	79,05	49,62	56,21	88,16
6	158.400	75,49	39,89	56,81	62,81
	172.800	75,78	78,97	58,24	73,97

Zusammenfassend bringt die Simulation des Auftragsdurchlaufs im Vergleich zu Szenario 1 für das Beispiel folgende Ergebnisse:

- Die Auftragsdurchlaufzeit verringert sich von durchschnittlich 18 auf durchschnittlich 11 Tage (ca. 40%).

- Die gesamte Fertigungsdurchlaufzeit für die Aufträge, die aus dem dispositiven Zwischenlager bedient werden, erhöht sich; dadurch steigen die Kapitalbindungskosten.

- Der Engpaß wird nur wenig entschärft.

2.2.7. Bewertung

Ein dispositives Rohstofflager sollte geführt werden, wenn

- mehrere Zwischenprodukte aus denselben Rohstoffen gefertigt werden

- durch größere Bestellungen und/oder gleichmäßige Bestellabrufe innerhalb von Lieferplänen günstigere Konditionen ausgehandelt werden können als bei auftragsgebundenen Kleinbestellungen

- die Verkürzung der Auftragsdurchlaufzeit von der gesamten Fertigungszeit einschließlich des Beschaffungsvorgangs auf die Fertigungszeit ohne den Beschaffungsvorgang zur Erfüllung der geforderten Auftragsdurchlaufzeit notwendig ist.

Die Ziele können nur erreicht werden, wenn ein EDV-System die Materialflußsteuerung derart unterstützt, daß

- zuverlässige Schätzungen über Bedarfe an Rohstoffen abgegeben werden

- der Lagerbestand laufend überprüft wird und bei Erreichen des bestellauslösenden Bestandes eine Bestellanforderung generiert wird.

Ein dispositives Rohstofflager kann allerdings nur wenig dazu beitragen, Glättungen bei Produktionsengpässen herbeizuführen; ebenso können in der Produktion auftretende Über- und Mindermengen (vgl. Kap. 2.1.5.) nicht ausgeglichen werden.

Eine Verkürzung der Durchlaufzeit der Aufträge ist nur um die Beschaffungszeit zu erreichen; diese ist allerdings oft erheblich, so daß der Kurzfristigkeit des Kundengeschäfts bereits in starkem Maße entsprochen werden kann.

Die geforderte Flexibilität ist wie in Szenario 1 durch aktuelle Rückmeldungen über den Auftragsfortschritt aus dem Betrieb sicherzustellen, so daß Aussagen über die Durchführbarkeit von gewünschten Änderungen des Kundenauftrags sehr schnell möglich sind.

2.3. Materialflußsteuerung bei Auftragsfertigung mit dispositivem Rohstofflager und dispositiven Zwischenlagern

2.3.1. Problemstellung

Die Auftragsdurchlaufzeiten lassen sich dadurch noch weiter verkürzen, daß nicht nur das Rohstofflager dispositiv geführt wird, sondern auch dispositive Zwischenlager aufgebaut werden (vgl. Abb 2.3.1.1.).

	auftragsgebunden	dispositiv
Rohstoffe	x	x
Zwischenprodukte	x	x
Fertigwaren	x	

Abb. 2.3.1.1.: Struktur der Lager (Szenario 3)

Die Fertigung eines Kundenauftrags durchläuft demnach nicht mehr alle Produktionsstufen, sondern nur die Produktionsstufen von dem dispositiven Zwischenlager aus, in dem das oder die geeigneten Zwischenprodukte vorliegen, bis zur letzten Produktionsstufe.

Die Einrichtung von eigenständig geführten Zwischenlagern ermöglicht ausserdem die Verwaltung von in der Produktion entstehenden Mehrmengen und die Steuerung des Materialflusses bei auftretenden Mindermengen. Mehrmengen, d.h. in einer Produktionsstufe über der Planmenge liegender Ausstoß, werden, sofern eine vorgegebene Toleranzgrenze überschritten wird, dem dispositiven Zwischenlager zugeführt, oder, falls es sich um einen Wiederholauftrag handelt, als wiederholauftragsgebundenes Zwischenprodukt verwaltet.

Mindermengen können ausgeglichen werden, indem Material aus dem dispositiven Zwischenlager oder wiederholauftragsgebundene Zwischenprodukte zugesteuert werden.

Dabei sind zur Steuerung der dispositiven Zwischenlager folgende Fragen zu beantworten:

- Welche dispositiven Zwischenprodukte sollen lagermäßig geführt werden?
- Nach welchen Produktionsstufen sollen dispositive Zwischenlager geführt werden?
- In welcher Höhe sollen die dispositiven Zwischenlager geführt werden?
- Nach welchen Kriterien soll die Produktionsplanung die Entscheidung

  Fertigung durch alle Produktionsstufen

  versus

  Fertigung durch weniger Produktionsstufen unter Verwendung von dispositiven Zwischenprodukten

  treffen?

2.3.2. Festlegung der bestandsmäßig zu führenden Zwischenprodukte

Folgende Voraussetzungen müssen für den Einsatz von dispositiven Zwischenlagern gegeben sein:

- mehrere Produktionsstufen
- lange Umrüstzeiten und damit Zwang zur Losbildung
- Lagerfähigkeit des Zwischenproduktes.

Die Entscheidung, an welcher Stelle im Produktionsprozeß dispositive Zwischenlager geführt werden, hängt von mehreren Parametern ab.

Die lagermäßige Führung der Zwischenprodukte wird wie die der Rohstoffe durch die Vertriebssicht und die finanzwirtschaftliche Sicht beeinflußt. Statt der Beschaffungssicht kommt die Fertigungssicht hinzu.

Aus **Vertriebssicht** ist ist die von den Kunden vorgegebene Auftragsdurchlaufzeit der wichtigste Parameter. Ist diese geforderte Auftragsdurchlaufzeit in allen Fällen wesentlich größer als die Fertigungsdurchlaufzeit durch alle Produktionsstufen, so daß sich selbst unter produktionstechnisch optimalen Produktionslosen und -reihenfolgen keine Lieferengpässe ergeben, ist es nicht sinnvoll, dispositive Zwischenlager aufzubauen. Je kürzer die geforderten Auftragsdurchlaufzeiten des Kunden sind, um so größer ist die Notwendigkeit, dispositive Zwischenlager aufzubauen, und um so größer ist die Tendenz, möglichst zu späteren Fertigungsstufen gehörende dispositive Zwischenlager einzurichten.

Konträr zur Vertriebssicht ist die Forderung aus **finanzwirtschaftlicher Sicht**, die Kapitalbindung möglichst gering zu halten. Je größer der Wertzuwachs von einer Produktionsstufe zur nächsten ist, um so größer ist die zusätzliche Kapitalbindung in dem dispositiven Zwischenlager, das hinter einer hohen Fertigungsstufe aufgebaut wird. Deswegen sollte man vor den Fertigungsstufen, in denen ein hoher Wertzuwachs realisiert wird, dispositive Zwischenlager aufbauen. Je größer also der Wertzuwachs pro Produktionsstufe ist, um so eher wird man tendenziell vor niedrigen Fertigungsstufen dispositive Zwischenlager aufbauen.

Aus **Fertigungssicht** sollten dann gezielt Zwischenlager aufgebaut werden, wenn die Kapazitäten in den Fertigungsstufen nicht ausgelastet sind. Dies ist immer dann der Fall, wenn die Nachfrage nach den Endprodukten abnimmt. Demzufolge liegt in einem Anwachsen der Zwischenlager dann eine Gefahr, wenn es sich um eine permanente Nachfrageverschlechterung handelt. Ist die Nachfrageschwäche allerdings nur temporär, z. B. saisonal bedingt, ist der Aufbau von dispositiven Zwischenlagern ein gutes Mittel, bei einer Nachfragebelebung wieder sehr schnell lieferfähig zu sein. Dabei sind die Zwischenlager hinter den Fertigungsstufen aufzubauen, die bei steigendem Absatz ansonsten den Engpaß bilden würden.

Die Forderung, dispositive Zwischenlager **hinter** Engpässen zu führen, steht anscheinend im Widerspruch zu der oft vertretenen Regel, **vor** Engpässen Zwischenlager aufzubauen[22]. Man muß aber beachten, daß beide Zwischenlager unterschiedliche Bedeutung haben. Ein Zwischenlager **vor** einem Engpaß ist aus produktionstechnischen Gründen aufzubauen, damit vermieden wird, daß bei unvorhergesehenem Minderausstoß der vorangehenden Fertigungsstufen in der Engpaß-Fertigungsstufe aufgrund von fehlendem Material nicht gefertigt werden kann. Das Zwischenlager vor dem Engpaß ist also ein reines Pufferlager.

Das dispositive Zwischenlager **hinter** dem Engpaß dient dazu, eingehende Aufträge direkt aus diesem zu bedienen, ohne daß der Engpaß für diesen Auftrag durchlaufen werden muß. In Zeiten geringer Auslastung ist dieses Zwischenlager geplant aufzubauen - hier geben die Prognosen eine wertvolle Hilfe für den gezielten Aufbau des Zwischenlagers mit den "richtigen" Zwischenprodukten -, so daß in Zeiten hoher Auslastung die Aufträge vor der Engpaß-Fertigungsstufe zahlenmäßig nicht so stark steigen wie bei Auftragsfertigung ohne dispositive Lager.

Damit gelten die beiden folgenden Regeln für die Engpaß-Fertigungsstelle:

- Vor dem Engpaß ist ein Pufferlager zu führen. Es sichert die kontinuierliche Produktion im Engpaß.

- Hinter dem Engpaß ist ein dispositives Lager zu führen. Es trägt dazu bei, Warteschlangen vor dem Engpaß zu vermeiden und verringert damit die Streuung der Durchlaufzeiten und stellt auch in Zeiten hoher Nachfrage kurze Durchlaufzeiten sicher.

Eine Mischung aus Fertigungssicht und finanzwirtschaftlicher Sicht stellt die Bestimmung der dispositiven Zwischenlager aufgrund der <u>Anzahl der unterschiedlichen Materialien</u> dar, die bei sinnvoller Standardisierung pro Fertigungsstufe produziert werden müssen. Viele unterschiedliche Materialien, die dispositiv geführt werden, erhöhen die Komplexität der Planung, führen zu mehr Umrüstungen, erfordern mehr Lagerraum und müssen aufgrund der Sicherheitsbestände in Summe in größerer Menge gelagert werden. Deshalb wird man tendenziell vor höheren Fertigungsstufen dispositive Zwischenlager führen, wenn auf einer Fertigungsstufe die Anzahl der Materialien, die zur Fertigung der Endprodukte mit kurzer Auftragsdurchlaufzeit benötigt werden, wesentlich höher ist als die Anzahl der Materialien, die Ausgangsstoffe für dieselben Endprodukte auf einer höheren Fertigungsstufe sind. Abb. 2.3.2.1. verdeutlicht diesen Zusammenhang.

Materialien	Fertigungsstufe	Anzahl unterschiedlicher Materialien	dispositives Zwischenlager vor Fertigungsstufe
Enderzeugnisse Rohstoffe	F 1	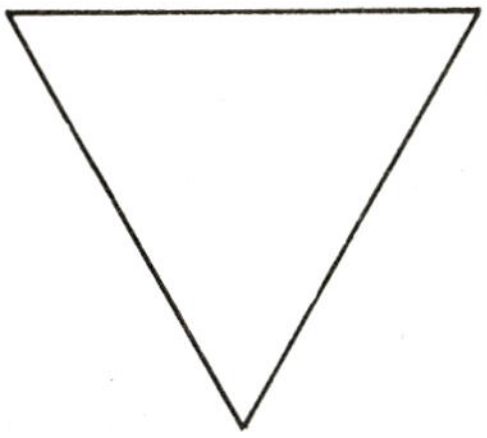	1 bzw. möglichst niedrig
Enderzeugnisse Rohstoffe	F $\bar{f}$ 1	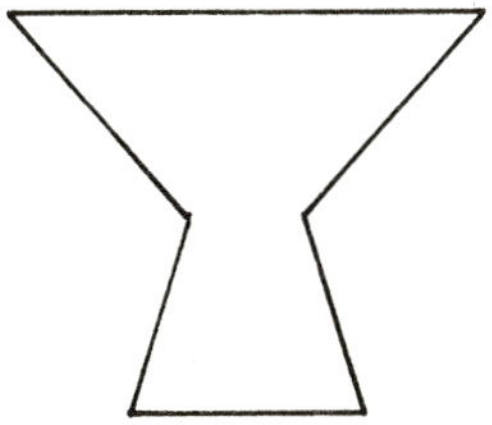	$\bar{f}$ bzw. zwischen 1 und $\bar{f}$ möglichst nah bei $\bar{f}$
Enderzeugnisse Rohstoffe	F $\bar{f}$ 1	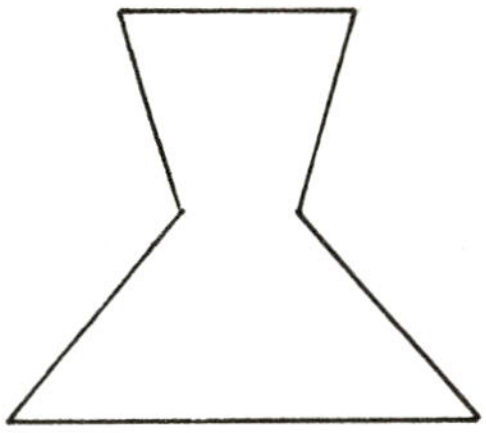	$\bar{f}$ bzw. zwischen $\bar{f}$ und F möglichst nah bei $\bar{f}$
Enderzeugnisse Rohstoffe	F $\bar{f}$ 1	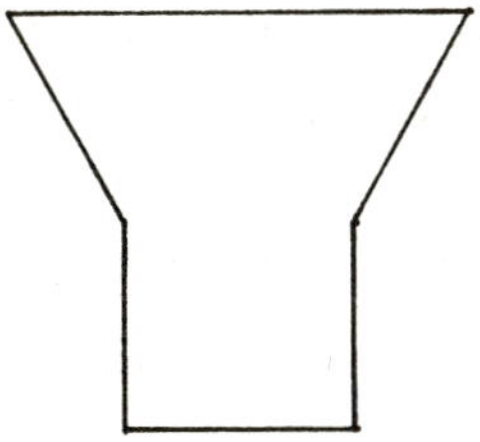	Zwischen 1 und $\bar{f}$ (wegen Kapitalbindungskosten möglichst niedrig)

Abb. 2.3.2.1.: Materialpyramide und Auswirkung auf die Festlegung der dispositiven Zwischenlager

Die Anzahl der unterschiedlichen Materialien ist ein Parameter, der beeinflußt werden kann. Zwar kann in Abhängigkeit von der Fertigunsgsstruktur der Fall auftreten, daß für jeden Auftrag unterschiedliche Zwischenprodukte benötigt werden und eine Zusammenfassung von Zwischenprodukten nicht möglich ist. Meist bestehen jedoch Freiheitsgrade, wieweit eine Standardisierung von Zwischenprodukten vorangetrieben werden kann. Werden durch Standardisierung auf einer Fertigungsstufe nur wenige dispositive Zwischenprodukte geführt, so führt dies zu geringer Kapitalbindung und Vorteilen aus Fertigungsgesichtspunkten. Andererseits fallen gegenüber rein auftragsbezogen definierten Zwischenprodukten Kosten für Nacharbeitung oder zusätzlicher Ausschuß (z.B. Verschnitt) an.

Verallgemeinernde Aussagen über die Definition dieser "künstlichen" standardisierten Zwischenprodukte lassen sich nicht machen, da sie stark von den Fertigungsstrukturen abhängen.

Ein EDV-System muß aber insofern Unterstützung bei der Definition der dispositiven Zwischenprodukte geben, als es die zum Entscheidungsprozeß notwendigen Daten zur Verfügung stellen muß.

Dazu gehören die Informationen

- welche Zwischenprodukte bei vergangenen Aufträgen in die Endprodukte eingegangen sind
- in welcher Menge diese Zwischenprodukte in die Endprodukte eingingen
- welche Zwischenprodukte in welcher Menge optimal gewesen wären
- welche höheren Kosten bei Verwendung von bestimmten Standardprodukten entstehen (Umarbeitung, höherer Ausschuß durch Verschnitt etc.).

Diese Daten sind nur in einem gut ausgebauten Informationssystem ermittelbar (Führung von vielen Vergangenheitsdaten, Unterstützung von What-if-Auswertungen etc.). Durch eine Analyse dieser Daten durch den Produktionsplaner, Arbeitsvorbereiter und Kostenrechner lassen sich in bestimmten Fällen auch ohne rechentechnische Unterstützung in Form eines Optimierungsvorgangs "gute" standardisierte Zwischenprodukte ermitteln.

In anderen Fällen (chemische Zusammensetzungen) muß der Prozeß der Festlegung der dispositiven Zwischenprodukte selbst durch Rechnerunterstützung

(Anwendung mathematischer Optimierungsverfahren) vollzogen werden.

Eine weitere Unterstützung bei der Definition der standardisierten Zwischenprodukte findet der Planer in der Anwendung eines Materialklassensystems. Materialklassensysteme werden bereits von einigen Software-Häusern angeboten[23]. Alle Materialien werden dabei bestimmten Klassen zugeordnet, welche hierarchisch geordnet sein können. Für jede Klasse werden Sachmerkmale definiert. Innerhalb einer Klasse werden die Materialien durch Angabe der Sachmerkmalsausprägungen spezifiziert.

Die Definition von dispositiven Zwischenprodukten mithilfe des Materialklassensystems geschieht wie folgt: Das Produktionsplanungssystem ermittelt zu den Aufträgen die optimalen Zwischenprodukte. Aufgrund der Häufigkeit der in diesen Zwischenprodukten gleich oder ähnlich vorkommenden Sachmerkmalsausprägungen sind Cluster von Zwischenprodukten zu bilden, die jeweils durch ein dispositives Zwischenprodukt abgedeckt werden. Bei der Bildung von Materialklassen ist zu berücksichtigen, daß solche Materialien zu Klassen zusammengefasst werden, die in gewissen Grenzen substituierbar sind.

Eine in periodischen Abständen durchzuführende Überprüfung hat sicherzustellen, daß die Festlegung der dispositiven Zwischenprodukte und das Mix der unterschiedlichen Produkte noch optimal ist. (vgl. Kapitel 2.3.6.).

Die Festlegung der dispositiv zu führenden Zwischenprodukte auf bestimmten Zwischenlagern unterstreicht den zu Anfang genannten Grundsatz, Zwischenlager als eigenes Organisationsobjekt zu betrachten (vgl. Kap. 1.2.3.) und nicht nur als Ergebnis von Entscheidungen, die andere Organisationsobjekte betreffen. Das Zwischenlager als Organisationsobjekt begreifen heißt, eine zielgerichtete Planung der zu lagernden Zwischenprodukte und der Höhe des Bestandes durchzuführen.

Zusammenfassend gehen dabei folgende Zielkomponenten in die Planung der Zwischenlager ein:

- Realisierung der geforderten Auftragsdurchlaufzeit
- möglichst geringe Kapitalbindung
- Ausgleich von Saisonschwankungen, Glättung von Kapazitätsengpässen.

2.3.3. Politik zur Auffüllung der dispositiven Zwischenlager

(s,S)- und (s,q)-Politiken sind zur Auffüllung von dispositiven Zwischenlagern weniger geeignet.

Da die Lagerabgangsrate von Zwischenprodukten über die Zeit schwanken kann, wird bei einem festen Maximalbestand S, bis zu dem das Lager aufgefüllt wird, in Zeiten einer niedrigen Lagerabgangsrate der Lagerbestand höher als notwendig sein und damit zuviel Kapital gebunden sein, in Zeiten einer hohen Lagerabgangsrate muß wegen der geringen Lagerreichweite das Lager sehr oft nachgefüllt werden. Das kann dazu führen, daß die Zeit von der Bedarfsmeldung bis zum Eintreffen der Zwischenprodukte länger ist als die Zeit, in der die Zwischenprodukte weiterverarbeitet werden, so daß Stock-out-Situationen entstehen.

Eine (s,q)-Politik ist insofern wenig geeignet, als zwei Input-Größen die Losgröße q der Fertigung eines Zwischenproduktes auf einer Fertigungsstufe beeinflussen. Ein Los wird zur Deckung des dispositiven **und** des auftragsgebundenen Bedarfs an einem Produkt gebildet. Dadurch wird nur ein Teil des Loses dem dispositiven Lager zugeführt. Somit eignet sich die Losgröße q nicht als Ausgangsparameter für die Auffüllstrategie des dispositiven Lagers.

Deswegen wird eine Auffüllungspolitik vorgeschlagen, die bis zu einem Lagerbestand auffüllt, der eine gewisse Lagerreichweite garantiert. Die Lagerreichweite wird durch den Fertigungszyklus mit bestimmt. Ein regelmäßiger Fertigungszyklus ist für die Fließgutfertigung typisch. Eine solche Politik kann der Gruppe der adaptiven (s, S)-Politiken zugeordnet werden[24].

Die geforderte Lagerreichweite und der Auffüllungsrhythmus werden vom Disponenten in Absprache mit dem Produktionsplaner unter Berücksichtigung der Kapazitätsauslastung festgelegt.

Damit die zur Lagerreichweite gehörende Menge ermittelt werden kann, sollte wie bei den Rohstoffen eine Schätzung anhand von Prognosemodellen durchgeführt werden. Eine solche Vorgehensweise reduziert bewußt die simultane Bestimmung der Höhe des Bestandes **aller** Zwischenlager auf die Bestimmung der Höhe des Bestandes jeweils **eines** Zwischenlagers. Diese Vereinfachung der Planung resultiert aus den nicht-befriedigenden Erfahrungen mit komplexen Planungssystemen, die die Interdependenzen in den Planungsstufen in höherem Maße berücksichtigen (vgl. Kap. 1.2.4.).

Allerdings kann für Zwischenprodukte, die stark mit den Endprodukten gekoppelt sind, möglicherweise eine Prognose des Endproduktabsatzes und ein daraus resultierender geplanter Abgang von Zwischenproduktmengen zu besseren Ergebnissen führen als die direkte Prognose des Zwischenproduktabsatzes aus vergangenen Verbrauchszahlen.

Dies gilt insbesondere dann, wenn zur Prognose des Endproduktabsatzes zusätzlich zu den formalen Parametern (Trend, Saison) erklärende Parameter in die Prognosemodelle eingehen.

Für die Prognose auf Endproduktebene ist es unerläßlich, daß auch die Endprodukte zu Klassen zusammengefaßt werden, da bei Auftragsfertigung im Extremfall die Zahl der Endprodukte gleich der Zahl der Auftragspositionen sein kann und es unmöglich ist, jede einzelne Auftragsposition im vorhinein zu schätzen. Dabei erweist es sich für die Bestimmung der Größe der dispositiven Zwischenlager als Vorteil, wenn die Zusammenfassung der Endprodukte zu Klassen nach gleichen Kriterien gehandhabt wird (wo dies aufgrund der Produktstruktur möglich ist) wie die Zusammenfassung der Zwischenprodukte zu Klassen.

Abgeleitete Prognosen kommen hauptsächlich für solche Zwischenprodukte in Frage, die in einem Zwischenlager geführt werden, das zu einer späteren Fertigungsstufe gehört.

Eine Analyse der Varianzen in den Abweichungen der prognostizierten Werte von den tatsächlich eingetretenen Werten bei der direkten Prognose und der abgeleiteten Prognose unterstützt die Entscheidung über die Vorteilhaftigkeit eines Verfahrens.

Wo beide Verfahren zu ähnlichen Ergebnissen führen, ist dem einfacheren, nämlich der direkten Prognose, der Vorzug zu geben.

Neben der geplanten Auffüllung der dispositiven Zwischenlager gibt es die ungeplante Auffüllung, die entsteht, wenn in der Produktion **Mehrmengen** anfallen, die nicht für den Auftrag, dem sie zugeordnet sind, weiterverarbeitet werden sollen. Dies ist immer dann der Fall, wenn die in einer Fertigungsstufe erzeugte Ist-Menge eines Materials einen bestimmten Toleranzbetrag bzw. -prozentsatz überschreitet. Die Planmengen sind dabei die Mengen, die beim ursprünglichen Planungslauf über die Optimierungsalgorithmen oder die Stücklistenauflösung festgelegt wurden.

Als Zugang zum dispositiven Zwischenlager ergibt sich damit:

$$\text{Zugang}_{d,f} = \begin{cases} 0 & \text{für Ist-Output}_{a,f-1} - \text{Plan-Output}_{a,f-1} < \text{Toleranz} \\ \text{Ist-Output}_{a,f-1} - \text{Plan-Output}_{a,f-1} & \\ & \text{für Ist-Output}_{a,f-1} - \text{Plan-Output}_{a,f-1} > \text{Toleranz} \end{cases}$$

mit Index a : auftragsbezogenes Zwischenprodukt
Index d : dispositives Zwischenprodukt.

Wird eine Menge eines Materials weiterverarbeitet, die nicht der Planmenge entspricht, aber noch innerhalb der vorgegebenen Toleranzgrenze liegt, so muß als Vorgabemenge für den Ausstoß der Fertigungsstufe ein neuer Sollwert errechnet werden. Da das Verhältnis zwischen dem Sollwert des Ausstoßes und dem Istwert des Inputs gleich dem Verhältnis vom Planwert des Inputs zum Planwert des Outputs sein soll, ergibt sich:

$$\text{Soll - Output}_f = \text{Ist - Input}_f \, \frac{\text{Plan - Output}_f}{\text{Plan - Input}_f}$$

oder:

$$\text{Soll - Output}_f = \text{Ist - Input}_f \cdot \text{Plankoeffizient}_f$$

Der Sollwert ist notwendig, damit im Vergleich zum entstehenden Istwert beurteilt werden kann, wie die Maschine gearbeitet hat. Der Planwert im Vergleich zum Istwert dagegen ist zur direkten Steuerung des Auftrags notwendig (vgl. Kap. 3.4.1.).

2.3.4. Politik für den Lagerabgang bei dispositiven Zwischenlagern

Bei Kundenauftragseingang werden die zur Fertigung benötigten optimalen (auftragsbezogenen) und geeigneten dispositiven Zwischenprodukte bestimmt. Die optimalen Zwischenprodukte können in gewissen Sachmerkmalen Abweichungen aufweisen, ohne daß die Qualität des Endproduktes darunter leidet.

Die Zuordnung eines geeigneten **dispositiven** Zwischenprodukts zu dem ermittelten **optimalen** Zwischenprodukt ist über das Materialklassensystem möglich. Über die Angabe der Materialklasse und einer Schwankungsbreite in den Sachmerkmalsausprägungen werden die geeigneten dispositiven Zwischenprodukte bestimmt.

Eine weitere Möglichkeit der Bestimmung der dispositiven Zwischenprodukte besteht darin, in dem Optimierungsverfahren die dispositiven Zwischenprodukte zu hinterlegen, so daß das Verfahren beim Optimierungsvorgang diese als Restriktion beachtet. Ein solches Vorgehen ist z.B. bei der Verschnittplanung anzuwenden.

Wird bei Auftragseingang festgestellt, daß die Fertigung des Endproduktes alternativ mit dispositiven Zwischenprodukten aus unterschiedlichen, d.h. vor verschiedenen Produktionsstufen liegenden Zwischenlagern erfolgen kann, ist die Entscheidung zu treffen, ob Zwischenprodukte weiterverarbeitet werden sollen (und wenn ja, welche) oder ob durch der gesamte Fertigungsfluß durchlaufen werden soll. Ceteris paribus sollte aus den Zwischenlagern, die unter Berücksichtigung der geforderten Auftragsdurchlaufzeit vor möglichst frühen Produktionsstufen liegen, produziert werden. Produktionstechnische Restriktionen sollten dabei nicht verletzt werden (wirtschaftlich noch zu vertretende kleine Losgrößen, möglichst zusammenhängende Fertigung von Materialien, die zu einer Sorte gehören, etc.).

Lange geforderte Auftragsdurchlaufzeiten werden damit systematisch zu einem niedrigen Bestand der späten Zwischenlager führen, da der Bedarf an Produkten aus diesen Lagern gering ist. Bei Verkürzung der geforderten Auftragsdurchlaufzeiten wird der Bedarf an Produkten aus späten Zwischenlagern steigen, was zu einer stärkeren Auffüllung führt.

Damit beinhaltet die Regel, bei einer Lagerreichweiten-Auffüllstrategie immer aus den frühestmöglichen Zwischenlagern zu fertigen, einen Selbstregulierungsmechanismus, der zu niederstmöglicher Kapitalbindung in den Zwischenlagern führt.

Letztendlich entscheidet also der Markt, in welcher Höhe Kapitalbindung durch Aufbau von Zwischenlagern notwendig ist.

Diese Lagerabgangsstrategie berücksichtigt die zu erreichenden Ziele aus Vertriebssicht und finanzwirtschaftlicher Sicht direkt; die Ziele aus Fertigungssicht gehen als Restriktion ein.

Auch aus den Abweichungen der Istmengen von den Planmengen können Lagerentnahmen aus dispositiven Zwischenlagern resultieren. Wenn nämlich

- in einer Fertigungsstufe ein auftragsgebundenes Zwischenprodukt die Planmenge um einen Prozentsatz, der über der Toleranz liegt, unterschreitet

und

- der geforderte Endtermin es nicht zuläßt, daß unter Berücksichtigung des Produktionsplanes die Fehlmenge in den bereits durchlaufenen Fertigungsstufen nachträglich produziert wird

so muß Material aus dem dispositiven Zwischenlager zugesteuert werden, damit die Planmengen auf den nachfolgenden Fertigungsstufen erreicht werden.

Da bei der ursprünglichen Planung Einsatzmengen für auftragsgebundene und dispositive Zwischenprodukte ermittelt wurden, errechnet sich der Sollwert des Lagerabgangs aus dem dispositiven Zwischenlager f-1, der dem Sollwert des Inputs der Fertigungsstufe f (= Sollwert Input_f) entspricht, wie folgt:

$$\text{Sollwert Input}_{d,f} = (\text{Plan - Output}_{a,f-1} - \text{Ist - Output}_{a,f-1}) \cdot \frac{\text{Plan-Input}_{d,f}}{\text{Plan-Input}_{a,f}}$$

wobei

$$\text{Plan - Output}_{a,f-1} = \text{Plan - Input}_{a,f}$$

mit Index a : auftragsbezogenes Zwischenprodukt
Index d : dispositives Zwischenprodukt.

In Kapitel 3.4.1. wird die Behandlung von Mindermengen exemplarisch dargestellt.

2.3.5. Anforderungen aus entscheidungsorientierter Sicht

Die Anforderungen, die in den Kapiteln 2.3.1. bis 2.3.4. an ein Materialflußsteuerungssystem für Auftragsfertigung mit dispositivem Rohstofflager und dispositiven Zwischenlagern formuliert wurden, werden in Abb. 2.3.5.1. für den Durchlauf eines Auftrags zusammengefaßt.

Bei einer Anfrage muß der Vertrieb über Informationen verfügen, ob ein vom Kunde gewünschter Liefertermin realisierbar ist oder nicht. Dazu sind pro Endproduktgruppe die Fertigungsdurchlaufzeit und die Auftragsdurchlaufzeit abzuspeichern, die bei Entnahme aus dem spätestmöglichen Zwischenlager realisiert werden kann. Damit hat der Vertrieb zwei Eckdaten zur Verfügung, die angeben, welcher gewünschte Liefertermin auf jeden Fall gehalten werden kann (geforderte Auftragsdurchlaufzeit > Fertigungsdurchlaufzeit) und wo das Minimum der zu akzeptierenden geforderten Auftragsdurchlaufzeit liegt.

Nach Auftragseingang wird zunächst die frühestmögliche Produktionsstufe ermittelt, die die termingerechte Fertigstellung des Auftrags ermöglicht; d.h. bei genügend langer geforderter Auftragsdurchlaufzeit wird das Material dem Lager (1) = Rohstofflager entnommen und der Auftrag durch alle Fertigungsstufen hindurch produziert.

Ist im frühestmöglichen dispositiven Lager das benötigte Material nicht vorhanden, werden schrittweise die nachfolgenden dispositiven Lager auf

Verfügbarkeit des benötigten Materials hin überprüft.

Der Produktionsplaner, der bestimmt, welche dispositiven oder auftragsgebundenen Zwischenprodukte eingesetzt werden, muß nicht nur mit dem eigentlichen Produktionsplanungssystem (Optimierungssystem) arbeiten, sondern auch einen Überblick haben über alle Bestände in den dispositiven Zwischenlagern. Das hat Auswirkungen auf die Verteilung von Daten und Funktionen, wie sie im dritten Kapitel beschrieben werden.

Bei der Steuerung während des Produktionsflusses werden auf jeder Fertigungsstufe Ist- und Planmengen zur Erkennung von Über- oder Mindermengen verglichen. Dabei werden Übermengen dem dispositiven Zwischenlager (DZL) oder dem wiederholauftragsgebundenen Zwischenlager (AZL (Wdh.-Aufträge)) zugewiesen. Mindermengen werden ausgeglichen, indem die gerade durchlaufene Fertigungsstufe die Fehlmenge produziert, wo dies unter Berücksichtigung der im Lager (f) vorhandenen Zwischenprodukte und der Produktionssituation (hat Umrüstvorgang stattgefunden?) möglich ist. Anderenfalls muß aus nachgelagerten dispositiven Zwischenlagern DZL(f+n) mit $1 \leqq n \leqq F-f$ Material zugesteuert werden.

Solange Steuerungsinstrumente eingesetzt werden, die nur das aktuelle Zwischenlager betreffen, liegt die Entscheidung über die Steuerung ausschließlich bei dem für die Produktionsstufe und das zugehörige Lager Verantwortlichen, im Normalfall dem Schichtmeister.

Müssen Steuerungsinstrumente eingesetzt werden, die nicht mehr in dessen Verantwortungsbereich liegen (z.B. Zuführung von dispositiven Zwischenprodukten von späteren Zwischenlagern), so hat eine übergeordnete Stelle der Produktionssteuerung einzugreifen.

Während der Schichtmeister nur auf Daten zurückgreifen muß, die seinen Verantwortungsbereich betreffen (Lagerbestände an dispositiven Produkten, Plan-, Soll- und Ist-Lagerzugänge), muß der Fertigungssteuerer auf Daten von mehreren Verantwortungsbereichen Zugriff haben. Auch dies hat Auswirkungen auf die Verteilung von Daten und Funktionen in einer Rechnerhierarchie.

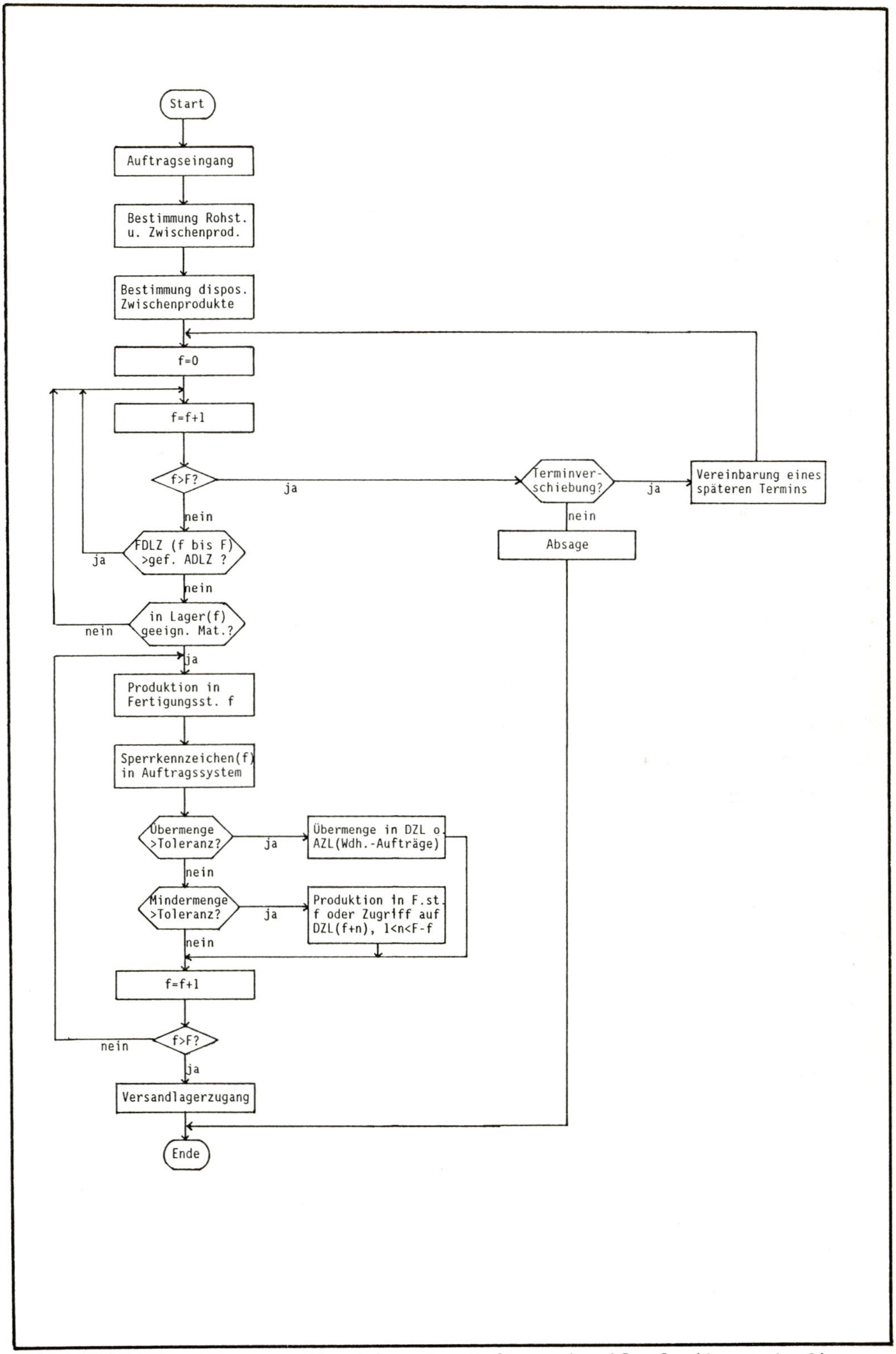

Abb. 2.3.5.1.: Programmablaufplan des Auftragsdurchlaufs (Szenario 3)

2.3.6. Anforderungen aus datenorientierter Sicht

Die Vorgangskette für die Disposition der Rohstoffe entspricht der in Szenario 2 dargestellten (vgl. Abb. 2.2.4.1.). Ähnlich sind die Daten- und Funktionsanforderungen bei der Disposition der Zwischenlager (vgl. Abb. 2.3.6.1.).

Die Anforderungen aus datenorientierter Sicht für die innerbetriebliche Steuerung des Auftrags sind in Abb. 2.3.6.2. wiedergegeben.

Eine wichtige Anforderung aus datenorientierter Sicht bezieht sich auf den direkten Zugriff auf Daten. Nicht alle Funktionen und Auswertungen sind im vorhinein durch Anwenderprogramme abgedeckt. Deshalb sollte man auf die benötigten Daten direkt zugreifen und diese auf einfache Art für zusätzliche Analysen manipulieren können. Dies ist möglich durch Abfragesprachen, die einem Benutzer eine relationale Sicht[25] auf die Dateien erlauben.

Abfragesprachen als Zusätze zu modernen Datenbanksystemen erlauben einen Online-Zugriff auf Daten, während solche, die auf herkömmlich organisierte Dateien zugreifen, meist nur als Batch-Version verfügbar sind.

Mit den Abfragesprachen können Daten extrahiert, kombiniert und in mannigfacher Weise manipuliert werden.

In dem skizzierten Materialflußsteuerungssystem sind Abfragesprachen beispielsweise anwendbar, um

- die Daten zu extrahieren, die für eine Simulation des Materialflusses benötigt werden
- Preisvergleiche über die Zeit für bestimmte Materialien bei bestimmten Lieferanten durchzuführen
- Input/Output-Relationen an verschiedenen Fertigungsstufen über die Zeit zu analysieren und evtl. die Produktionskoeffizienten an geänderte Relationen anzupassen
- das Datenumfeld von vergangenen Stock-out-Situationen zu analysieren, damit Vorkehrungen zu ihrer Verhinderung getroffen werden können.

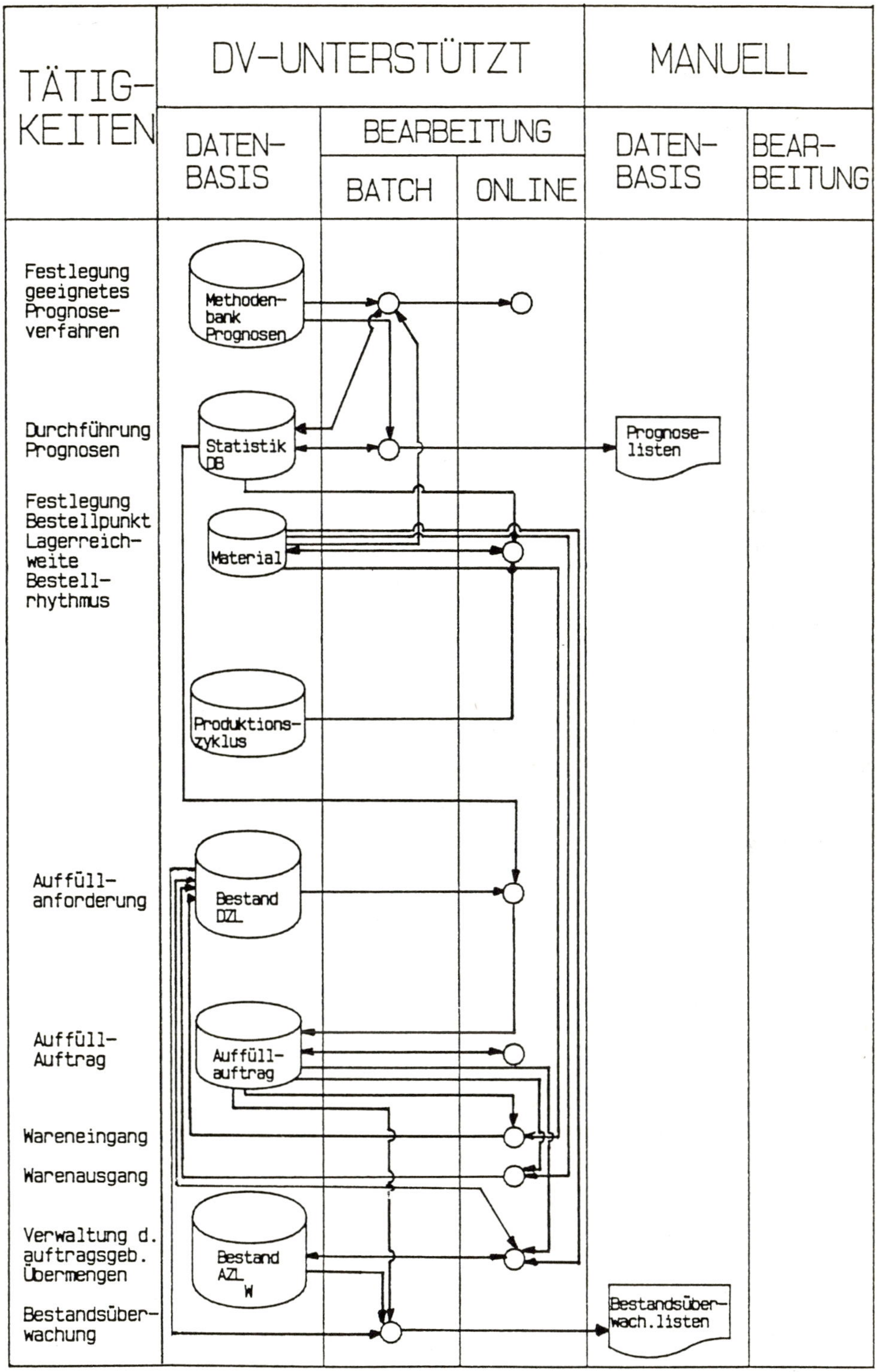

Abb. 2.3.6.1.: Vorgangskette Disposition Zwischenlager

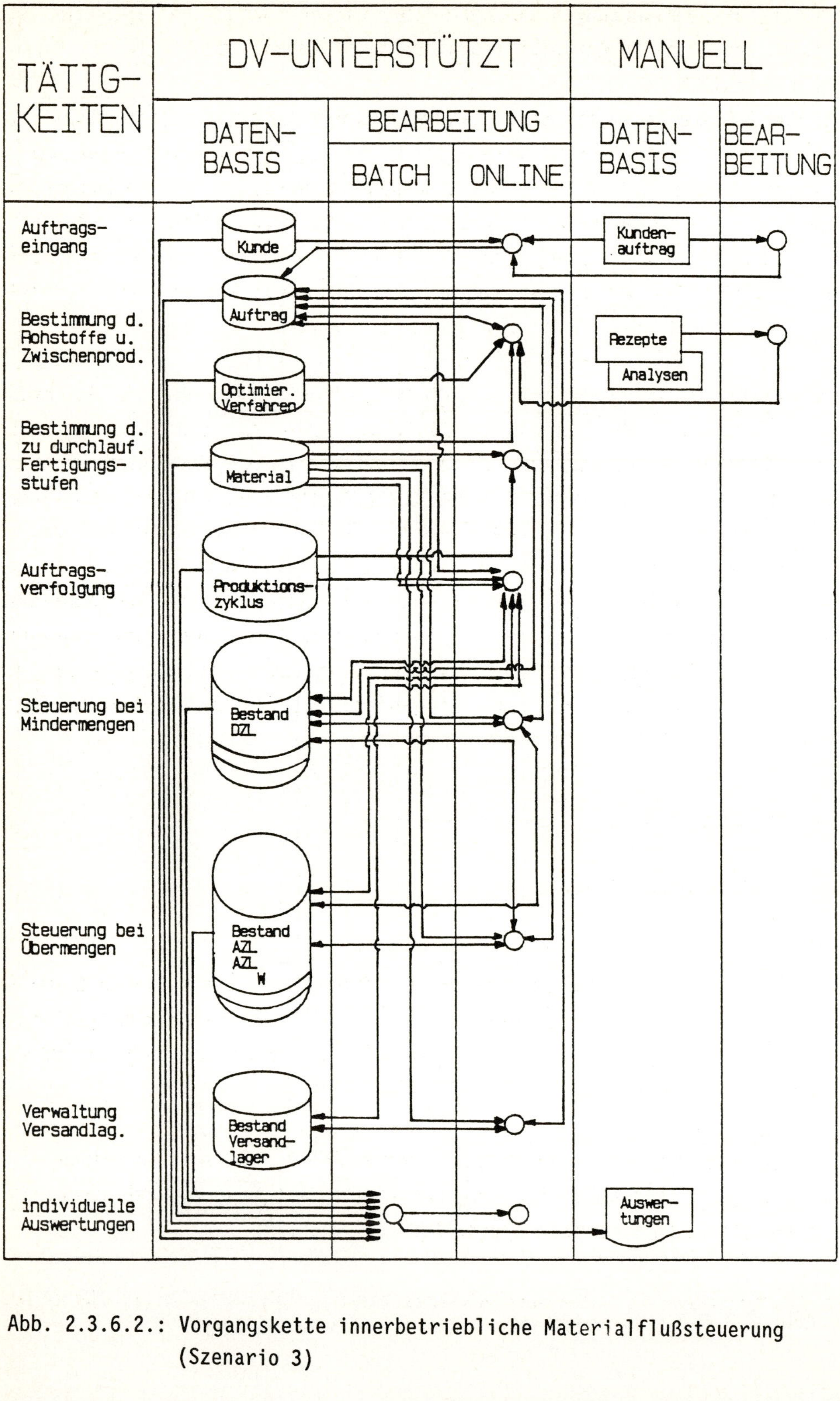

Abb. 2.3.6.2.: Vorgangskette innerbetriebliche Materialflußsteuerung (Szenario 3)

Die genannten Auswertungen sind eher sporadischer Natur. Deswegen sind sie normalerweise in den Anwenderprogrammen nicht abgedeckt.

Wo die Datenmanipulationsmöglichkeit der Abfragesprache nicht ausreicht, die gewünschten Analysen durchzuführen, bieten Spread-sheet-Programme[26], die vornehmlich auf Mikrorechnern angeboten werden, oder Planungssprachen[27] bzw. decision support systems mit vorprogrammierten Manipulationsfunktionen die Möglichkeit zu weitergehender Analyse der Daten. Über teilweise standardisierte Bridge-Programme ist ein Transfer in die Datenbasis des spread sheet oder der Planungssprache möglich.

Bei der Realisierung des Materialflußsteuerungssystems ist die Forderung nach einer komfortablen mächtigen Abfragesprache zu berücksichtigen. Es ist möglichst die den Anwenderprogrammen zugrundeliegende Datenbank so auszuwählen, daß sie eine integrierte Abfragesprache enthält, die nicht nur auf die Daten, sondern auch auf das Data Dictionary zugreifen kann, so daß die ansonsten nochmals durchzuführende Datendefinition für die Abfragesprache entfällt. Darüber hinaus ist zu fordern, daß die implementierte Abfragesprache auf alle Daten, die den Materialfluß betreffen, zugreifen und sie kombinieren kann. Diese Forderung erlangt insbesondere bei der Verteilung von Daten und Funktionen auf mehrere Rechner Bedeutung (vgl. Kapitel 3.3.).

2.3.7. Quantitative Analyse

Gegenüber den Simulationsbeispielen von Szenario 1 und Szenario 2 werden die meisten Daten konstant gehalten. Zusätzlich wird vor Fertigungsstufe 3 ein dispositives Zwischenlager eingeführt, aus dem Kundenaufträge direkt bedient werden können.

Die Aufträge weisen ein Verhältnis von 50 : 50 aus zwischen jenen, die durch alle Produktionsstufen hindurch gefertigt werden, und denen, die aus dem dispositiven Zwischenlager bedient werden.

Da die saisonale Struktur des Absatzes bekannt ist, wird in der Nebensaison das dispositive Zwischenlager aufgefüllt. Grundlage dafür sind die Prognosen für die immer eingehenden Aufträge (PRON) und für die zusätzlich in der Saison eingehenden Aufträge (PROS). Damit nur solche Aufträge aus dem dispositiven Zwischenlager bedient werden, für die auch Material vorhanden ist, muß in der Bereitstellung für Fertigungsstufe 3 jeder aus dem Auftragseingang KAUS bzw. KAUN stammende Kundenauftrag mit dem zugehörigen Fertigungsauftrag aus FAUS bzw. FAUN in dem Assembleknoten FFS 3 zusammengefaßt werden.

Die Verzögerung der in PROS erzeugten Transaktionen, die notwendig ist, damit der zusätzliche Auftragseingang im 4. Monat im System abgewickelt wird, wird durch den schubweisen Übergang von VERW zu WEIT zum Zeitpunkt 86.400 und die über den Monat verteilte Weiterleitung der Transaktionen von WEIT zu KAUS realisiert.

Die Verwendung von dispositiven Zwischenprodukten führt zu öfter vorkommenden Nacharbeiten auf der 4. Fertigungsstufe, so daß statt 5 % dort 15 % der Aufträge diese Fertigungsstufe noch einmal durchlaufen müssen.

Der Strukturplan des Szenarios ist in Abb. 2.3.7.1. dargestellt.

Die wichtigsten neuen bzw. veränderten Daten zeigt die folgende Übersicht:

PRON: Prognose der in der Nebensaison eingehenden Aufträge, die aus dem dritten Zwischenlager bedient werden
PROS: Prognose der in der Saison zusätzlich eingehenden Aufträge, die aus dem dritten Zwischenlager bedient werden
FAUN: Kreierung daraus resultierender Fertigungsaufträge (Nebensaison)
FAUS: Kreierung daraus resultierender Fertigungsaufträge (Saison)
VERW: Verwaltung der Fertigungsaufträge
WEIT: Dummy-Knoten zur kontinuierlichen Weiterleitung der Fertigungsaufträge
KAUN: Kundenauftragseingang Nebensaison (Aufträge, die aus dem dritten Zwischenlager bedient werden)
KAUS: zusätzlicher Kundenauftragseingang Saison (Aufträge, die aus dem dritten Zwischenlager bedient werden)
KAUZ: Zusammenfassung der Kundenaufträge, die aus dem dritten Zwischenlager bedient werden

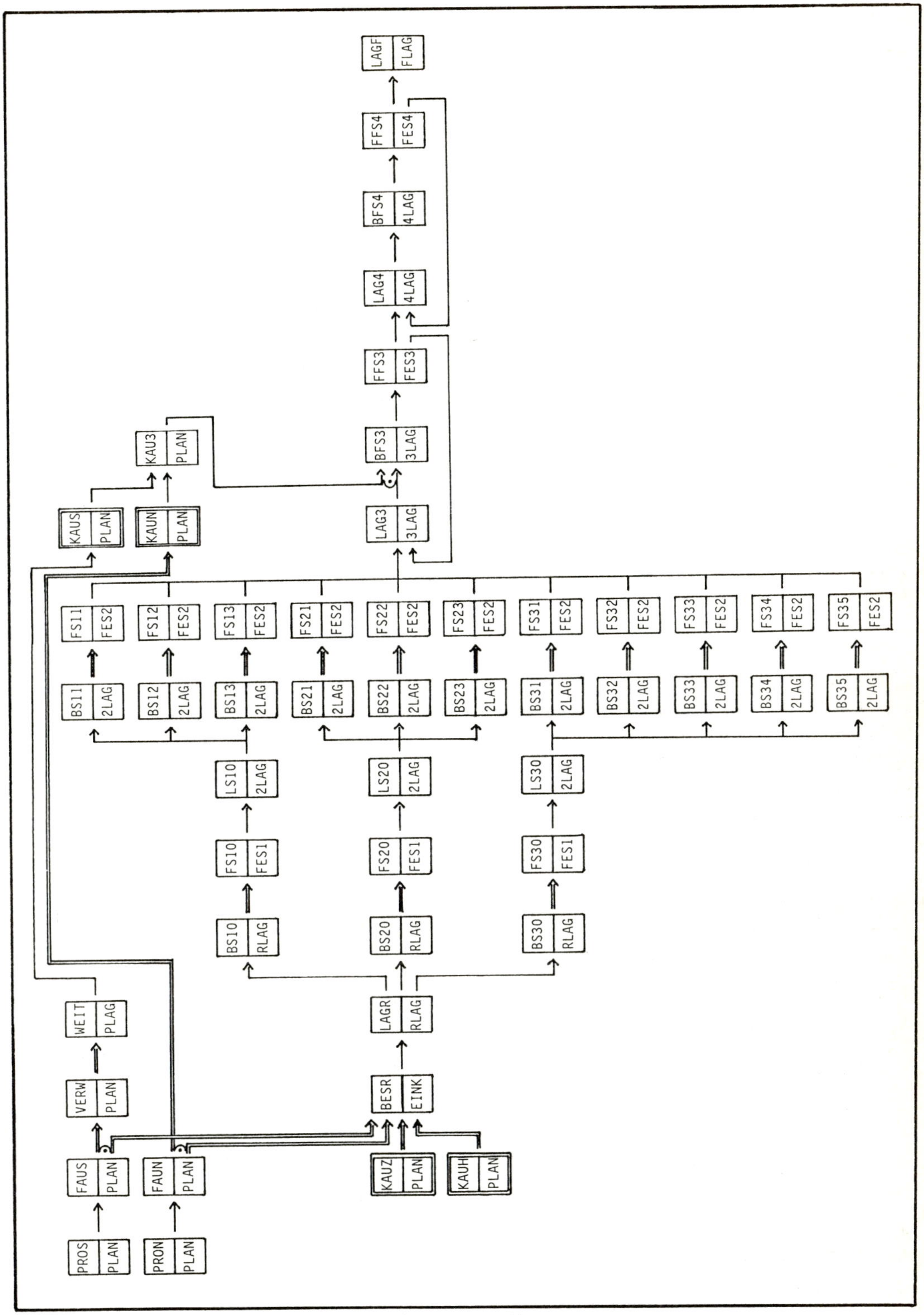

Abb. 2.3.7.1.: CAPSIM-Struktur (Szenario 3)

Die wichtigsten Erkenntnisse aus der Interpretation der Ergebnisse sind: Die Durchlaufzeit der Aufträge von KAUN bzw. KAUS bis LAGF beträgt im Schnitt 990,71 Zeiteinheiten (weniger als einen Tag). Damit wurde gegenüber der Fertigung durch alle Produktionsstufen hindurch, die in Szenario 1 im Schnitt zwischen 21.700 Zeiteinheiten (15 Tage) und 26.800 Zeiteinheiten (18 1/2 Tage) schwankte, eine Reduktion von über 95% erreicht.

Die Beschleunigung gegenüber Szenario 2, in dem Fertigung durch alle Produktionsstufen bei dispositivem Rohstofflager unterstellt wurde, beträgt, da dort die Auftragsdurchlaufzeit im Durchschnitt 15.715,26 Zeiteinheiten beträgt,immer noch über 90%.

Die Auftragsdurchlaufzeit der nicht aus dem dispositiven Zwischenlager bedienten Aufträge liegt zwischen 18.000 und 23.500 Zeiteinheiten und ist damit etwas günstiger als in den Szenarien 1 und 2; dies ist vor allem darauf zurückzuführen, daß die Engpaßsituation in Fertigungsstelle 2 nicht mehr besteht (s.u.). Die Fertigungsdurchlaufzeit der aus dem dispositiven Zwischenlager gefertigten Aufträge liegt wegen der Liegezeit im dispositiven Zwischenlager allerdings etwas höher als in Szenario 1.

Wartezeiten und Auslastungsgrade von FES2 entwickeln sich wie folgt:

Periode	Simulationsuhr	durchschnittliche Wartezeit zwischen Zeitpunkt 0 und aktuellem Zeitpunkt	durchschnittliche Wartezeit zwischen letztem Schnittzeitpunkt und aktuellem Zeitpunkt	durchschnittlicher Auslastungsgrad zwischen Zeitpunkt 0 und aktuellem Zeitpunkt	durchschnittlicher Auslastungsgrad zwischen letztem Schnittzeitpunkt und aktuellem Zeitpunkt
3	86.400	3927,36	1692,66	76,86	85,51
4	100.800	3778,67	2886,53	78,30	76,83
	115.200	3629,76	2587,39	73,69	42,89
5	129.600	3533,61	2764,41	74,60	81,88
	144.000	3528,10	3478,51	75,81	86,70
6	158.400	3362,21	1703,31	76,10	79,00
	172.800	3216,73	1616,45	74,94	62,18

Der in den Szenarien 1 und 2 entstandende Engpaß besteht kaum noch. Die Auslastung zeigt einen wesentlich ausgeglicheneren Verlauf. Dies ist auf die vorgezogene Produktion der erwarteten Aufträge der Hochsaison bis einschließlich der 2. Fertigungsstufe zurückzuführen.

Die Wartezeiten sind in der Hauptsache produktionsbedingt und entstehen weitgehend aufgrund der Losbildung.

Die Reduktion der Wartezeit im Vergleich zu Szenario 2 beträgt z.B. in der 5. Periode 31 % (3120,46 gegenüber 4523,28 Zeiteinheiten) und in der 6. Periode 33 % (1649,88 gegenüber 2446,22 Zeiteinheiten).

Damit ist der Engpaß in Fertigungsstelle 2 weitgehend entschärft. Ein gewisser Anteil der Wartezeiten ist allerdings auch weiterhin auf die erhöhte Belastung in Periode 5 zurückzuführen, wenn die in Periode 4 eingetroffenen Aufträge in der zweiten Fertigungsstelle produziert werden.

Dagegen zeigt die 4. Fertigungsstufe folgendes Bild:

Periode	Simulationsuhr	durchschnittliche Wartezeit zwischen Zeitpunkt 0 und aktuellem Zeitpunkt	durchschnittliche Wartezeit zwischen letztem Schnittzeitpunkt und aktuellem Zeitpunkt	durchschnittlicher Auslastungsgrad zwischen Zeitpunkt 0 und aktuellem Zeitpunkt	durchschnittlicher Auslastungsgrad zwischen letztem Schnittzeitpunkt und aktuellem Zeitpunkt
3	86.400	57,43	244,13	48,30	73,50
4	100.800	81,68	227,18	53,35	83,65
	115.200	104,95	267,84	57,52	86,71
5	129.600	305,66	1911,34	62,24	100
	144.000	333,75	586,56	64,83	88,23
6	158.400	311,01	83,61	65,13	68,13
	172.800	285,80	8,49	65,51	69,69

Man erkennt, daß Fertigungsstelle 4 temporär zum Engpaß wird. Die Auslastung beträgt in den ersten 10 Tagen der 5. Periode durchweg 100 %. Die Warteschlange steigt auf durchschnittlich 1911 Zeiteinheiten an, das entspricht 1 1/2 Tagen. Der Engpaß ist darauf zurückzuführen, daß der erhöhte Bedarf in der Hochsaison jetzt voll auf die vierte Fertigungsstelle durchschlägt. Während vorher durch den "Abschirmeffekt" der zweiten Fertigungsstelle nur so viele Aufträge weiterbearbeitet wurden, wie die zweite Fertigungsstelle ausbrachte, und damit der Fluß in den nachfolgenden Stellen einen gleichmäßigen Verlauf erhielt, wird nun durch den sprunghaften Abbau des Zwischenlagers die vierte Fertigungsstelle übermäßig beansprucht.

Diese Engpaßsituation bewirkt auch die relativ hohe Varianz der durchschnittlichen Durchlaufzeiten der Aufträge, die aus dem dispositiven Zwischenlager bedient werden. Sofern die 4. Fertigungsstufe nicht überlastet ist, beträgt die mittlere Durchlaufzeit weniger als 650 Zeiteinheiten. Bei Überlastung der 4. Fertigungsstufe in der 5. Periode steigt die mittlere Durchlaufzeit auf 2941,83 Zeiteinheiten, also auf mehr als das 4 1/2 fache der gewöhnlichen Durchlaufzeit.

Bei leichtem Auftragszuwachs oder etwas verlängerter Hochsaison steigt die Warteschlange vor der 4. Fertigungsstufe weiter progressiv an, die Auftragsdurchlaufzeiten nehmen entsprechend zu.

Mithilfe der Simulation wird deswegen untersucht, ob eine Aufstockung der Maschinenanzahl von 6 auf 7 den Engpaß beseitigt. Dies geschieht durch Erhöhung der Kapazität der Bedienstation FES4 von 6 auf 7.

Die Simulation zeigt, daß die erfolgte Erhöhung der Kapazität die gewünschte Beseitigung des Engpasses herbeiführt. Die Auslastungsgrade erreichen über einen Zeitraum von 10 Tagen nicht mehr 100 %, die Warteschlangen übersteigen nicht ein vertretbares Maß (200 Zeiteinheiten), und die durchschnittlichen Auftragsdurchlaufzeiten verringern sich auf weniger als 700 Zeiteinheiten und weisen nur noch sehr geringe Abweichungen voneinander auf.

Damit sind dem Kunden gegenüber bei Auftragsannahme sichere Terminzusagen zu geben: sofern im dispositiven Zwischenlager die geeigneten Teile vorhanden sind, wird der Auftrag am nächsten Tag fertiggestellt.

Unabhängig von dem konkreten Beispiel zeigt sich, daß das Mittel der Simulation gut geeignet ist,

- erkannte Ungleichmäßigkeiten im Produktionsfluß zu klären und damit zu deren Beseitigung beizutragen
- Auswirkungen von Änderungen des Produktionsflusses ex post zu analysieren und, was wichtiger ist, ex ante zu bestimmen und zu untersuchen, ob diese mit den angestrebten Auswirkungen übereinstimmen
- für notwendig erachtete Kapazitätsänderungen auf ihre Wirkung auf Durchlaufzeiten, Warteschlangen und Auslastungsgrade hin zu untersuchen.

2.3.8. Bewertung

Während das EDV-System in den Szenarien 1 und 2 als Materialverfolgungssystem (in beiden Szenarien) und Materialwirtschaftssystem mit Lagerverwaltung und Disposition (in Szenario 2) Unterstützung bei der Steuerung bot, kann erst in Szenario 3 von einem voll ausgebauten EDV-mäßigen Materialflußsteuerungssystem gesprochen werden. Gerade in der Steuerung der Zwischenlager liegt ein großes Erfolgspotential für die Unternehmung.

Eine EDV-mäßige Steuerung, wie sie im Programmablaufplan und in der Vorgangskette spezifiziert wurde, ist Voraussetzung dafür, daß bei geringstmöglicher Kapitalbindung und möglichst gleichmäßiger Auslastung der Betriebsmittel die vom Markt geforderten Auftragsdurchlaufzeiten für Kundenaufträge realisiert werden können und gleichzeitig durch das Rückmeldesystem Anpassungsfähigkeit an gewünschte Auftragsänderungen erreicht wird.

Die Steuerung jedes Zwischenlagers sollte so weit wie möglich auf dessen eigenen Daten beruhen, was zwar Interdependenzen außer acht läßt, aber die Komplexität der Planung und Steuerung auf ein Maß reduziert, das den zuständigen Planer nicht überfordert. Eine solche Steuerung ermöglicht eine dezentralisierte Entscheidungsbefugnis und Planungshoheit, die die Motivation vor Ort, verglichen mit einem zentralen Planungssystem, stark erhöht.

2.4. Materialflußsteuerung bei Auftragsfertigung mit dispositivem Rohstofflager, dispositiven Zwischenlagern und möglicher Umwidmung von auftragsgebundenen Zwischenprodukten

2.4.1. Problemstellung

In bestimmten Engpaßsituationen kann es vorkommen, daß ein benötigtes dispositives Zwischenprodukt nicht vorrätig ist.

Durch Verwendung eines einem anderen Auftrag zugeordneten Zwischenproduktes kann es allerdings möglich sein, den Auftrag fristgerecht zu erledigen. Damit ergibt sich für die Lager folgende Einteilung in dispositive und auftragsgebundene Bestandteile:

	auftragsgebunden	dispositiv
Rohstoffe	x	x
Zwischenprodukte	x ↻	x
Fertigwaren	x	

Abb. 2.4.1.1.: Struktur der Lager (Szenario 4)

Der Pfeil an der auftragsgebundenen Komponente des Zwischenproduktlagers kennzeichnet die Umwidmung, indem nämlich ein auftragsgebundenes Zwischenprodukt einem anderen Auftrag zugeteilt wird.

Wird ein Zwischenprodukt umgewidmet, muß sichergestellt sein, daß der ursprüngliche Auftrag, dem das Material entzogen wird, auch fristgerecht gefertigt werden kann. Das bedeutet, daß im Fall der Umwidmung für den ursprünglichen Auftrag wieder alle Prüfungen zur Termineinhaltung vorgenommen werden müssen.

2.4.2. Anforderungen aus entscheidungsorientierter Sicht

Die Umwidmung von auftragsbezogenen Zwischenprodukten stellt einen Sonderfall in einer Engpaßsituation dar, die eintritt, wenn die Materialflußsteuerung insofern versagt hat, als ein benötigtes Zwischenprodukt nicht vorrätig ist. Dies kann dann passieren, wenn

- die Schwankungen in der Menge der zu verarbeitenden Zwischenprodukte groß sind, so daß in bestimmten Fällen der bestellauslösende Bestand zu niedrig ist und ein Stock-out entsteht

- die Beschäftigungslage sehr gut ist und die Maschinen mit der Fertigung von kundenbezogenen Aufträgen bereits ausgelastet sind, so daß die prioritätsmäßig niedriger angesiedelten dispositiven Zwischenprodukte aus Kapazitätsgründen nicht gefertigt werden können

- die Endprodukte, die dieses Zwischenprodukt benötigen, normalerweise eine Auftragsdurchlaufzeit haben, die länger ist als die Gesamtfertigungszeit, und daher keine dispositiven Zwischenprodukte geführt werden.

Ist eine der vorgenannten Bedingungen erfüllt, ist eine Steuerung des Materialflusses unter Zuhilfenahme von Umwidmungen sinnvoll. Solange der ursprüngliche Auftrag, dem das Material entzogen werden soll, in seinem Liefertermin nicht beeinträchtigt wird, ist die Umwidmung unproblematisch. Sie wird aber auch dann vorgenommen, wenn für den ursprünglichen Auftrag kein adäquater Ersatz für das entzogene Zwischenprodukt gefunden wird und somit dieser Auftrag nicht oder zumindest nicht voll erfüllt werden kann unter der Bedingung, daß die Aufträge und damit die Kunden, die hinter den Aufträgen stehen, in ihrer Priorität für das Unternehmen unterschiedlich sind.

Die Flexibilisierung der Auftragssteuerung, die durch die Umwidmung erreicht wird, bewirkt eine wesentlich höhere Komplexität des Planungssystems. Dies wird in dem in Abb. 2.4.2.1. wiedergegebenen Programmablaufplan deutlich.

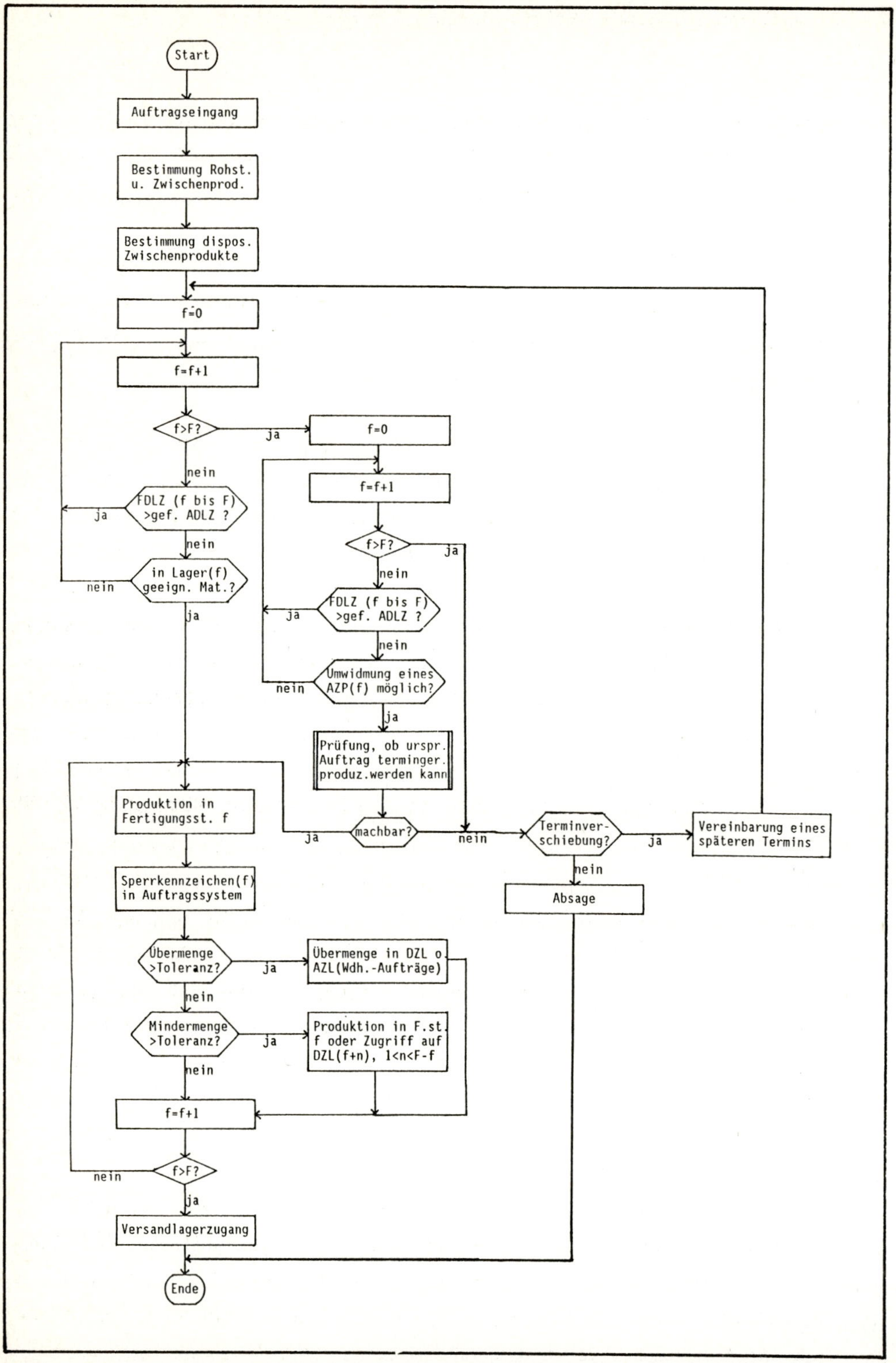

Abb. 2.4.2.1.: Programmablaufplan des Auftragsdurchlaufs (Szenario 4)

2.4.3. Anforderungen aus datenorientierter Sicht

Wenn keine Umwidmungen notwendig sind, entsprechen die Anforderungen denen des vorherigen Szenarios. Die Möglichkeit der Umwidmung erfordert es, daß das EDV-System zur Materialflußsteuerung

- "What-if"-Analysen unterstützt, indem ein bestehender Datenkranz gehalten wird, während untersucht wird, ob eine Umwidmung möglich ist, und im negativen Fall diesen ursprünglichen Datenkranz wiederherstellt

- bei einer Umwidmung alle davon betroffenen Daten erkennt und diese entsprechend ändert (Rückmeldungen ins Auftragsabwicklungssystem und übergeordnete Produktionsplanungssystem, Plan- und Solldaten für nachgelagerte Produktionsstufen etc.).

Die Umwidmungsplanung wird durch die sogenannte Window-Technik wirkungsvoll unterstützt. Sie erlaubt es, mehrere Anwendungen gleichzeitig auf dem Bildschirm zu halten und ohne An- und Abmeldeprozeduren zwischen den Anwendungen zu "springen". Da Umwidmungen unterschiedliche Anwendungen betreffen (Durchlauf von Aufträgen, Kapazitäten, Termine), ist es wichtig, sehr schnell - zunächst nur als Simulation - die Auswirkungen auf alle betroffenen Größen zu erkennen.

Da nicht allein die Fertigung Entscheidungen über Umwidmungen treffen kann, wenn diese z.B. Kundenaufträge direkt betreffen, ist ein Electronic-mail-System eine sinnvolle Ergänzung des Anwendungssystems. In Abhängigkeit von den durch die Umwidmung geänderten Daten wird automatisch eine Meldung (elektronischer Postkorb) für den Verkauf generiert, die ihn auf zu treffende Entscheidungen hinweist. Ein Electronic-mail-System unterstützt damit die organisatorische Integration des Ablaufs, wobei die Datenintegration notwendige Voraussetzung ist.

Der Ablauf mit den Datenbeziehungen ist für die innerbetriebliche Steuerung eines Auftrags in Abb. 2.4.3.1. dargestellt, der Ablauf der Steuerung für dispositive Rohstoffe und Zwischenprodukte entspricht dem des vorhergehenden Szenarios und ist in den Abb. 2.2.4.1. und 2.3.6.2. wiedergegeben.

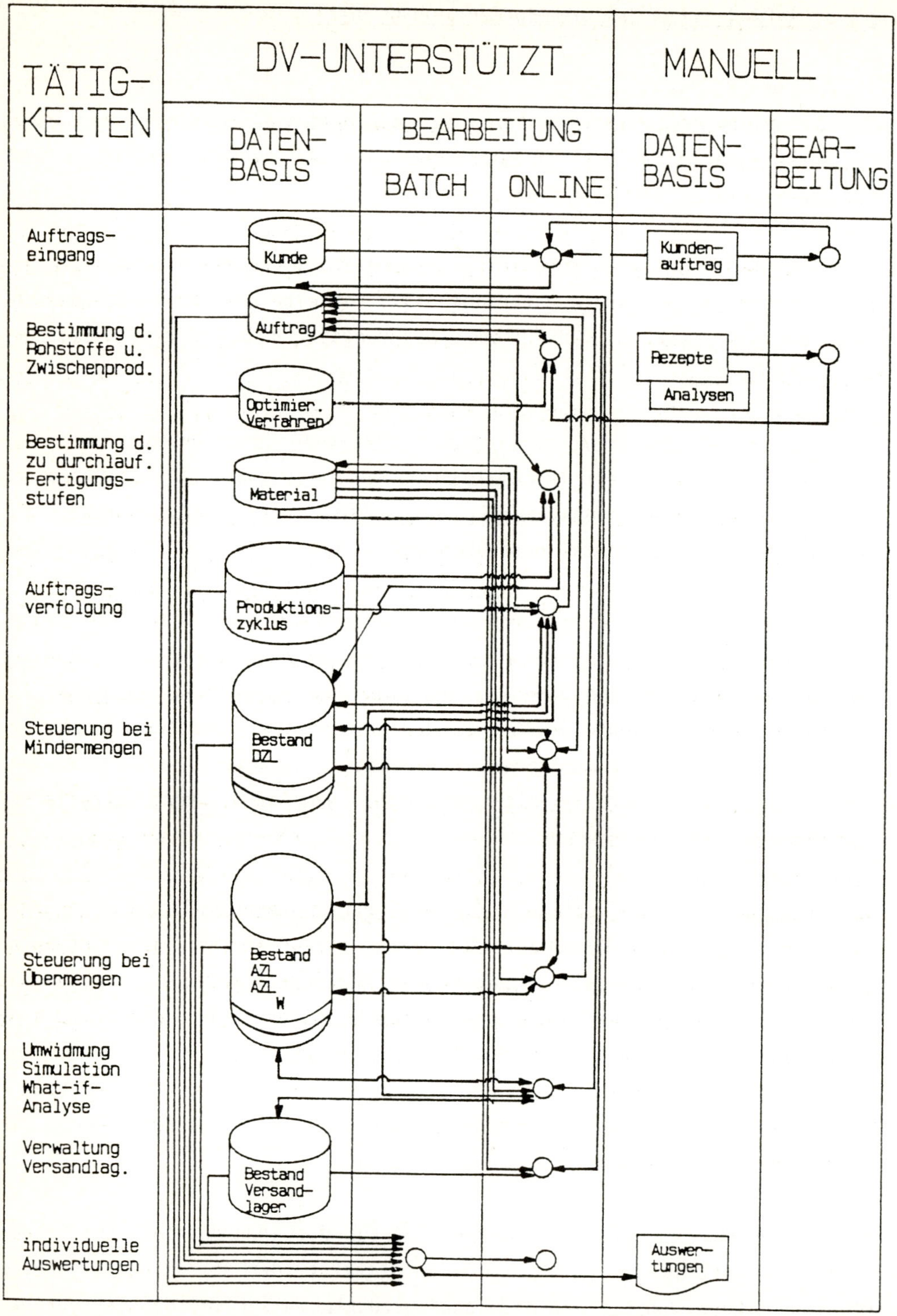

Abb. 2.4.3.1.: Vorgangskette innerbetriebliche Materialflußsteuerung
(Szenario 4)

2.4.4. Quantitative Analyse

Von der Struktur her weist ein Simulationsmodell zur Abbildung des vierten Szenarios keine Änderungen gegenüber dem dritten Szenario auf.

Die Umwidmung läßt sich darstellen, indem die Transaktionen, deren Zwischenprodukt einem anderen Auftrag zugewiesen wird, die Knoten seit dem letztmöglichen Zwischenlager, in dem für sie brauchbare Zwischenprodukte vorhanden sind, noch einmal durchlaufen. Die Durchlaufzeit dieser Aufträge erhöht sich damit um die Bearbeitungs-, Transport-, Transportwarte- und Bedienwartezeiten der nochmals durchlaufenen Knoten (Fertigungsstufen und Lager).

Die Auftragsdurchlaufzeiten der Aufträge, denen auftragsgebundenes Zwischenmaterial zugewiesen wird, sind genauso lang, als wenn sie aus dispositiven Zwischenprodukten derselben Lagerstufe gefertigt worden wären.

Die Kapazitätsbelastungen der Fertigungsstufen erhöhen sich nur marginal um die Einheiten, die durch die aufgrund der Umwidmung hervorgerufenen zusätzlichen Nachbearbeitungs- bzw. Umarbeitungszeiten entstehen.

Somit bringt das vierte Szenario gegenüber dem dritten keine Vorteile bezüglich der durchschnittlichen Auftragsdurchlaufzeiten, Fertigungsdurchlaufzeiten, Bearbeitungs-, Transport- und Wartezeiten, Warteschlangen und Auslastungsgrade. Dennoch kann es unter gegebenen Marktumständen notwendig sein, das Steuerungsmittel der Umwidmung von auftragsbezogenen Zwischenprodukten anzuwenden und die damit verbundene Komplexität der Steuerungsaufgabe in Kauf zu nehmen, damit einzelne (wichtige) Aufträge fristgerecht fertiggestellt werden können.

2.4.5. Bewertung

Eine Umwidmung eines Zwischenproduktes von einem Auftrag zu einem anderen Auftrag ist nur möglich, wenn

- der Liefertermin von Auftrag I (dem ursprünglichen Auftrag) später liegt als der Liefertermin von Auftrag II und Auftrag I aus einem vorher liegenden Zwischenlager bedient oder nochmals vollständig gefertigt werden kann

- der Auftrag I auch alternativ aus einem anderen Zwischenprodukt gefertigt werden kann und dieses vorrätig ist

- Auftrag II wichtiger ist als Auftrag I und eine Verzögerung, Minderung der Menge oder Absage bei Auftrag I in Kauf genommen wird.

Das Steuerungsmittel der Umwidmung kommt demnach zum Tragen, wenn das entsprechende Marktsegment heterogen ist ("starke" und "schwache" Kunden) und die Produktionsstruktur so unflexibel ist, daß eine eingeschobene Bearbeitung der Eilaufträge nicht möglich ist.

Selbst bei sehr komfortabler EDV-Unterstützung bringt eine Umwidmung einen erheblichen Aufwand für den Disponenten mit sich, der den Auftrag, dessen Material umgewidmet werden soll, auszuwählen hat und diesen unter Berücksichtigung der Differenzmengen zwischen diesem und dem neuen Auftrag neu einplanen muß. Schließlich muß er die Datenweitergabe an den Vertrieb steuern (Änderung Menge, Termin etc.), auf die möglicherweise erneute Kundenkontakte folgen (Vereinbarung eines neuen Liefertermins etc.).

Mehr als in den vorangegangenen Szenarien ist ein durchgängiges EDV-System notwendig, das den Zugriff auf unterschiedliche Datenbestände zuläßt, so daß alle mit einer Umwidmung verbundenen Auswirkungen erkannt und analysiert werden können.

2.5. Materialflußsteuerung bei Auftrags- und Serienfertigung mit dispositivem Rohstofflager, dispositiven Zwischenlagern und möglicher Umwidmung von auftragsgebundenen Zwischenprodukten

2.5.1. Problemstellung

Im folgenden Szenario wird unterstellt, daß ein Teil der Endprodukte standardisiert werden kann, so daß es sich in diesem Fall nicht mehr um Auftragsfertigung, sondern um Serienfertigung handelt. Damit wird zusätzlich zu dem dispositiven Rohstofflager und den dispositiven Zwischenlagern ein dispositives Fertigwarenlager eingerichtet, das die Standardprodukte aufnimmt (vgl. Abb. 2.5.1.1.).

	auftragsgebunden	dispositiv
Rohstoffe	x	x
Zwischenprodukte	x ↻	x
Fertigwaren	x	x

Abb. 2.5.1.1.: Struktur der Lager (Szenario 5)

Ein Standarderzeugnis bezeichnet ein Enderzeugnis, das

- hinsichtlich technischer Spezifikationen, "Größe, Abmessung, Form, Farbe, Qualität und Bezeichnung"[28] vereinheitlicht ist und
- von mehreren Kunden in gleicher Ausprägung nachgefragt wird bzw.
- von einem Kunden in gleicher Ausprägung wiederholt nachgefragt wird.

Allein die Normung (vgl. Abb. 1.2.2.1.) reicht nach dieser Definition nicht aus, als daß von einem Standardprodukt im hier verwendeten Sinne gesprochen werden könnte. Ein in gewissen Grenzen kontinuierlicher und prognostizierbarer Absatz ist ebenso Voraussetzung.

2.5.2. Anforderungen aus entscheidungsorientierter Sicht

Für den Aufbau des dispositiven Fertigwarenlagers und die Entnahme aus dem Fertigwarenlager gelten ähnliche Entscheidungsregeln wie für die dispositiven Zwischenlager. Auch hier gehen Ziele aus Vertriebssicht, aus Fertigungssicht und aus finanzwirtschaftlicher Sicht ein.

Aus **Vertriebssicht** sind die Produkte im Fertigwarenlager zu führen, die eine sehr kurze geforderte Auftragsdurchlaufzeit haben.

Aus **Fertigungssicht** bieten sich die Produkte an,

- die aus Vorprodukten gefertigt werden, die für wenige andere Endprodukte benötigt werden

- für deren Bearbeitung auf den Maschinen erhebliche Umrüstvorgänge notwendig sind

- deren Absatz gut prognostizierbar ist.

Sind diese Bedingungen erfüllt, können durch die Führung der dispositiven Fertigwaren aufgrund der größeren Lose Umrüstungen auf den Maschinen eingespart werden.

Aus **finanzwirtschaftlicher Sicht** ist der Fertigwarenlagerbestand so gering wie möglich zu halten, damit die Kapitalbindungskosten minimiert werden.

Trifft ein Auftrag für ein Standardprodukt ein, so muß entschieden werden, ob der Auftrag

- aus dem Fertigwarenlager bedient wird

oder

- durch alle bzw. einige Fertigungsstufen hindurch produziert wird.

Wenn - wie bei den Zwischenlagern - die Regel angewandt wird, soweit wie möglich kundenauftragsbezogen zu produzieren und Materialien aus den frühestmöglichen Lagern zu entnehmen, führt dies bei der Auffüllstrategie

"Sicherung einer bestimmten Lagerreichweite unter Berücksichtigung des Produktionszyklus auf der Grundlage von Prognosen" zu niedrigstmöglichen Lagerbeständen und damit zu geringstmöglicher Kapitalbindung, ohne daß die fertigungsspezifischen Restriktionen verletzt werden. Damit gehen die Ziele aus Vetriebssicht und finanzwirtschaftlicher Sicht direkt in die Entscheidung ein; die Ziele aus Fertigungssicht werden indirekt berücksichtigt.

In dem Ablaufplan des Auftragsdurchlaufs (Abb. 2.5.2.1.) ist diese Regel unterstellt.

2.5.3. Anforderungen aus datenorientierter Sicht

Zu der Verwaltung des Versandlagers, das die auftragsgebundenen Endprodukte nach der Fertigung bis zur Auslieferung aufnimmt, kommt die Verwaltung des Fertigwarenlagers hinzu, das die Lagerung der dispositiven Fertigwaren übernimmt. Dieses Lager wird ebenso wie das dispositive Rohstofflager und die dispositiven Zwischenlager eigenständig geplant. Wie bei diesen soll der zukünftige Absatz mit Hilfe von Prognoseverfahren geschätzt werden, die Politik zur Auffüllung des Fertigwarenlagers ist die geforderte Lagerreichweite. Sie ist abhängig vom Produktionszyklus und von bekannten saisonalen Einflüssen (geplanter Aufbau des Fertigwarenlagers in Zeiten geringen Absatzes).

Die Vorgangskette für die innerbetriebliche Steuerung des Materialflusses weicht von der vorherigen nur insofern ab, als bei Auftragseingang, wenn aus dem Fertigwarenlager entnommen werden soll, ein zusätzlicher lesender Zugriff auf die Datei "Bestand Versand- und Fertigwarenlager" zur Feststellung des Lagerbestandes des gesuchten Produktes notwendig ist. Bei vorhandenem Bestand wird sofort reserviert, bereitgestellt und ausgeliefert (schreibender Zugriff auf die Dateien "Bestand" und "Auftrag"), die übrigen Bearbeitungsschritte entfallen. Bis auf diese Abweichungen entspricht die Vorgangskette dieses Szenarios der des vorhergehenden (vgl. Abb. 2.4.3.1.).

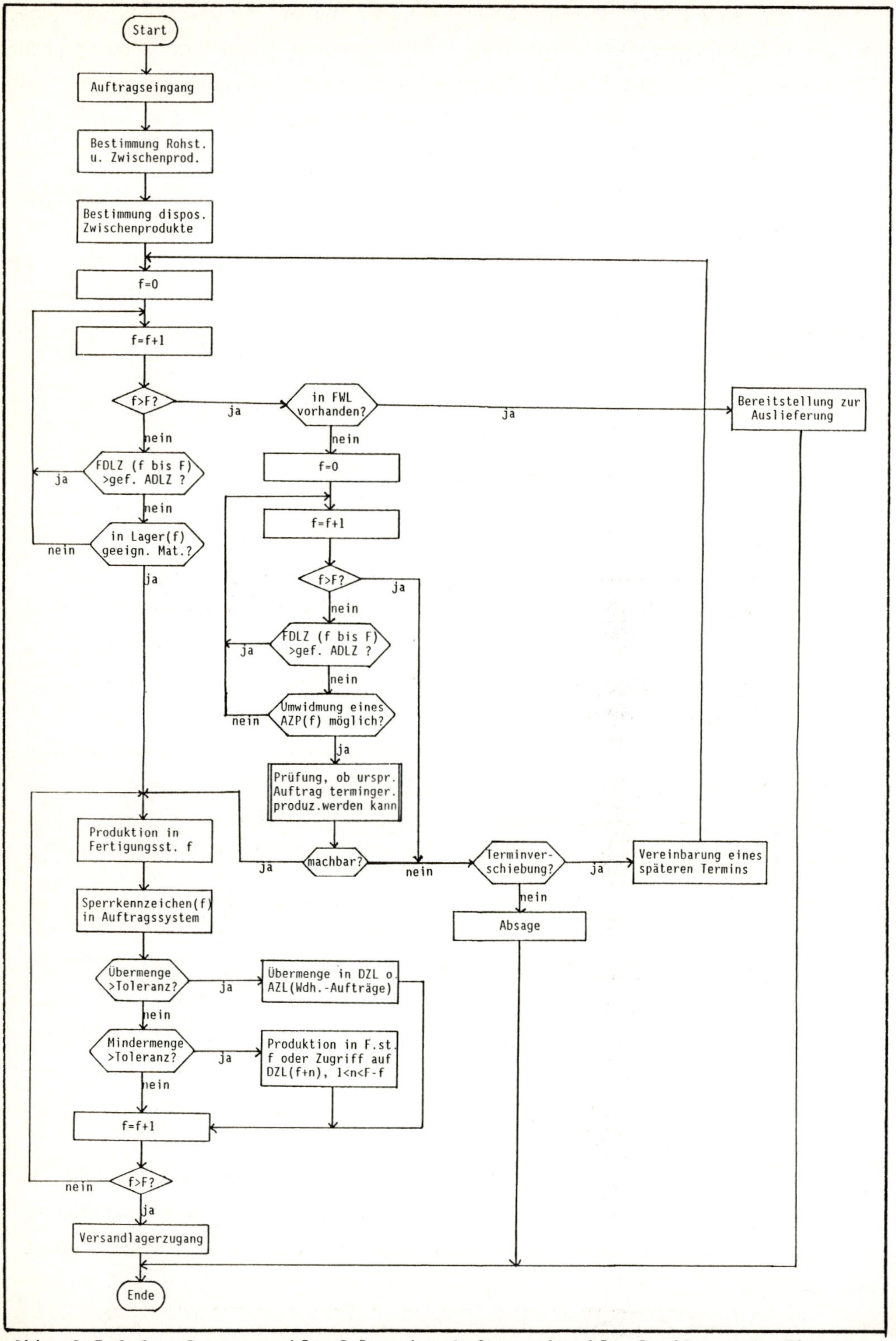

Abb. 2.5.2.1.: Programmablaufplan des Auftragsdurchlaufs (Szenario 5)

Auch die Vorgangsketten für die Disposition der Roh- und Zwischenprodukte sind identisch mit den in Szenario 4 vorgestellten (vgl. Abb. 2.2.4.1. und 2.3.8.2.).

Die Vorgangskette der Planung der dispositiven Fertigwaren ist in Abb. 2.5.3.1. wiedergegeben.

Mehr als bei der Disposition der Rohstoffe und Zwischenprodukte können Einflußfaktoren die geplanten Bedarfe bestimmen, die durch formale Prognoseverfahren nicht abgedeckt sind. Die Prognosen werden deshalb vor allem durch Einschätzungen des Vertriebs und strategische Entscheidungen im Hinblick auf den Absatz bestimmter Produktgruppen/Sorten ergänzt.

In Abhängigkeit von den Fertigungszyklen und den geplanten Bedarfen werden ähnlich wie bei der Disposition der Rohstoffe und Zwischenprodukte Auffüll-Auftrags-Punkte, geplante Lagerreichweiten und Auffüll-Auftrags-Rhythmen festgelegt.

Auch die nächsten Bearbeitungsschritte entsprechen denen der Diposition der Rohstoffe und Zwischenprodukte.

2.5.4. Quantitative Analyse

Einer Simulation zur Ermittlung der Auswirkungen von Szenario 5 liegt eine ähnliche Struktur zugrunde wie der von Szenario 3 (vgl. Abb. 2.3.9.1.). Zusätzlich müssen zwei Knoten für die Annahme von Kundenaufträgen geschaffen werden, die direkt aus dem Fertigwarenlager bedient werden. Einer dieser Knoten übernimmt die immer anfallenden Standardproduktaufträge, der andere die in der Hochsaison zusätzlich eintreffenden Aufträge.

Die Durchlaufzeit der Aufträge, die aus dem Fertigwarenlager bedient werden, ist vernachlässigbar gering. Bei entsprechenden Versandbedingungen, die hier außer acht bleiben, ist eine Auslieferung innerhalb desselben Tages möglich.

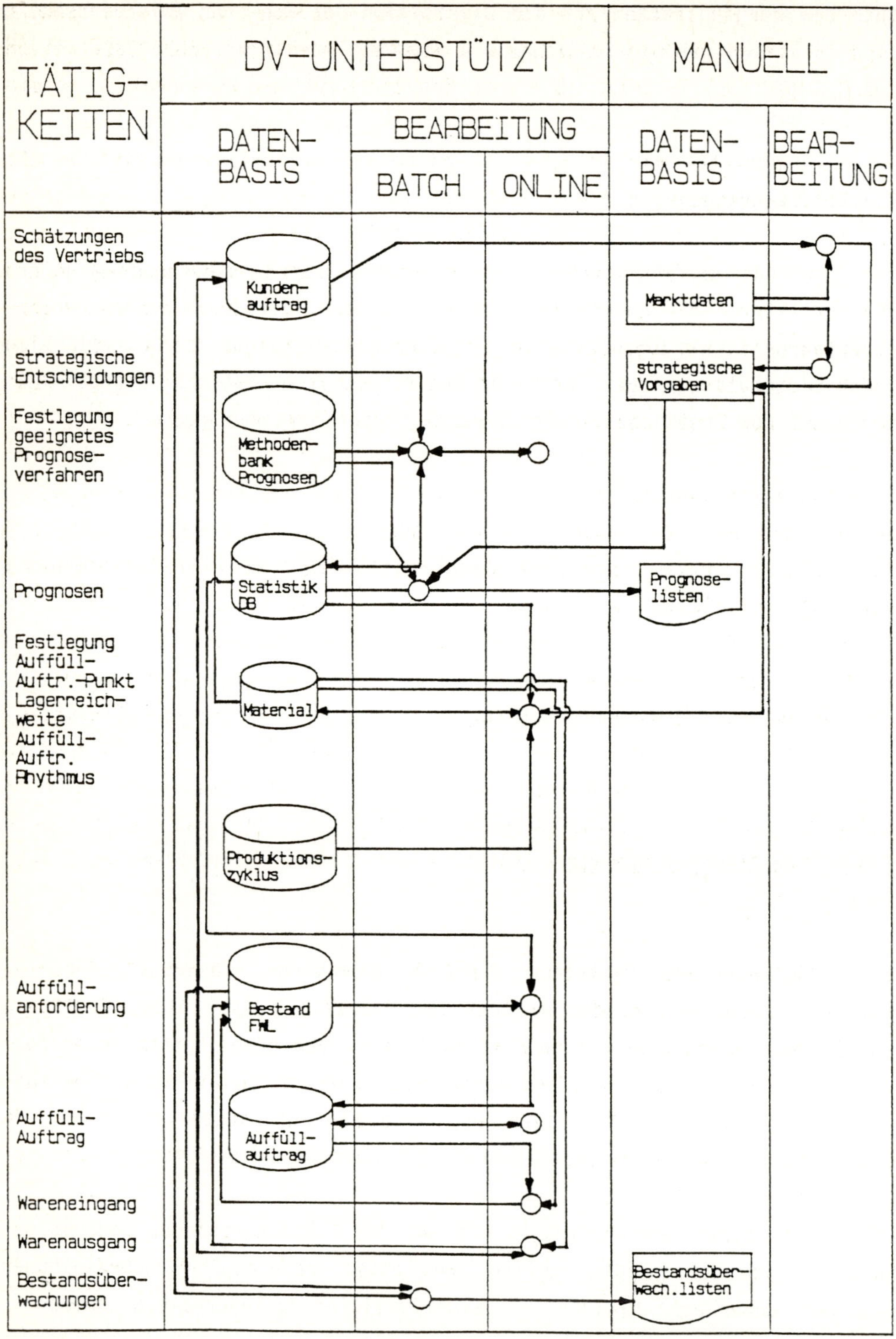

Abb. 2.5.3.1.: Vorgangskette Disposition Fertigwarenlager (Szenario 5)

Die Durchlaufzeit der Aufträge, die alle Produktionsstufen durchlaufen, ändert sich gegenüber der Ausgangssituation in Szenario 3 nur geringfügig, ebenso die der Aufträge, die aus dem dispositiven Zwischenlager bedient werden.

In Abhängigkeit von der Güte der Prognosen für den Absatz der Standardprodukte und dem Anteil der Standardprodukte an allen Aufträgen kann zusätzlich zu dem Auftragsdurchlaufzeiten-Effekt für Standardprodukt-Aufträge ein Kapazitätsausgleichs-Effekt erzielt werden. Bei einem Anteil von 15 % Standardprodukten, die in einer weiteren Simulation sämtlich in der Nebensaison produziert werden, kann der in der ersten Simulation dieses Szenarios und in Szenario 3 aufgetretene Engpaß in Fertigungsstelle 4 entschärft werden, auch ohne daß eine Kapazitätsaufstockung der Betriebsmittel von 6 auf 7 stattfindet.

Unter Ausnutzung des Kapazitätsausgleichs-Effekts geht die Auftragsdurchlaufzeit aller Aufträge, bei denen dispositive Zwischenprodukte eingesetzt werden, auf die Länge der Durchlaufzeit in der Nebensaison zurück.

Die Gesamt-Fertigungsdurchlaufzeit der Aufträge, die in allen Produktionsstufen gefertigt werden, und die der Aufträge, die aus dem dispositiven Zwischenlager bedient werden, gehen aufgrund des Kapazitätsausgleichs-Effekts leicht zurück, die der Standardprodukt-Aufträge steigt aufgrund der langen Liegezeit im Fertigwarenlager, die bis zu einem Monat beträgt, bis auf zwei Monate.

Eine Kostenvergleichsrechnung[29] hat in diesem Fall Auskunft darüber zu geben, ob die Kosten für die Ausweitung der Kapazität der 4. Fertigungsstufe oder die Kosten für den hohen Aufbau des Lagers in der Nebensaison bis zum Beginn der Hauptsaison niedriger liegen (zusätzliche Lagerkosten und Kapitalbindungskosten). Eine Kostenvergleichsrechnung ist für die ökonomische Entscheidung ausreichend, da die Erlösseite bei beiden Alternativen identisch ist.

2.5.5. Bewertung

Im Zuge der in einigen Industriezweigen voranschreitenden Normung von Produkten ist die Führung eines dispositiven Fertigwarenlagers selbst in Unternehmungen, die bisher vornehmlich Auftragsfertigung betrieben, sinnvoll, besonders unter dem Gesichtspunkt der kurzen möglichen Auftragsdurchlaufzeiten und des Kapazitätsausgleichs-Effekts.

Andere Industriezweige dagegen zeichnen sich durch eine zunehmende Typenvielfalt aus, die eine ökonomische Führung eines Fertigwarenlagers verhindert.

Dort, wo die Entscheidung zugunsten eines Fertigwarenlagers gefallen ist, bringen Verwaltung und Steuerung des Materialflusses kaum EDV-mäßigen oder verwaltungstechnischen Mehraufwand. Grundsätzlich neue Verarbeitungsroutinen oder Dateien kommen nicht hinzu, da die notwendigen Verarbeitungsschritte durch die in den vorangegangenen Szenarien vorgestellten Module und Daten abgedeckt sind. Es wird lediglich die Versandlagerdatei um die Fertigwarenbestände ergänzt; ebenso sind zusätzliche Zugriffe auf bestehende Dateien notwendig, die aber EDV-technisch leicht zu realisieren sind.

Insofern bringt die Entscheidung, ob ein Fertigwarenlager geführt wird oder nicht, wesentlich weniger Änderungen im Organisationsablauf und in der Ausgestaltung des EDV-Systems mit sich als die Entscheidung, ob Umwidmungen erlaubt sein sollen oder nicht.

Fußnoten zu Kapitel 2

1. vgl. Hartmann, H.: Materialwirtschaft. 2. Auflage, Stuttgart 1983, S. 174-193.
2. vgl. Scheer, A.-W.: EDV-orientierte Betriebswirtschaftslehre. 2. Auflage, Berlin-Heidelberg-New York-Tokyo 1985, S. 21-26.
3. Kiviat, P.J.: Digital Computer Simulation. Modeling Concepts. Santa Monica 1967, S. 4.
4. zur Durchführung von Simulationsstudien zur Materialflußanalyse vgl. u.a. Ausführungen bei: Todt, H.: Programm zur Simulation von Materialflußsystemen, MASIM. Fachbericht aus dem Institut für Arbeitswissenschaft der TU Berlin. Berlin 1974;
Niedereichholz, Ch.: Innerbetriebliche Materialflußplanung. Darmstadt 1979, S. 125-176;
Müller, E.: Simultane Lagerdisposition und Fertigungsablaufplanung bei mehrstufiger Mehrproduktfertigung. Berlin-New York 1972, S. 87-114;
Müller, E.: Simultane Losgrößen- und Reihenfolgeplanung bei mehrstufiger Mehrproduktfertigung unter besonderer Berücksichtigung des Kapazitätsabgleichs. Opladen 1974, S. 40-67;
Geitner, U. W.: Simulationsmodell für die Auftragsplanung eines Industriebetriebes. Krefeld 1983, S. 40-44;
Großmann, A.: Rationeller Materialfluß in Produktionsstätten. Berlin-Köln 1981, S. 77.
5. Weber, K., Trzebiner, R., Tempelmeier, H.: Simulation mit GPSS: Lehr- und Handbuch zu GPSS (General Purpose Simulation System) mit wirtschaftswissenschaftlichen Anwendungsbeispielen. Bern-Stuttgart 1983, S. 64;
Rösmann, H.: Simulation mit GPSS. München-Wien 1978. Simulation 1978. (Hrsg.: K. Becker-Berke, R. Herschel, W. Hilberg, R. Piloty), S. 18.
6. Scheer, A.-W., Brandenburg, V., Krcmar H.: CAPSIM, Computer-am-Arbeitsplatz-Simulation, Ein Hilfsmittel zur Gestaltung wirtschaftlicher CAP-Systeme. Veröffentlichungen des Instituts für Wirtschaftsinformatik, H. 14 (1979), Hrsg.: A.-W. Scheer.
Scheer, A.-W., Brandenburg, V., Krcmar, H.: Entwicklung eines Systems zur Analyse der Auswirkungen des Distributed Processing auf Tätigkeitsprofile und Arbeitsabläufe - Abschlußbericht. Saarbrücken 1982;
Brandenburg, V., Krcmar, H.: CAPSIM - Computer-am-Arbeitsplatz-Simulation: Ein Hilfsmittel zur Gestaltung wirtschaftlicher CAP-Systeme. In: Simulationstechnik. 1. Symposium Simulationstechnik, Erlangen, April 1982, Proceedings. Hrsg.: M. Goller. Berlin-Heidelberg-New York 1982 (Informatik-Fachberichte, Bd. 56. Hrsg.: W. Brauer im Auftrag der Gesellschaft für Informatik (GI)), S. 46-55;
Brandenburg, V., Krcmar, H.: Simulation organisatorischer Abläufe mit CAPSIM. In: Simulationstechnik. 1. Symposium Simulationstechnik, Erlangen, April 1982, Proceedings. Hrsg.: M. Goller. Berlin-Heidelberg-New York 1982 (Informatik-Fachberichte, Bd. 56. Hrsg. W. Brauer im Auftrag der Gesellschaft für Informatik (GI)), S. 427-433;
Brandenburg, V.: Simulation von Computer-am-Arbeitsplatz-Systemen. München 1983 (Wirtschaftsinformatik und Quantitative Bestriebswirtschaftslehre, Bd. 10. Hrsg.: D.B. Pressmar, Mithrsg.: A.-W. Scheer, Ch. Schneeweiß, H. Wagner);
Brandenburg, V., Krcmar, H., Loos, P.: CAPSIM Benutzerhandbuch. Saarbrücken 1986;
Krcmar, H.: Die Gestaltung von Computer-am-Arbeitsplatz-Systemen - Entwicklung von Alternativen und deren Bewertung durch Simulation. München 1984 (Wirtschaftsinformatik und Quantitative Betriebswirtschaftslehre, Bd. 15, Hrsg.: D.B. Pressmar, Mithrsg.: A.-W. Scheer, Ch. Schneeweiß, H. Wagner);

Krcmar, H.: Die Gestaltung von Computer-am-Arbeitsplatz-Systemen - ablauforientierte Planung durch Simulation. Veröffentlichungen des Instituts für Wirtschaftsinformatik, H. 46 (1984). Hrsg.: A.-W. Scheer.
7. Niemeyer, G.: Die Simulation von Systemabläufen mit Hilfe von Fortran IV - GPSS auf Fortran-Basis. Berlin-New York 1972.
8. entnommen aus: Krcmar, H.: Gestaltung von Computer-am-Arbeitsplatz-Systemen - Entwicklung von Alternativen und deren Bewertung durch Simulation. München 1984 (Wirtschaftsinformatik und Quantitative Betriebswirtschaftslehre , Bd. 15. Hrsg.: D.B. Pressmar, Mithrsg.: A.-W. Scheer, Ch. Schneeweiß, H. Wagner), S. 167.
9. Weber, K., Trzebiner, R., Tempelmeier, H.: Simulation a.a.O., S. 62.
10. "Neuere Untersuchungen der Durchlaufzeit in Produktionsstätten ergaben bei losgebundener Fertigung im Mittel für die Vorgänge des Einwirkens einen Anteil von rund 33 % an der Fertigungsdurchlaufzeit. 65 % der Durchlaufzeit sind Liegezeiten .... Berücksichtigt man für den einzelnen Arbeitsgegenstand auch jene Liegezeiten, die durch Losbildung entstehen, steigt der Anteil der Liegezeiten des Arbeitsgegenstandes sogar bis auf 99,98 % der Durchlaufzeit." Großmann, A.: Rationeller Materialfluß in Produktionsstätten. Berlin-Köln 1981, S. 21.
Weitere Untersuchungen ergaben folgenden Anteil der Warte- und Transportzeiten an den Gesamtdurchlaufzeiten:
Scheer: 80 %, vgl. Scheer, A.-W: Wirtschaftlichkeitsfaktoren EDV-orientierter betriebswirtschaftlicher Problemlösungen. Veröffentlichungen des Instituts für Wirtschaftsinformatik, H. 49 (1985), Hrsg.: A.-W. Scheer, S. 5;
Wiendahl: 80 %, vgl. Wiendahl, H.-P.: Grundlagen neuer Verfahren der Fertigungssteuerung. In: Statistisch orientierte Fertigungssteuerung. Hrsg.: Institut für Fabrikanlagen der Universität Hannover (IFA). Hannover 1984, S. 1-19, insbes. S. 5;
Hackstein: 80 - 90 %, vgl. Hackstein, R.: Produktionsplanung und -steuerung (PPS) - Ein Handbuch für die Betriebspraxis. Düsseldorf 1984, S. 94;
Rittinghausen: 95 %, vgl. Rittinghausen, H.: Integrierte Materialflußautomatisierung in der Einzel- und Serienfertigung. München-Wien 1980 (Produktionstechnik - Berlin, Bd. 12. Hrsg.: G. Spur), S. 7.
11. Scheer, A.-W. unter Mitarbeit von Bolmerg, L., Demmer, H. und Helber, C.: Wirtschafts- und Betriebsinformatik. München 1978, S. 164.
12. vgl. Andler, K.: Rationalisierung der Fabrikation und optimale Losgröße. Diss. Stuttgart 1929.
13. vgl. Hochstädter, D.: Optimale Bestellpolitiken für Ein- und Mehr-Lagermodelle. Lösungen und Approximationen. Witterschlick b. Bonn 1967;
Hochstädter, D.: Stochastische Lagerhaltungsmodelle. Berlin-Heidelberg-New York 1969 (Lecture Notes in Operations Research and Mathematical Economics, Bd. 10. Hrsg.: M. Beckmann, H. P. Künzi);
Berg, C. C.: Materialwirtschaft. Stuttgart-New York 1979;
Dinkelbach, W.: Zum Problem der Produktionsplanung in Ein- und Mehrproduktunternehmen. Würzburg-Wien 1964.
Graf, H.: Methodenauswahl für die Materialbewirtschaftung in Maschinenbaubetrieben. Mainz 1977;
Haseborg, F. ter: Optimale Lagerhaltungspolitiken für Ein- und Mehrproduktläger. Göttingen 1979;
Klingst, A.: Optimale Lagerhaltung. Warum und wieviel bestellen? Würzburg-Wien 1971;
Narath, H.: Die Ermittlung des wirtschaftlich günstigsten Lagerbestandes, des günstigsten Zeitpunktes der Nachbestellung und der Größe des Reservelagerbestandes. Zeitschrift für Betriebswirtschaftslehre, 4 (1972), S. 473-476;

Rhode, R.: Kurzfristige Material- und Finanzplanung bei mehrfacher Zielsetzung. Diss. Würzburg 1981;
Schneeweiß, Ch.: Modellierung industrieller Lagerhaltungssysteme. Einführung und Fallstudien. Berlin-Heidelberg-New York 1981;
Schneeweiß, Ch.: Industrielle Lagerhaltungsmodelle - eine modellierungstheoretische Übersicht. OR-Spektrum, 4 (1982), S. 63-77.
14. vgl. Zacharias, C.-O.: Ein heuristisches Verfahren zur Behandlung des lost-sales-Falles bei der (s,S,T)-Bestellpolitik. Veröffentlichungen des Instituts für Wirtschaftsinformatik, H. 27 (1981), Hrsg.: A.-W. Scheer; Schneeweiß, Ch.: Industrielle Lagerhaltungsmodelle ... a.a.O., insbes. S. 63
15. Schneeweiß, Ch.: Industrielle Lagerhaltungsmodelle ... a.a.O., insbes. S. 63
16. vgl. Schneeweiß, Ch.: Modellierung industrieller Lagerhaltungssysteme. Einführung und Fallstudien. Berlin-Heidelberg-New York 1981, S. 6; Scheer, A.-W.: Absatzprognosen. Berlin-Heidelberg-New York-Tokyo 1983, S. 5.
17. vgl. Tietz, B.: Die Grundlagen des Marketing. Bd.1: Die Marketing-Methoden, 2. Aufl., München 1975, S. 508;
Scheer, A.-W.: Absatzprognosen, a.a.O., S. 94 f;
Prognoserechnung. Hrsg.: P. Mertens. 4. Aufl., Würzburg-Wien 1981, S. 35-46 u. 61-65;
Schneeweiß, Ch.: Modellierung industrieller Lagerhaltungssysteme ... a.a.O., S. 95 f.
18. vgl. Scheer, A.-W.: Absatzprognosen, a.a.O., S. 121.
19. Scheer, A.-W.: Absatzprognosen, a.a.O.;
Prognoserechnung. Hrsg.: P. Mertens, a.a.O.
20. zu den kausalen Prognoseverfahren: Prognoserechnung. Hrsg.: P. Mertens, a.a.O.
Scheer, A.-W.: Absatzprognosen, a.a.O. und die dort angegebene Literatur.
21. System RM - Funktionsbeschreibung. Hrsg.: Systeme, Anwendungen, Produkte in der Datenverarbeitung (SAP). Walldorf 1985, S. 121.
22. OPT als Planungs- und Simulationswerkzeug. Hrsg.: Creative Output. o.O. 1986, S. 10-12.
23. z.B. Firma SAP, vgl. System RM - Funktionsbeschreibung. Hrsg.: Systeme, Anwendungen, Produkte in der Datenverarbeitung (SAP). Walldorf 1985, S. 14-16
24. vgl. Schneeweiß, Ch.: Modellierung industrieller Lagerhaltungssysteme... a.a.O., S. 46.
25. vgl. Codd, E. F.: A Relational Model for Large Shared Data Banks. CACM, 13 (1971), S. 377-387.
26. z.B. VisiCalc (VisiCorp), Multiplan (Microsoft), Lotus 1-2-3 (Lotus), OPEN-ACCESS (SPI).
27. z. B. Whizzard, FCS-EPS (EPS), INFPLAN (Siemens).
28. Hartmann, H.: Materialwirtschaft. 2. Auflage, Stuttgart 1983, S. 91.
29. zur Kostenvergleichsrechnung siehe Wöhe, G.: Einführung in die Allgemeine Betriebswirtschaftslehre. 15. Auflage, München 1984, S. 684f.

3. Konzeption eines verteilten EDV-Systems zur Materialflußsteuerung

Im zweiten Kapitel wurden die Anforderungen an ein EDV-gestütztes Materialflußsteuerungssystem aus betrieblicher Sicht, teilweise umgesetzt in softwaremäßige Anforderungen, formuliert. Das dritte Kapitel zeigt auf, wie die logischen und softwaremäßigen Anforderungen in ein Konzept einer Verteilung von Daten und Funktionen auf Rechner umgesetzt werden können.

Dazu werden die derzeitigen Entwicklungen der elektronischen Datenverarbeitung, sofern sie für die Materialflußsteuerung von Bedeutung sind, unter die Lupe genommen. Im weiteren wird dargestellt, wie diese Entwicklungen in die Konzeption eines Materialflußsteuerungssystems einfließen.

Es werden zunächst die Schnittstellen der einzelnen Teilbereiche der Materialflußsteuerung untersucht. Dies gibt Auskunft darüber, welche Teilbereiche eng zusammengehören und demnach auch EDV-technisch nicht getrennt werden dürfen. Außerdem werden die Schnittstellen zu angrenzenden Nicht-Materialflußsteuerungs-Bereichen untersucht, die EDV-mäßig abgedeckt werden müssen. Daraus abgeleitet können zwei große Bereiche der Materialflußsteuerung unterschieden werden.

Aufgrund der Anforderungen der beiden Bereiche und der Stärken und Schwächen unterschiedlicher Rechnertypen wird eine Verteilung der Daten und Funktionen vorgeschlagen, die die jeweiligen Stärken der Rechner berücksichtigt und die Durchgängigkeit des Ablaufs und die Integrität der Daten sicherstellt.

Die gewählte Konzeption wird anhand eines Beispiels verdeutlicht, das aufzeigt, wie die Steuerungsmechanismen, die im zweiten Kapitel vorgestellt wurden, in dieser Rechnerhierarchie umgesetzt werden.

Dabei werden im dritten Kapitel die Anforderungen, die im 5. Szenario des zweiten Kapitels formuliert wurden, berücksichtigt, da sie die umfassendsten sind und die Anforderungen aller anderen Szenarien beinhalten.

3.1. Tendenzen der elektronischen Datenverarbeitung

Der Schritt von der Batch-Verarbeitung zur Dialogverarbeitung im Rahmen der elektronischen Datenverarbeitung kann als bewältigt angesehen werden, wenn auch seine vollständige Umsetzung noch nicht überall vollzogen ist.

Im weiteren seien grundsätzlich Dialogsysteme angenommen, deren Verarbeitung, sofern nicht anders dargestellt, online geschieht.

Die im Moment erkennbaren Tendenzen der elektronischen Datenverarbeitung sollen nur insofern beschrieben werden, als sie für den Bereich der Materialflußsteuerung unmittelbar von Bedeutung sind. Das hat zur Folge, daß bestimmte Gebiete, von denen starke Impulse zur Weiterentwicklung der elektronischen Datenverarbeitung ausgehen, wie die Künstliche Intelligenz[1], außer acht bleiben.

3.1.1. Integration von betrieblichen Funktionen

Stand lange Zeit die Lösung von betrieblichen Teilproblemen, wie Auftragsabwicklung, Finanzbuchhaltung oder Einkauf, im Mittelpunkt der EDV-technischen Realisierung, werden heute die Interdependenzen, die zwischen den Teilbereichen bestehen, zunehmend auch in den EDV-Lösungen berücksichtigt. Dies ging und geht in mehreren Schritten vonstatten[2].

Ursprünglich wurden für die betrieblichen Teilprobleme separate Programme mit separaten Dateien geschrieben (vgl. Abb. 3.1.1.1.). Dabei waren die Dateien eindeutig den Programmen zugeordnet, der Aufbau der Dateien und der Zugriff auf sie waren in den Programmen definiert.

Die manuelle Doppelpflege bestimmter Dateien (Kreditoren, Material) wurde im nächsten Schritt dadurch beseitigt, daß eine Datei als die "Ursprungsdatei" deklariert wurde und davon ausgehend Bridge-Programme den (periodischen) Update der anderen Dateien vornahmen (vgl. Abb. 3.1.1.2.).

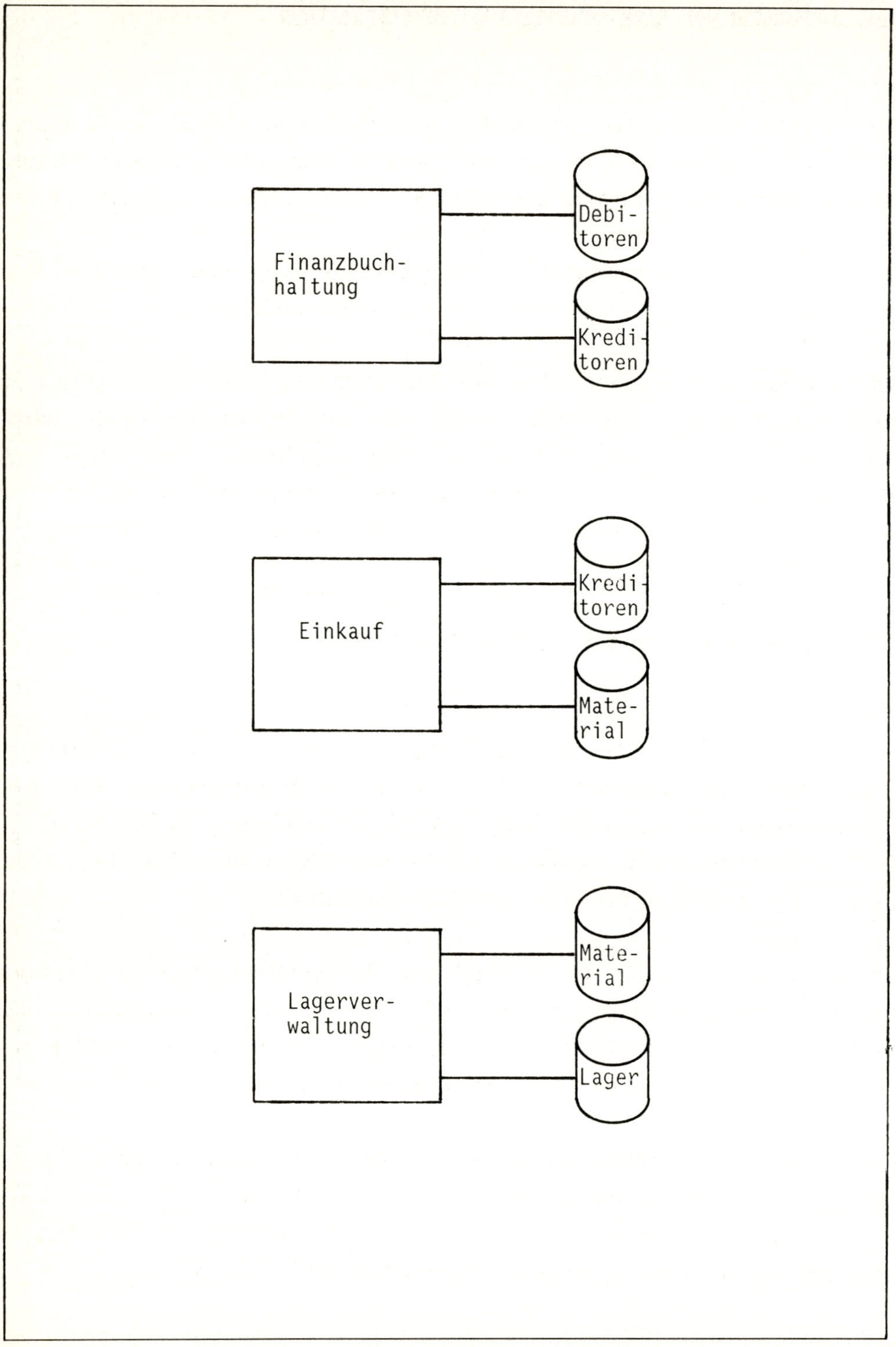

Abb. 3.1.1.1.: Integration von betrieblichen Funktionen (I)

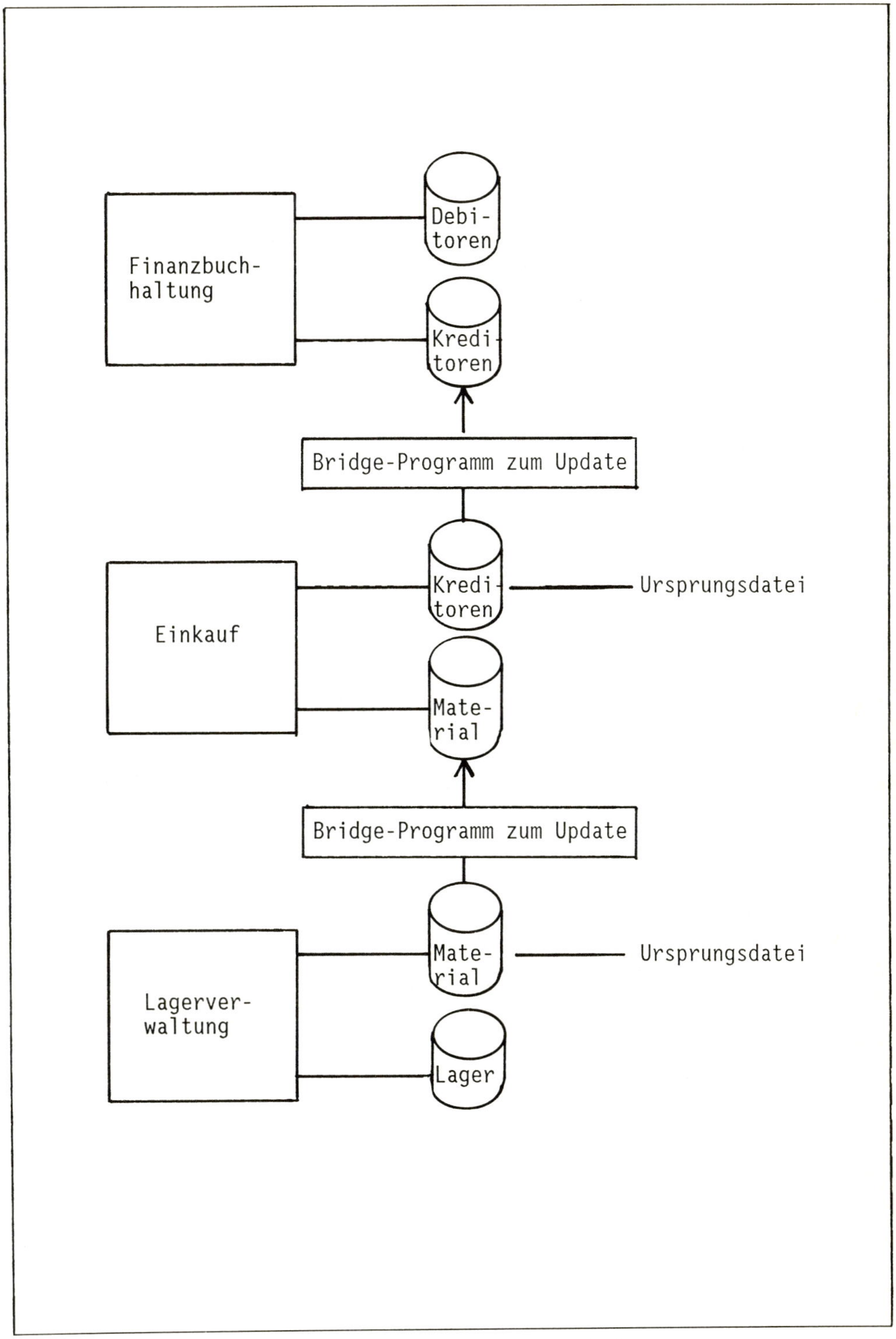

Abb. 3.1.1.2.: Integration von betrieblichen Funktionen (II)

Im dritten Schritt werden die Daten nicht mehr doppelt geführt; vielmehr versorgt eine einheitliche Datenbasis ohne Redundanzen alle Programme mit Daten. Begünstigt wird dieser Schritt durch die Entwicklung von Datenbanksystemen[3] (vgl. Abb. 3.1.1.3.).

> Datenbanksysteme bestehen aus einer Datenbasis und einer Gruppe von Systemprogrammen, die es ermöglichen, nach unterschiedlichen Ordnungsbegriffen schreibend oder lesend auf die Datenbasis zuzugreifen.
>
> Die Mehrfachspeicherung von Daten für unterschiedliche Zwecke entfällt damit[4].

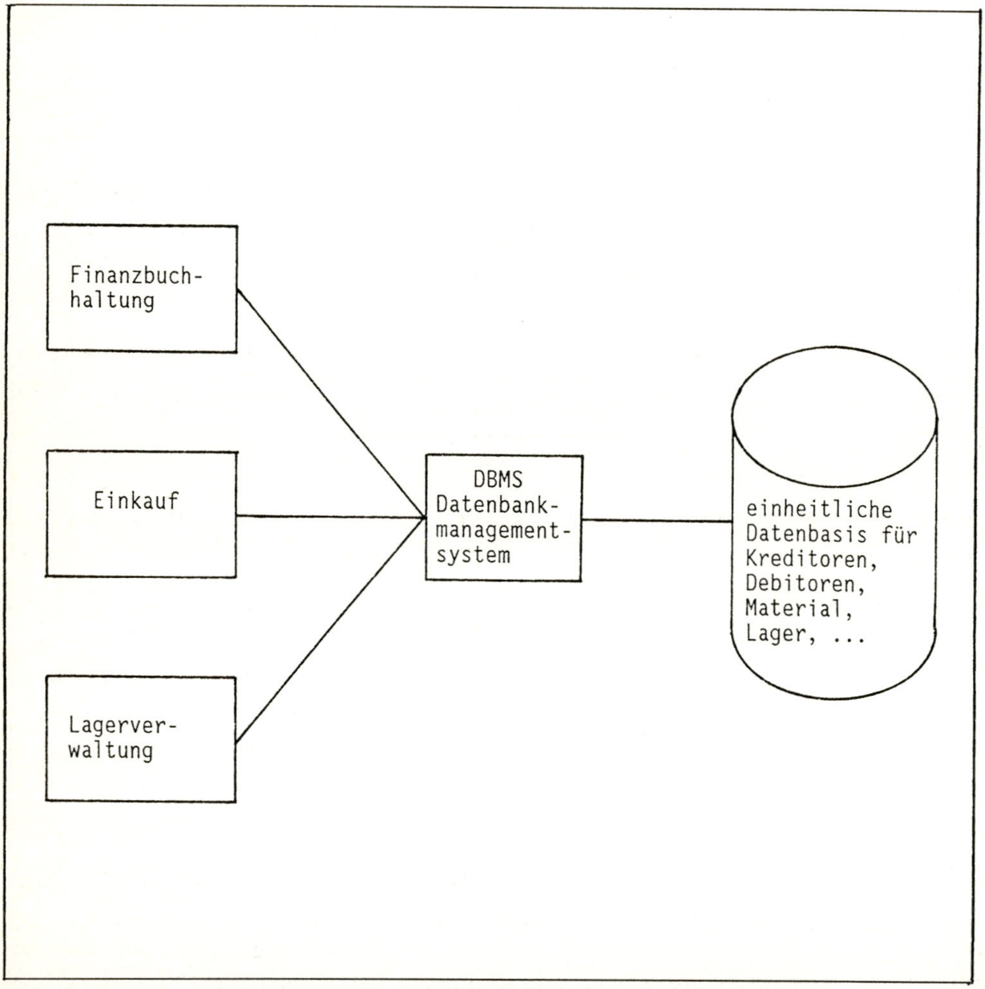

Abb. 3.1.1.3.: Integration von betrieblichen Funktionen (III)

Die Schaffung einer gemeinsamen Datenbasis mithilfe von Datenbanksystemen ist das wichtigste Mittel zur Integration von betrieblichen Funktionen. Daneben wird diese durch zwei andere Mittel unterstützt:

- die Integration auf der Modulseite
- die Integration auf der Funktionsseite.

Integration auf der Modulseite bedeutet, daß ein Programm-Modul von mehreren Programmen genutzt wird. Beispielsweise wird das Modul Lagerzugangs- und -abgangsbuchung sowohl vom Programmpaket Materialwirtschaft genutzt als auch vom Programmpaket Auftragsabwicklung, dem normalerweise die Verwaltung des Fertigwarenlagers obliegt. Dies hat nicht nur positive Auswirkungen auf die Erstellung und Wartung der Programme, sondern kommt ebenso dem Anwender entgegen, der auch bei Benutzung unterschiedlicher Systeme (z.B. bei Wechsel zwischen Abteilungen) gleiche Funktionen mit gleichen EDV-Abläufen und Bildschirmaufbauten durchführen kann.

Eine Integration von Funktionen findet statt, wenn z. B. bei Wareneingang automatisch alle bestands- und wertmäßigen Konten der Lagerwirtschaft und der Finanzbuchführung fortgeschrieben werden.

Durch die Daten-, Modul- und Funktions-Integration können die Interdependenzen, die in einem Unternehmen bestehen, abgebildet werden (vgl. Abb. 3.1.1.4.).

Da in der Vergangenheit kaum Möglichkeiten bestanden, zusammengehörende Datenbestände und gemeinsam genutzte Module unter Wahrung der Integrität auf unterschiedliche Rechner zu verteilen, führte die Integration der betrieblichen Funktionen zu zentralen EDV-Systemen. Zentral bedeutet, daß die Rechnerleistung an einem Ort gebündelt ist, und nicht, daß die Anwendergruppen örtlich beieinander sein müssen. Eine zentrale Rechnerleistung kann also durchaus mit dezentraler Nutzung (Anschluß einer Vielzahl lokal verteilter Terminals an einen Rechner) verbunden sein.

Speziell in Mikrocomputer-Netzen ist aber heute eine Verteilung von Daten auf mehrere Rechner unter Wahrung der Integrität der Daten möglich.

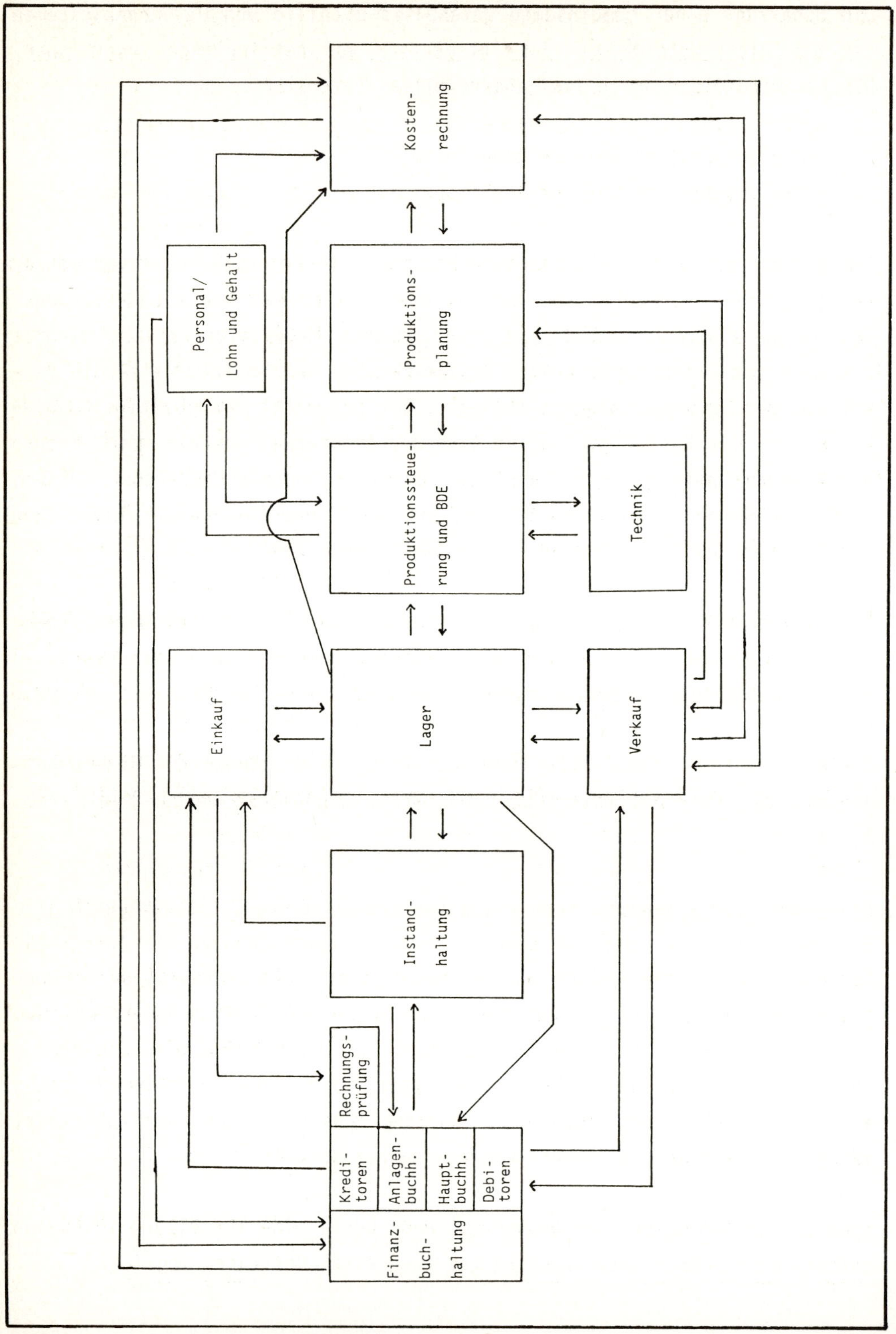

Abb. 3.1.1.4.: Integrationsmodell

Erläuterung zu Abb. 3.1.1.4.: Die Schnittstellen im Integrationsmodell

Daten erzeugender Bereich	Daten empfangender Bereich	übertragene Daten bzw. gemeinsame Daten
Finanzbuchhaltung	Instandhaltung	vorgeschriebene Termine Instandhaltung
Instandhaltung	Finanzbuchhaltung	Aufwand für Instandhaltungsmaßnahmen
Finanzbuchhaltung	Einkauf	Kreditoren, Einkauflimits
Einkauf	Finanzbuchhaltung	offene Posten
Finanzbuchhaltung	Verkauf	Debitoren, Kreditlimits
Verkauf	Finanzbuchhaltung	offene Posten, Erlöse
Finanzbuchhaltung	Kostenrechnung	Aufwand / Ertrag
Kostenrechnung	Finanzbuchhaltung	kalkulatorische Abgrenzungen
Instandhaltung	Einkauf	Anforderungen für Instandhaltungsmaßnahmen
Instandhaltung	Lager	Anforderungen für Instandhaltungsmaterialien, vorbeugende Instandhaltungsmaßnahmen
Lager	Instandhaltung	Instandhaltungsmaterialien
Lager	Hauptbuchhaltung	Bewertung der Bestände/ Bewegungen
Lager	Einkauf	Bestellanforderungen
Einkauf	Lager	bestellte Materialien, Preise
Lager	Verkauf	Fertigwarenbestände
Verkauf	Lager	Kundenaufträge für Standardprodukte
Lager	Produktionssteuerung/ BDE	Mengen-Sollvorgaben
Produktionssteuer BDE	Lager	Rückmeldungen Zu-, Abgänge
Produktionssteuerung/ BDE	Produktionsplanung	Rückmeldungen Arbeitsschritte

Daten erzeugender Bereich	Daten empfangender Bereich	übertragene Daten bzw. gemeinsame Daten
Produktionsplanung	Produktionssteuerung/ BDE	Sollvorgaben Arbeitsschritte
Produktionssteuerung/ BDE	Personal/Lohn und Gehalt	Rohdaten zur Bruttolohnermittlung
Personal/Lohn und Gehalt	Produktionssteuerung/ BDE	Personalverfügbarkeit
Personal/Lohn und Gehalt	Finanzbuchhaltung	Lohn- und Gehaltssummen
Produktionssteuerung/ BDE	Technik	Sollvorgaben technische Spezifikation
Technik	Produktionssteuerung/ BDE	Rückmeldungen technischer Zustände
Produktionsplanung	Verkauf	mittelfristiges Produktionsprogramm, Fertigstellungstermine
Verkauf	Produktionsplanung	mittelfristige Absatzprognose, Kundenaufträge
Produktionsplanung	Kostenrechnung	aggregierte Produktionsrückmeldungen
Kostenrechnung	Produktionsplanung	Kostendaten für Plankalkulation
Kostenrechnung	Verkauf	Kostendaten der Produkte/ Aufträge
Verkauf	Kostenrechnung	Profit-Center-Daten, kalkulatorische Kosten
Personal/ Lohn und Gehalt	Kostenrechnung	Lohn- und Gehaltskosten pro Kostenstelle
Lager	Kostenrechnung	bewertete Bestandsveränderung
Verkauf	Produktionssteuerung/ BDE	Kundenaufträge

3.1.2. Einsatz von Standardsoftware

Waren früher die meisten EDV-Systeme Individualsysteme, d.h. für einen bestimmten Benutzer geschriebene Programmpakete, so setzen sich heute mehr und mehr Standardsoftware-Systeme[5] durch. Im folgenden sollen darunter Standard-Anwendungssysteme verstanden werden, die einen betrieblichen Funktionsbereich abdecken, und keine standardisierten hardwarenahen Systeme, wie Betriebssysteme oder Datenbanken.

> Ein Standardsoftwaresystem ist ein EDV-System für betriebliche Funktionsbereiche, das unabhängig von einem Kunden für eine Vielzahl möglicher Kunden entwickelt wurde.

Es gibt Standardsoftware-Systeme für bestimmte Branchen und branchenübergreifende für einzelne oder für mehrere betriebliche Bereiche. Wenn eine Integration über mehrere Bereiche, wie im Kap. 3.1.1. dargestellt, vorliegt, spricht man von einer Standardsoftware-Familie[6].

Der Einsatz von Standardsoftware bringt erhebliche Kostenvorteile, vor allem in der Wartung, die etwa 75 % der Gesamtkosten eines EDV-Systems ausmacht[7].

Ausgehend von den betrieblichen Funktionsbereichen, die leicht vereinheitlicht werden können, wie Finanzbuchhaltung oder Nettolohnberechnung, werden mittlerweile auch Bereiche, die größere Abweichungen zwischen unterschiedlichen Unternehmen aufweisen, durch Standardsoftware-Produkte abgedeckt, wie Auftragsbearbeitung oder Produktionsplanung. Die Unterschiede können durch Parametrisierung der Software oder eigene Zusätze an sogenannten User Exits realisiert werden, ohne daß der Programm-Code geändert werden muß. Die Programme bleiben somit für den Software-Anbieter wartbar, der periodisch in neuen Releases Anpassungen an Weiterentwicklungen des Rechners, des Betriebssytems oder der Datenbank einbezieht und neue bzw. veränderte Funktionen zur Verfügung stellt.

Der Bereich Materialwirtschaft wird z. Zt. durch Standard-Software-Produkte abgedeckt, sofern es sich um Einkaufsfunktionen (Lieferantenauswahl, Bestellschreibung, Terminüberwachung) oder Lagerverwaltungsfunktionen

(Zugang, Abgang, Umlagerung, Inventur, Lagerüberwachung) handelt.

Materialflußsteuerungssysteme, die den in Kapitel 2 genannten Anforderungen entsprechen, sind als Standard-Software-Systeme noch nicht verfügbar.

3.1.3. Erweiterung des Anwendungsgebietes

Die gegenwärtigen Tendenzen der elektronischen Datenverarbeitung lassen sich nicht nur dadurch kennzeichnen, daß betriebliche Funktionen EDV-mäßig anders bearbeitet werden als früher, es kommen auch neue Anwendungsgebiete hinzu. Für die Materialflußsteuerung ist insbesondere die Betriebsdatenerfassung (BDE) von Bedeutung.

> "Betriebsdatenerfassung umfaßt dabei die Maßnahmen, die erforderlich sind, um Betriebsdaten eines Produktionsbetriebes in maschinell verarbeitungsfähiger Form am Ort ihrer Verarbeitung bereitzustellen." [8]

Betriebsdaten sind die "im Laufe eines Produktonsprozesses anfallenden ... bzw. verwendeten Daten", d. h. "technische oder organisatorische Daten, insbesondere über das Verhalten bzw. den Zustand des Betriebes (wie Angaben über produzierte Mengen, benötigte Zeiten, Zustände von Fertigungsanlagen, Lagerbewegungen, Qualitätsmerkmale)"[9].

Die Betriebsdatenerfassung stellt erhöhte Anforderungen an das Echtzeit-Verhalten des Rechners, insbesondere bei maschinellem Abgreifen von Maschinendaten über sog. Geber. Die abgesendeten Signale müssen vom Rechner sofort aufgenommen werden. Prozeßrechner oder prozeßnahe Rechner sind dazu besonders gut in der Lage.

Treffen Signale am Rechner ein, so wird die aktuelle Bearbeitung unterbrochen und das eingetroffene Signal verarbeitet. Diese Unterbrechung (Interrupt) und die sofortige Verarbeitung des Signals werden nicht nur softwaremäßig, sondern auch durch hardwaremäßige Vorrichtungen realisiert, die den Vorgang gegenüber einer rein softwaremäßigen Lösung beschleunigen[10].

Eine andere Möglichkeit, Daten und Signale von Sensoren (Gebern) aufzunehmen, besteht darin, daß innerhalb eines kurzen Zyklus alle angeschlossenen Stationen abgefragt werden, ob Daten zur Übertragung vorliegen. Diese werden dann vom Rechner übernommen. Hierzu ist allerdings Voraussetzung, daß die von den Gebern abzuliefernden Daten und Signale kurzfristig zwischengespeichert werden können. Diese rein softwaremäßige Lösung bringt in der Gesamt-Rechenzeit zur Aufnahme und Verarbeitung der Betriebsdaten Vorteile, da weniger Prozeßunterbrechungen stattfinden. Ein einzelnes Datum oder Signal kann allerdings nicht sofort aufgenommen und verarbeitet werden.

Auch Rechner, bei denen ausschließlich dieses Verfahren des Polling (Sendeabruf) angewandt wird, werden teilweise als Rechner mit Echtzeit-Verhalten oder Prozeßrechner bezeichnet. Der Übergang zwischen "Verwaltungsrechnern" und Prozeßrechnern ist fließend.

Der Rechner für Betriebsdatenerfassung muß nicht nur über gutes zeitnahes Verhalten verfügen, an ihn werden auch erhöhte Anforderungen bezüglich der Verfügbarkeit gestellt. Während am kommerziellen Rechner nur in den normalen Büroarbeitszeiten (etwa von 7.00 bis 19.00 Uhr) online gearbeitet werden kann, wobei in der Nacht wegen der notwendigen Batch-Arbeiten und Datenreorganisationen der Dialogverkehr eingestellt wird, muß ein Betriebsdatenrechner dort, wo die Produktion im Drei- oder Vierschichtbetrieb arbeitet, rund um die Uhr im Online-Verkehr zur Verfügung stehen.

Beide Anforderungen, diejenige an das zeitnahe Verhalten und diejenige an die Verfügbarkeit, haben in der Vergangenheit dazu geführt, daß für die Betriebsdatenerfassung eigene Rechner mit guten Eigenschaften im zeitkritischen Bereich eingesetzt wurden.

Zwei Entwicklungen kommen allerdings mehr und mehr zum Tragen, die die Anforderungen an das zeitnahe Verhalten des Rechners abmildern, da die zeitkritischen Vorgänge von anderen Hardwareeinrichtungen abgefangen werden:

- Die BDE-Endgeräte erhalten zunehmend Intelligenz und eigene kleine Datenspeicher, so daß es nicht mehr unbedingt notwendig ist, daß der dahinterstehende Rechner die Informationen direkt aufnimmt und verarbeitet, sondern asynchron vom BDE-Endgerät vorgespeicherte, evtl. sogar in geringem Maße aggregierte Daten erhält.

- Im Zuge der Maschinenautomatisation sind in neueren Maschinen Rechner zur Steuerung des Ablaufs integriert. Diese Rechner erfassen Prozeßdaten, die zur Steuerung der Maschine notwendig sind. Meist werden diese Daten über einen längeren Zeitraum im Rechner gehalten. Anstatt im Rahmen der Betriebsdatenerfassung dieselben Daten noch einmal primär zu erheben, sollte versucht werden, die bereits erhobenen Daten weiterzuverwenden. Auch in diesem Fall ist es nicht notwendig, daß der BDE-Rechner, der die Daten empfängt, über gutes Echtzeit-Verhalten verfügt. Er muß vielmehr die Schnittstellen besitzen, die eine Übertragung der Daten vom Prozeß-Steuerungs-Rechner ermöglichen.

Die Konzipierung der Mikrorechner (vgl. Kap. 3.1.4.) als offene Systeme macht sie besonders geeignet zur Kommunikation mit anderen Systemen. Deswegen sind erste Anzeichen sichtbar, Mikrorechner in der Betriebsdatenerfassung einzusetzen, da

- unterschiedliche Endgeräte (BDE-Erfassungsterminals, Scanner, Waagen, Lesegeräte) daran angeschlossen werden können,
- unterschiedliche Prozeßleitsysteme mit ihnen kommunizieren können.

Ein Problem bei den meisten Mikrocomputer-Betriebssystemen für die Betriebsdatenerfassung liegt darin, daß sie für Single-user- und Single-tasking-Betrieb ausgelegt sind, d.h. gleichzeitig nur mit einem Benutzer innerhalb eines Programms kommunizieren können. Das gilt insbesondere für das Betriebssystem CP/M für die kleinen Mikrorechner. Das Betriebssystem MS-DOS, das hauptsächlich für die mittelgroßen Mikrorechner eingesetzt wird und das das am häufigsten im kommerziellen Bereich anzutreffende Betriebssystem ist, wird zur Zeit hinsichtlich Multi-tasking- und Multi-user-Betrieb erweitert. Unix, ursprünglich für Minirechner und kleinere Verwaltungsrechner entwickelt, aber auch auf Mikrorechnern lauffähig, unterstützt sowohl Multi-user- als auch Multi-tasking-Betrieb. Da im Rahmen der Betriebsdatenerfassung mehrere Erfassungsstationen an einen Mikrocomputer angeschlossen werden sollen, muß der Recher multi-user- und multi-tasking-fähig sein. In derzeitigen Realisierungen von BDE-Systemen auf Mikrorechnern mit dem Betriebssystem MS-DOS[11] wird dies über Änderungen am Betriebssystem sowie über Zusatzkarten, die meist mit einem eigenen Prozessor bestückt sind, realisiert. Problematisch ist dabei die fehlende Standardisierung dieser Betriebssystemänderungen und Zusatzkarten.

3.1.4. Mikrocomputer

Mikrorechner, oft als Personal Computer bezeichnet, was bei zunehmender Vernetzung aber keine sinnvolle Bezeichnung darstellt, haben die EDV-Landschaft grundlegend verändert. Während bei Einsatz von zentralen EDV-Systemen der EDV-Benutzer nur über nicht-intelligente Terminals Zugang zu Programmen hatte, in denen alle Verarbeitungsfolgen fest vorgegeben waren, erhält er nun über Mikrocomputer die Möglichkeit, seine Ideen unmittelbar umzusetzen. Die Spread-sheet-Programme (Tabellenkalkulationsprogramme), wie VisiCalc, Multiplan, Lotus 1-2-3, als Hilfsmittel zur Lösung betriebswirtschaftlicher rechentechnischer Aufgaben (z. B. Umsatzplanung, Budgetplanung, Kalkulation) haben viel zur Verbreitung von Mikrocomputern, vor allem im Bürobereich, beigetragen. Die Abgrenzung des Begriffs Mikrocomputer vom Begriff des Home-Computers "nach unten" und des Minirechners "nach oben" fällt schwer. Durch zunehmende Leistung bei gleichzeitigem Preisverfall verschieben sich die Grenzen bei der Leistungs- und Preiseinteilung.

Zur Klassifikation von Mikrocomputern werden die derzeit gültigen Grenzwerte angegeben:

Verarbeitung	: 1 oder 2 Mikroprozessoren (oftmals ein Verarbeitungsprozessor und ein mathematischer Koprozessor), teilweise spezielle Prozessoren für Grafik, Ein-/Ausgabe etc.
Hauptspeicher	: 256 KB - 3 MByte
Anzahl Benutzer	: einer bis wenige
Betriebssystem	: oft herstellerunabhängig, wie MS-DOS, CP/M, UNIX
externer Speicher	: 2 Floppy-Disks mit je 320 KB - 1 MByte Speicherkapazität oder 1 Floppy-Disk und 1 Hard-Disk mit 10 - 100 MByte Speicherkapazität
Preis	: DM 3.000,-- bis DM 30.000,--.

Die Eigenschaften des Mikrocomputers als offenes System werden **bisher** z.B. für den Anschluß von unterschiedlichen Grafikbildschirmen oder Druckern genutzt. Vor allem für die Integration in Netzen (vgl. Kap. 3.1.5.) oder für den Anschluß von Meßeinrichtungen, BDE-Endgeräten und Prozeßleitsystemen im Produktionsbereich (vgl. Kap. 3.1.2.) ist der Mikrorechner hervorragend geeignet.

Dort, wo der Mikrocomputer bisher im Produktionsbereich eingesetzt wird, geschieht dies meist zur Unterstützung der dispositiven Arbeit des Meisters in Form von Schichtberichten oder Personaleinsatz-Übersichten.

3.1.5. Hardwarevielfalt und Local-area-networks

Der Preisverfall der Hardware und das Angebot an fertiger Software haben häufig dazu geführt, daß einzelne Bereiche in den Betrieben sich Abteilungsrechner zugelegt haben, so z. B. Minirechner zur Lagerbestandsüberwachung, Textverarbeitungssysteme im Einkauf und Mikrorechner für die Produktionsprogrammplanung. Dadurch, daß dies oft an der EDV-Abteilung vorbei geschah und auf Kompatibilitätsgesichtspunkte wenig Wert gelegt wurde, stehen die Rechner unverbunden nebeneinander. Da mit Ausnahme der meisten Mikrorechner an jedem Rechner mehrere Terminals hängen, handelt es sich von der Topologie her um separate sternförmige Netze (vgl. Abb. 3.1.5.1.).

Eine Verbindung der Rechner wird unterstützt durch Inhouse-Netze, Local-area-networks (LAN) genannt. Sie ermöglichen, sofern geeignete Adaptionseinrichtungen zum Anschluß der Rechner an das Netz und die notwendige Emulationssoftware zur Verfügung stehen, Datentransfer zwischen den Rechnern und Zugriff von dem Terminal eines Rechners zu einem anderen Rechner.

Die Übertragungsrate der Local-area-networks liegt zwischen 1 und 20 Megabit/Sekunde.[12]

Werden mehrere Rechner über ein Local-area-network miteinander verbunden, handelt es sich um ein gemischtes Netz mit sternförmigen Komponenten (Terminalnetz) und einer ringförmigen Komponente (Verbindung der Rechner untereinander) (vgl. Abb. 3.1.5.2.).

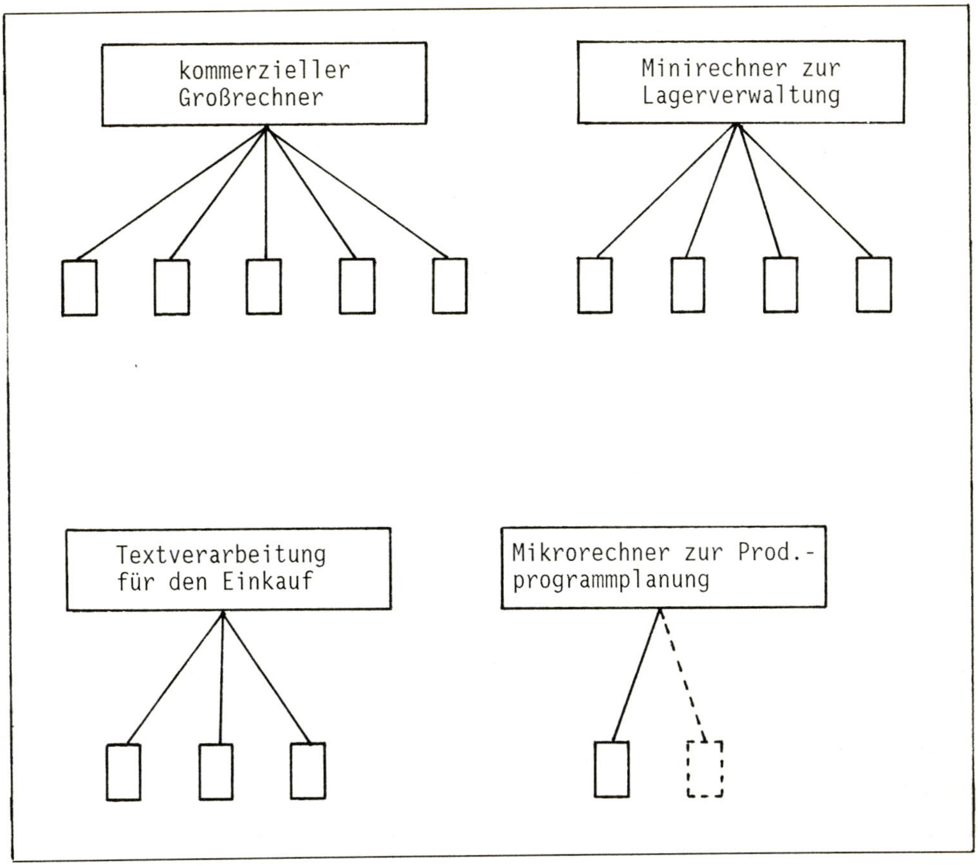

Abb. 3.1.5.1.: Netztopologie (I)

Eine Verbindung von Rechnern mit Datenaustausch zwischen den Rechnern und einer Verteilung von Funktionen wird als distributed data processing bezeichnet.

Von einigen Herstellern werden unterschiedliche Netze für den Produktionsbereich und den Bürobereich angeboten oder sind angekündigt; andere Hersteller bieten ein Netz für beide Bereiche an. Die unterschiedlichen Netze werden mit unterschiedlichen Anforderungen in Produktion und Verwaltung begründet, wie größere Anforderungen an die Abschirmung des Netzes gegen Stromschwankungen und größere Robustheit gegenüber äußeren Einflüssen beim Produktions-Netz. Für ein einheitliches Netz in Verwaltung und Produktion spricht die bessere Möglichkeit der Integration, die gerade in der Materialwirtschaft als einem der Bindeglieder zwischen beiden Bereichen besonders notwendig ist.

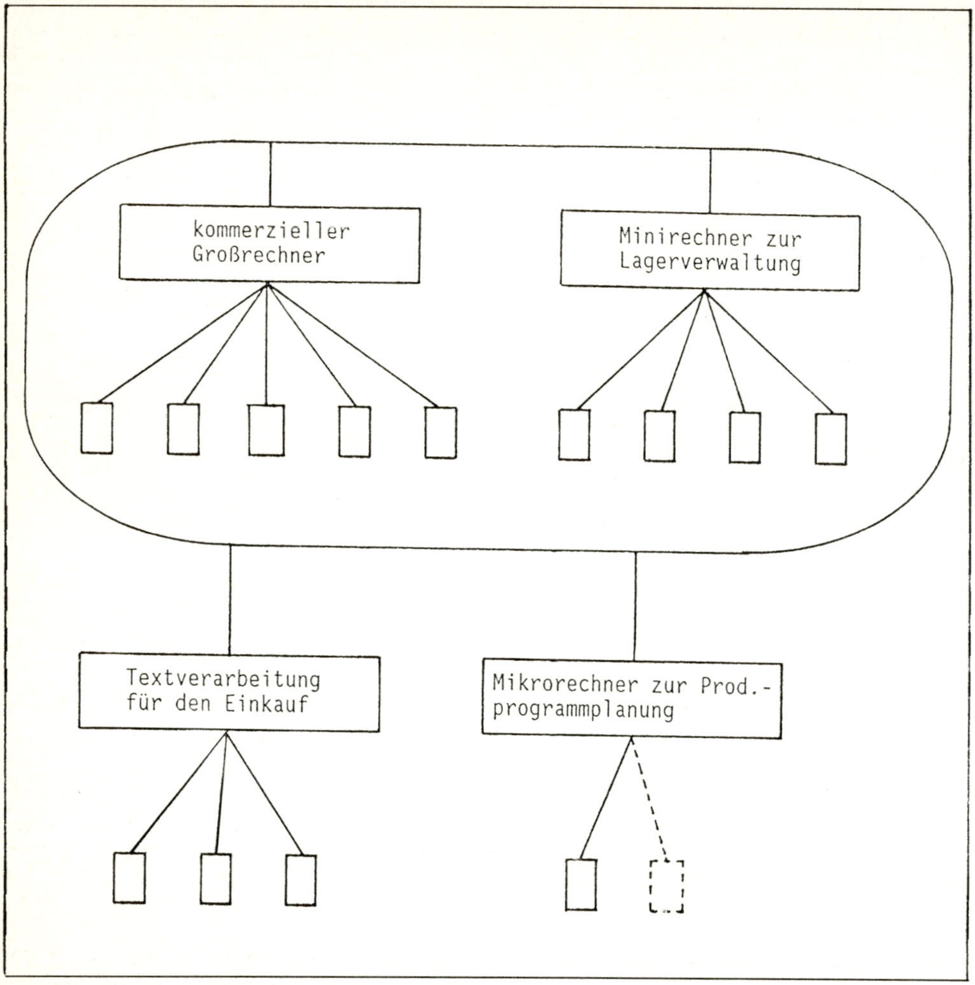

Abb. 3.1.5.2.: Netz-Topologie (II)

Ein Local-area-network schafft zwar die Verbindung zwischen Rechnern, garantiert aber nicht die Integration der Daten und Funktionen über Rechner hinweg. Diese muß über eigene Programme gewährleistet werden. Integrierte Standard-Software-Programme, die Daten und Funktionen über mehrere unterschiedliche Rechner verteilen und bei denen die Rechner über Local-area-networks verbunden sind, existieren bis auf wenige Ausnahmen nicht. Hier hinkt, wie häufig zu beobachten, die Anwendungs-Software-Entwicklung der Hardware und hardwarenahen Software hinterher.

Auf den Einsatz eines Netzes in der Materialflußsteuerung wird in Kap. 3.3.5. eingegangen.

3.1.6. Bewertung der Tendenzen

Die aufgezeigten Tendenzen der elektronischen Datenverarbeitung haben gegenläufige Auswirkungen. Während

- die Integration der betrieblichen Funktionen und
- der Einsatz von Standardsoftware, insbesondere Standardsoftware-Familien

eine Zusammenführung von Daten auf einen Rechner und die Standardisierung von betrieblichen Abläufen fördern, gliedern

- der Einsatz von Mikrocomputern und
- die Verteilung von Funktionen auf unterschiedliche Rechner ohne Rechnerkopplung

betriebliche Funktionen (Auswertungen, Analysen über Mikrorechner) oder Funktionalbereiche (Einkauf, Lagerverwaltung über Abteilungsrechner) aus ihrer Umgebung aus. Durch Local-area-networks wird die Voraussetzung geschaffen, diese Bereiche wieder zusammenzuführen. Es fehlen (noch) die notwendigen Programme zur Integration von Daten und Funktionen über Rechner hinweg.

Alle Tendenzen sind bei der Konzeptionierung eines Materialflußsteuerungssystems einzubeziehen:

- Aufgrund der engen Verflechtung der Materialflußsteuerung zu angrenzenden Bereichen (vgl. Kap. 1.3.2., 3.1.1. und 3.2.) ist auf die **Integration** der Materialflußsteuerung in das Gesamt-EDV-System der Unternehmung besonderer Wert zu legen.
- Auf die **Standardisierbarkeit** der Daten und Funktionen der Materialflußsteuerung wird im weiteren eingegangen.
- Da Lagerzu- und -abgänge BDE-mäßig erfasst werden können, ist die **Betriebsdatenerfassung** in ein Konzept zur Materialflußsteuerung einzubeziehen.
- Ebenso wird aufgezeigt werden, wie eine **Verteilung** der Daten und Funktionen auf unterschiedliche Rechner gestaltet werden sollte und welche Verbindung die Rechner untereinander haben sollten.

3.2. Schnittstellen der Materialwirtschaftsbereiche

Im zweiten Kapitel standen die Materialien im Vordergrund der Betrachtung, die unmittelbar mit der betrieblichen Leistungserstellung in Verbindung stehen (Rohstoffe, Zwischenprodukte, Fertigwaren). In der Gestaltung einer optimalen Verteilung von Funktionen und Daten auf Rechner werden alle Arten von Materialien berücksichtigt, die zur Materialflußsteuerung, wie in Kap. 1.3.2. abgegrenzt, gehören. In den Funktionen (Einlagern, Auslagern, Umlagern, Bestellen) und in der Datenstruktur (Aufbau der Stammmdatensätze) liegt große Übereinstimmung mit den im zweiten Kapitel nicht betrachteten Instandhaltungsmaterialien, Hilfs- und Betriebsstoffen und Verpackungsstoffen vor.

Die Teilbereiche

- Lagerverwaltung Instandhaltungsmaterialien
- Lagerverwaltung Rohstoffe
- Lagerverwaltung Hilfs- und Betriebsstoffe
- Lagerverwaltung Zwischenprodukte
- Lagerverwaltung Verpackungsstoffe
- Lagerverwaltung Fertigwaren
- Betriebsdatenerfassung
- Stücklistenverwaltung
- Disposition
- strategische Beschaffungsplanung
- operativer Einkauf

sind auf ihre Schnittstellen untereinander und zu angrenzenden Bereichen untersucht worden.

Die beiden folgenden Kapitel zeigen, daß der Bereich der Roh-, Hilfs-, Betriebs-, Verpackungsstoffe, Fertigwaren und Instandhaltungsmaterialien viele Schnittstellen untereinander und zu einer Reihe von angrenzenden Bereichen aufweist, während der Bereich der Zwischenprodukte in der Hauptsache Schnittstellen zu den Bereichen der Fertigungssteuerung und der Betriebsdatenerfassung aufweist.

3.2.1. Schnittstellen des Bereichs Roh-, Hilfs-, Betriebs-, Verpackungsstoffe, Fertigwaren und Instandhaltungsmaterialien

Ein Materialflußsteuerungssystem für die Roh-, Hilfs-, Betriebs-, Verpackungsstoffe und Fertigwaren sowie für die Instandhaltungsmaterialien besteht aus einem **Lagersteuerungssytem** und einem **Einkaufssystem** (vgl. Abb. 3.2.1.1.).

Das **Lagersteuerungssystem** ist zu unterteilen in ein Lagerverwaltungssystem, das Zu- und Abbuchungen und Umlagerungsbuchungen vornimmt, und ein Dispositionssystem, das den Lagerbestand überwacht und Bestellanforderungen kreiert.

Teil des Dispositionssystems ist das Prognosesystem, das aus vergangenen Lagerabgangswerten Schätzungen für zukünftige Lagerabgänge ermittelt, und zwar

- für alle Rohstoffe
- für die hochwertigen Hilfs- und Betriebsstoffe
- für die Verpackungsstoffe
- für den Teil der Instandhaltungsmaterialien, der einen relativ kontinuierlichen Verbrauch aufweist (für den Teil der Materialien, der einen sporadischen Abgang aufweist, ist ein Lagerbestand von 1 ausreichend, jeweils bei Entnahme wird nachbestellt)
- für die Endprodukte, die als standardisierte Fertigwaren dispositiv geführt werden.

Die Reservierungen und gegebenenfalls die Abbuchungen im Lagerverwaltungs- und Dispositionssystem, speziell für Verpackungsstoffe, evtl. auch für Rohstoffe, resultieren aus der Stücklistenauflösung. Auch die Zuordnung der Instandhaltungsmaterialien zu Aggregaten und Betriebsmitteln erfolgt im Modul Stücklisten über die Stücklistenauflösung und den Verwendungsnachweis.

Eng verknüpft mit dem Dispositionssystem ist das **Einkaufssystem**, das aus den Bestellanforderungen nach erfolgter Lieferantenauswahl Bestellungen auslöst.

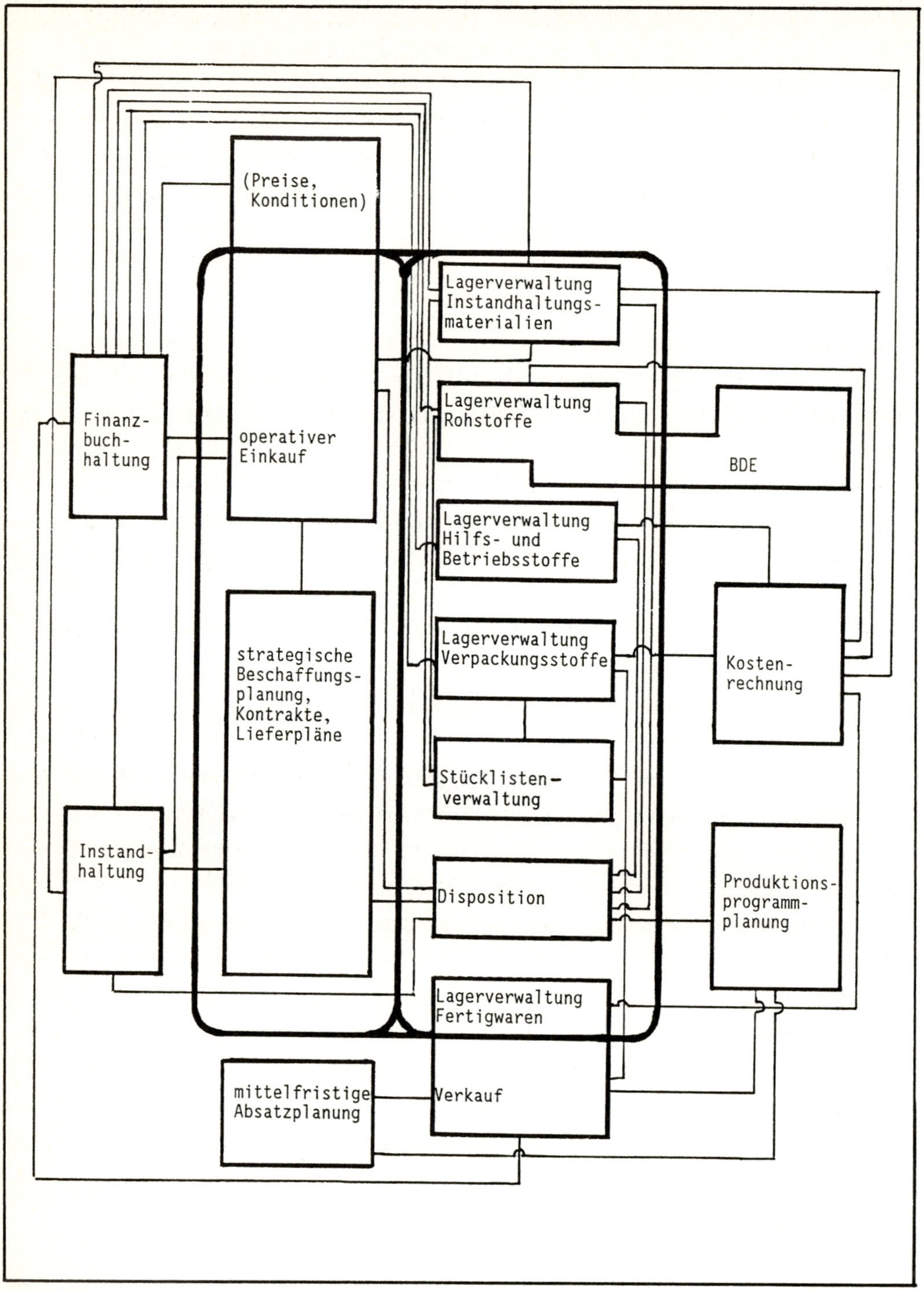

Abb. 3.2.1.1.: Schnittstellen des Bereichs Roh-, Hilfs-, Betriebs-, Verpackungsstoffe, Fertigwaren und Instandhaltungsmaterialien

Lagersystem und Einkaufssystem greifen auf dieselben Materialstammdaten zu.

Das Einkaufssystem weist Schnittstellen auf zur Finanzbuchhaltung über die Kreditorenstämme, die von beiden Systemen angesprochen werden, insbesondere zur Rechnungsprüfung, wo Bestellung, Lieferung und Rechnung abgeglichen werden. Diese Zahlen werden weitergeleitet in die Kostenrechnung.

Auch das Lagersystem weist Schnittstellen auf zur Finanzbuchhaltung und Kostenrechnung, da alle Lagerbewegungen wertmäßige Buchungen erzeugen.

Der Verkauf/Vertrieb determiniert in seiner lang- und mittelfristigen Absatzplanung die strategische Beschaffungsplanung[13] und die mittelfristigen Absprachen des Einkaufs über Lieferpläne/Kontrakte mit Lieferanten. Die Daten für die mittelfristige Absatzplanung werden dabei zumindest zum Teil aus Daten des Verkaufsabwicklungssystems gewonnen.

Die Realisierung der Kontrakte/Lieferpläne über Abrufe/Liefereinteilungen macht die Verbindung dieses längerfristigen Einkaufs-(Planungs-)Systems mit dem operativen Einkaufssystem notwendig.

Die mittelfristige Produktionsprogrammplanung in Verbindung mit der mittelfristigen Absatzplanung beeinflußt die Prognosen des Dispositionssystems, speziell für die Fertigwaren, evtl. auch für die Rohstoffe.

Schließlich besteht über die Stammsätze für die Instandhaltungsmaterialien und Informationen über geplante Instandhaltungsmaßnahmen eine enge Verknüpfung zwischen dem Instandhaltungssystem und dem Dispositions- und Einkaufssystem.

Die Schnittstellen sind in Abb. 3.2.1.1. dargestellt.

3.2.2. Schnittstellen des Bereichs Zwischenprodukte

Für die innerbetrieblichen Zwischenprodukte entfällt der gesamte Bereich Einkauf mit der Unterstützung bei längerfristigen Lieferantenabsprachen und den kurzfristigen operativen Vorgängen. Benötigt wird ausschließlich ein Lagersteuerungssystem zur Lagerverwaltung und Disposition. Damit entfallen auch die Schnittstellen zu den buchhaltungstechnischen Systemen Finanzbuchhaltung incl. Rechnungsprüfung, da keine Bestellungen ausgeführt werden und somit keine Kreditorenstammsätze angesprochen werden.

Notwendig dagegen ist eine Schnittstelle zur kurzfristigen Produktionsplanung, die die Planmengen für die Zwischenprodukte an den einzelnen Produktionsstufen ermittelt.

Weiterhin ist eine Verbindung der Systeme für die einzelnen Zwischenlager untereinander notwendig, damit die Sollzahlen für die nachfolgende Stufe ermittelt und an das zugehörige Zwischenlager übergeben werden können. Somit liegen an jedem Zwischenlager die Plan-, Soll- und Istdaten für Zu- und Abgänge vor; und es können Plan-/Soll-/Ist-Vergleiche durchgeführt werden, die eine Steuerung des weiteren Materialflusses ermöglichen und Auskunft geben über den Betrieb der Maschinen.

Planzahlen (vgl. Kapitel 2.3.5. und 2.3.6.) sind in diesem Fall Planeinsatzmengen x Plankoeffizienten, Sollzahlen entsprechen Isteinsatzmengen x Plankoeffizienten, Istzahlen sind die tatsächlich realisierten Ausstoßmengen, nämlich Isteinsatzmengen x Istkoeffizienten.

Wenn Übermengen dem dispositiven Zwischenlager zugeführt werden oder Mindermengen aus dem Zwischenlager ausgeglichen werden, in dem sie auftreten, braucht nur der Disponent dieses Zwischenlagers steuernd einzugreifen. Dabei benötigt er ausschließlich Daten, die auf seinem Zwischenlagersystem gehalten werden.

Müssen Mindermengen aus anderen Zwischenlagern ausgeglichen werden oder finden Umwidmungen statt, muß der Disponent eingreifen, der den Überblick über alle Zwischenlager hat, und Entscheidungen über den weiteren Materialfluß der betroffenen Aufträge fällen.

Alle Zustände in den einzelnen Lagern müssen also für den zentralen Disponenten (Fertigungssteuerer) ersichtlich sein. Er ermittelt unter Berücksichtigung der aktuellen Kapazitätssituation die neuen Solldaten, die allen betroffenen Zwischenlagern zur Verfügung gestellt werden.

Die Schnittstelle zur Kostenrechnung ist dadurch gegeben, daß für die kurzfristige Erfolgsrechnung die Herstellkosten des Zwischenproduktbestandes ermittelt werden müssen[14]. Eine weitere Schnittstelle besteht, wenn die Zwischenprodukte als Kostenträger aufgefaßt werden, die zur Kalkulation der Kosten des Endproduktes benötigt werden. Hier liegt aber keine zeitkritische Schnittstelle zwischen den Bereichen Zwischenlager und Kostenrechnung vor.

Die Betriebsdatenerfassung ist sowohl Bestandteil der Materialflußsteuerung (Erfassung von Lagerzu- und -abgängen) als auch angrenzender Bereich (Erfassung von Störzeiten, -gründen, Personaldaten etc.).

Dort, wo der Übergang von einem Betriebsmittel ins nachfolgende Zwischenlager direkt erfolgt (automatische Transportsteuerung) oder durch sonstige Maßnahmen sichergestellt ist, daß die Ausbringungsmenge an der Maschine auch das Zwischenlager erreicht, kann die Erfassung des Produktionsausstoßes an der Maschine gleichzeitig als Lagerzugangsbuchung im Zwischenlager dienen.

Ebenso ist die Lagerabgangsmenge am Zwischenlager und die Input-Menge an der nachfolgenden Maschine in **einem** Vorgang zu erfassen.

Die Schnittstellen sind in Abb. 3.2.2.1. wiedergegeben.

Wie bereits dargestellt, ist der Verwaltungsrechner für die Betriebsdatenerfassung allein aus Verfügbarkeitsgesichtspunkten nicht geeignet.

Auch umgekehrt können alle für BDE eingesetzten Rechner den kommerziellen Rechner nicht ersetzen, da sie nicht für die Bewältigung solch großer Datenmengen ausgelegt sind.

Damit ist die erste Bedingung erfüllt: die gesamte geforderte Kapazität für alle Systeme des kommerziellen und eher technischen Bereichs kann nicht von einem Rechner erbracht werden.

Für die Materialflußsteuerung ist die Entscheidung zu treffen, ob alle Daten und Funktionen auf einem der beiden Rechnertypen, auf denen die angrenzenden Anwendungen laufen, verarbeitet werden sollen oder ob eine Mischform sinnvoller ist, die von einer Verteilung der Funktionen der Materialflußsteuerung ausgeht.

Auch hier ist als Restriktion zu beachten, daß die innerbetriebliche Materialflußsteuerung rund um die Uhr auf EDV-Unterstützung angewiesen ist, während für die Bereiche Einkauf, Disposition, Versandlagerabwicklung nur während der Büroarbeitsstunden EDV-Unterstützung notwendig ist.

Bevor konkret die Verteilung der für die Materialflußsteuerung notwendigen Funktionen und Daten angegangen wird, werden im nächsten Kapitel Stärken und Schwächen von unterschiedlichen Rechnersystemen aufgezeigt, aus denen abgeleitet wird, inwieweit die Bedingungen zwei und drei für eine Verteilung der Rechnerleistung erfüllt sind.

3.3.2. Charakterisierung unterschiedlicher Rechner

Die Rechnerarten werden eingeteilt in drei Kategorien:

- Großrechenanlagen

  Es handelt sich um Rechner, die traditionellerweise die Aufgaben übernehmen, die im Verwaltungsbereich anfallen, wie Finanzbuchhaltung, Kostenrechnung, Auftragsabwicklung etc.
  Beispiele: IBM 43XX, 30XX, Siemens 75XX, HP 3000

- Minirechner

  Das sind im speziellen die Rechner, die als Prozeßrechner oder prozeßnahe Rechner bisher vorwiegend in der Betriebsdatenerfassung, als Prozeßleitsystem oder zur Transportsteuerung eingesetzt wurden (keine kleineren kommerziellen Systeme)
  Beispiele: IBM S/1, Siemens RXX, Sicomp XX, DEC Vax (als Universalrechner, der **auch** als prozeßnaher Rechner eingesetzt werden kann) und DEC PDP

- Mikrocomputer

  Die beschreibenden Merkmale sind in Kap. 3.1.4. aufgeführt.
  Beispiele: IBM PC, IBM PC AT, Siemens PC-D, Siemens MX-2, HP 150

  Wenn für die Materialflußsteuerung oder einen Teil von ihr Mikrorechner genutzt werden sollen, so müssen auf jeden Fall mehrere Mikrocomputer eingesetzt werden; deshalb wird bei der Betrachtung der Mikrocomputer die Vernetzbarkeit untereinander als Kriterium einbezogen.

In die Bewertung gehen Aspekte der Fehlertoleranz, der Ausbaufähigkeit, der Betriebssystem-Leistung (als Voraussetzung für Anwendungen), der Vernetzbarkeit, der verfügbaren Software und der Kosten ein.

Im einzelnen wird die Charakterisierung anhand folgender Kriterien vorgenommen:

Rechnerkapazität
Preis-/Leistungs-Verhältnis bei rechenintensiven Vorgängen
Preis-/Leistungs-Verhältnis bei datenintensiven Vorgängen
Multi-user-Betrieb
Multi-tasking-Betrieb
Notwendigkeit des Operating
Datenintegrität, Kontrolle der Daten
Zugriff auf Gesamtdatenbestand
Verfügbarkeit von Datenbanksystemen
Einstiegskosten
Möglichkeit des sukzessiven Ausbaus
Verfügbarkeit
Ausfallsicherheit
Auswirkung eines Ausfalls
Standardisierung des Betriebssystems
Durchführung von Release-Wechseln der Hardware
Durchführung von Release-Wechseln der Software
Werkzeuge für Programmentwicklung, Dokumentation und Test
Realzeitverhalten
Vernetzbarkeit mehrerer Rechner des gleichen Typs
Vernetzbarkeit mit Rechnern eines anderen Typs
Anschluß von Prozeßleitsystemen
Verbindung zu BDE-Endgeräten (z.B. Down-loading von Funktionen vom Rechner ins Endgerät)

Stärken des Großrechners
Rechner mit sehr großer Kapazität verfügbar
gutes Preis-/Leistungs-Verhältnis bei datenintensiven Vorgängen
Multi-user-Betrieb
Multi-tasking-Betrieb
gute Datenintegrität und Kontrolle der Daten durch Zentralisation der Daten, Daten unter Kontrolle von EDV-Mitarbeitern
dadurch leichter Zugriff auf Gesamtdatenbestand
Datenbanksysteme verfügbar
bei Hardwarewechsel (z.B. aufgrund Erweiterungen oder Verbesserungen) Austausch des gesamten Rechners - dadurch keine Probleme mit der zeitlichen Synchronisation von unterschiedlichen Hardwareständen
Release-Wechsel der Software gleichzeitig für alle Benutzer
Werkzeuge für Programmentwicklung, Dokumentation und Test in reichem Maße vorhanden, aber oft wenig komfortabel

Schwächen des Großrechners
ungünstiges Preis-/Leistungs-Verhältnis bei rechenintensiven Vorgängen
Operating mit sehr guten Kenntnissen notwendig
Einstiegskosten für Hardware und Software hoch
Möglichkeit des sukzessiven Ausbaus gering - im Normalfall Austausch des gesamten Rechners
Verfügbarkeit nur während der Büro-Arbeitsstunden - Stillegung des Online-Verkehrs in der Nacht (ist nicht unbedingt eine Eigenart des Rechners an sich, sondern resultiert aus den Anwendungen, die auf diesem Rechner laufen)
bei Rechner-Ausfall alle Benutzer zur gleichen Zeit betroffen
Vernetzbarkeit mit hohen Kosten verbunden, da nicht als offenes System konzipiert
demzufolge Anbindung von Prozeßleitsystemen nicht möglich
ebenso keine direkte Anbindung von BDE-Endgeräten

Stärken des Minirechners

mittelgutes Preis-/Leistungs-Verhältnis bei rechenintensiven Vorgängen - schnelle Verarbeitung

als Online-System konzipiert

Multi-user-Betrieb

Multi-tasking-Betrieb

Datenintegrität und Kontrolle der Daten bei Einsatz eines Rechners gut, bei Verteilung über mehrere Rechner über Software gelöst, aber kostenintensiv

teilweise Datenbanksysteme vorhanden

Einstiegskosten: Hardware eher gering, Software mittel, teilweise offenes System für Fremdgeräte

teilweise sehr gute Werkzeuge für Programmentwicklung, Dokumentation und Test, gleichzeitig Programmentwicklung, Test und Echtbetrieb durch Kapazität und Speicherkonzept möglich

Rechnersystem mit zeitnahem Verhalten

Down-loading von Programmen in Peripherie (z. B. BDE-Terminals) bei einigen Rechnern standardmäßig angeboten

Schwächen des Minirechners

eher ungünstiges Preis-/Leistungs-Verhältnis bei datenintensiven Vorgängen

Operating bei vielen Systemen notwendig

Datenintegrität und Kontrolle der Daten bei Verteilung der Daten über mehrere Rechner betriebssystemmäßig unterstützt, lösbar über zusätzliche Software-Komponenten, sehr kostenintensiv

Einstiegskosten bzgl. Know how: hoch

sukzessiver Ausbau schwieriger als bei Mikrorechnern

hohe Ausfallsicherheit nur bei Doppel-Konzept der Hardware (vgl. Abb. 3.3.2.2.) unter großem Software-Aufwand erreichbar

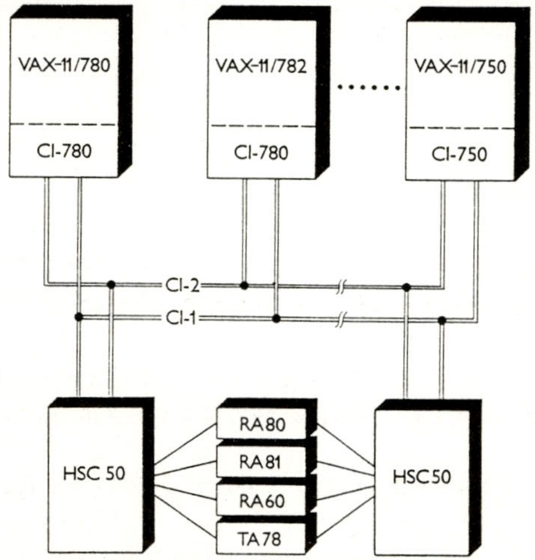

Typische VAXcluster-Konfiguration mit redundanter Auslegung.

Abb. 3.3.2.2.: Hardware-Doppel-Konzept[15]

Kommunikation mit kommerziellem Rechner schwieriger als bei Mikrorechnern

Stärken des Mikrorechners

Rechnerkapazität durch Einsatz zusätzlicher Prozessoren variabel ausbaubar (mathematischer Ko-Prozessor, Grafik-Prozessor etc.)

gutes Preis-/Leistungs-Verhältnis bei rechenintensiven Vorgängen

kein Operating notwendig, sofern Single-user-Betrieb; bei Multi-user-Betrieb ein Betriebssystem-Verantwortlicher erforderlich; in jedem Fall Verantwortlicher für das Netz erforderlich

Datenbanksysteme verfügbar

sehr geringe Einstiegskosten

sukzessiver Ausbau möglich

Einstieg ohne oder mit nur geringen EDV-Kenntnissen möglich, Erleichterung des Gewöhnungsprozesses der Anwender, schnell zusätzliche Auswertungen auf Datenbestände durch den Endbenutzer möglich

gewisse Ausfallsicherheit durch Cold-stand-by (bei Ausfall eines Rechners wird dieser durch einen zusätzlichen nicht fest installierten Rechner ersetzt) ohne große Kosten realisierbar

durch Ausfall des Rechners nur ein Bereich betroffen, schnell behebbar

Standardisierung des Betriebssystems

sehr gute Tools für Programmentwicklung und Test, z. T. mit grafischer Unterstützung, Mouse, Multi-Windowing

einfache Vernetzbarkeit untereinander und mit Host (netzweites Prozeßmanagement)

offenes System - viele der jetzt noch nicht vorhandenen Funktionen werden in kurzer Zeit verfügbar sein, z.B. Anschluß von Prozeßleitsystemen und Prozeßsteuerungen

Übernahme von Verantwortung für den Computer durch den Schichtmeister (Datensicherung) --> Motivation

Schwächen des Mikrorechners

Gesamtkapazität eines Rechners eher gering

ungünstiges Preis-/Leistungsverhältnis bei datenintensiven Vorgängen

einige Mikrorechnern standardmäßig ohne Multi-user-Betrieb - nur über nicht standardisierte Zusätze erreichbar

einige Rechner standardmäßig ohne echtes Multi-tasking - nur über nicht standardisierte Zusätze erreichbar

Datenintegrität, Kontrolle der Daten schwierig zu realisieren, keine zentrale Kontrolle durch EDV-Fachpersonal - bei zentralem File-Server besser

Zugriff auf Gesamtdatenbestand schwierig - bei zentralem File-Server besser

Ausfallsicherheit durch Realisierung von Hot-stand-by (bei Ausfall eines Rechners übernimmt ein anderer Rechner im Netz automatisch dessen Funktionen) nur mit hohem Software-Aufwand zu bewerkstelligen; jede zusätzliche Redundanz zur Erhöhung der Ausfallsicherheit aber dann sehr preisgünstig

Wechsel von Software-Releases auf **jedem** Mikrorechner

ungünstigeres Realzeit-Verhalten als Minicomputer

noch kein Down-line-loading von Programmen in BDE-Endgeräte als Standardlösung realisiert

Die folgende Übersicht gibt an, wo die Hauptstärken und die Hauptschwächen der einzelnen Rechner im Vergleich zu den anderen Rechnern liegen:

Großrechner sehr gut	Minirechner sehr gut	Mikrorechner sehr gut
gutes Preis-/Leistungsverhältnis bei datenintensiven Vorgängen Datenintegrität, Kontrolle der Daten gut Zugriff auf Gesamtdatenbestand Durchführung von Release-Wechseln der Software Multi-user-Betriebssystem	Realzeitverhalten Anschluß von Prozeßleitsystemen Verbindung zu BDE-Endgeräten	kein Operating notwendig Einstiegskosten Möglichkeit des sukzessiven Ausbaus Standardisierung des Betriebssystems Werkzeuge Vernetzbarkeit mit Rechnern gleichen Typs Vernetzbarkeit mit anderen Rechnern
Großrechner schlecht	**Minirechner schlecht**	**Mikrorechner schlecht**
ungünstiges Preis-/Leistungsverhältnis bei rechenintensiven Vorgängen aufwendiges Operating hohe Einstiegskosten kein sukzessiver Ausbau mangelnde Ausfallsicherheit Auswirkung eines Ausfalls ungünstiges Realzeitverhalten mangelnde Vernetzbarkeit kein Anschluß von Prozeßleitsystemen und BDE-Endgeräten	wenig Datenbanksysteme verfügbar	ungünstiges Preis-/Leistungsverhältnis bei datenintensiven Vorgängen kein Multi-user-Betrieb (kein Multitasking-Betrieb) Datenintegrität Kontrolle der Daten schwierig Durchführung von Releasewechseln der Hard- und Software

Die Großrechenanlage ist besonders gut einsetzbar, wenn es um kostengünstige und sichere Manipulation großer Datenmengen geht, der Minirechner ist vor allem den Anforderungen nach Realzeitverhalten und verfügbaren Moduln zum Anschluß von Prozeßleitsystemen und BDE-Endgeräten gewachsen, der Mikrorechner hat seine größten Stärken in Ausbaumöglichkeit und Vernetzbarkeit, verfügbarer systemnaher Software (aufgrund der Standardisierung des Betriebssystems) und den geringen Hardware- und Softwarekosten.

Insgesamt muß beachtet werden, daß bei mehreren kleinen Systemen

- die Ausfallzeit weniger gravierend ist, da nur jeweils ein Bereich ausfällt, während alle anderen Bereiche ungestört weiterlaufen. Bei einem großen System führt der Ausfall des Systems zum Stillstand aller Bereiche.

- die zentrale Kontrolle über Daten, Funktionen, Release-Stände der Hard- und Software schwieriger ist als bei einem großen System.

Die spezifischen Stärken und Schwächen der Rechner sind ausschlaggebend für die Verteilung der Daten und Funktionen der Materialflußsteuerung in einer Rechnerhierarchie.

3.3.3. Daten und Funktionen des Bereichs Roh-, Hilfs-, Betiebs-, Verpackungsstoffe, Fertigwaren und Instandhaltungsmaterialien

Die Daten und Funktionen für den Bereich Roh-, Hilfs-, Betriebs- und Verpackungsstoffe, Fertigwaren und Instandhaltungsmaterialien sollten aufgrund

- des notwendigen Funktionsumfangs, der alle Einkaufstransaktionen beinhaltet,

- der notwendigen Schnittstellen innerhalb des Materialwirtschaftsbereichs (Lager - Disposition - Einkauf),

- der notwendigen Schnittstellen des Materialwirtschaftsbereichs zu angrenzenden Bereichen (z. B. Einkauf - Rechnungsprüfung - Finanzbuchhaltung, Kreditoren),

- der geforderten Verfügbarkeit für das Rechnersystem nur während des Tages (mit Ausnahme der Lagerabbuchungen s.u.)

gemeinsam mit den Daten und Funktionen der Verwaltungssysteme auf einem Großrechner geführt werden.

Zum einen sind dadurch die Schnittstellen über ein integriertes Datenverwaltungssystem am sichersten zu lösen, zum anderen werden spezifische Eigenheiten des Großrechners, insbesondere die günstige Kosten-Nutzen-Relation bei der Datenspeicherung, ausgenutzt.

Mikrocomputer können in dieses zentrale System eingebunden werden, indem sie **Vorverarbeitungsfunktionen**, insbesondere Dialoge, übernehmen. Betrachtet man nämlich die Funktionen, die an einem Arbeitsplatz EDV-unterstützt durchgeführt werden, so fällt auf, daß wenige Funktionen einen sehr hohen Anteil am Gesamtarbeitsaufkommen dieses Arbeitsplatzes haben, während viele andere Funktionen, zu denen dieser Arbeitsplatz berechtigt ist, nur noch wenig zum Gesamtarbeitsaufkommen beitragen. Die Dialoge und Abläufe, die für die wenigen Funktionen benötigt werden, sind dementsprechend überschaubar und können auf einen Mikrocomputer ausgelagert werden.

Die auf dem Mikrorechner erfaßten und weiterverarbeiteten Roh-Daten werden asynchron an den Großrechner übermittelt.

Funktionen, die von einem Arbeitsplatz weniger oft durchgeführt werden, werden nicht vor Ort auf dem Mikrorechner gehalten. Hier hat dieser reine Terminalfunktion.

Bei der Auslagerung der Dialoge können einfache Plausibilitätsprüfungen, wie z.B. Größe und Typ der Eingabefelder (alphabetisch, numerisch etc.), auch auf den Mikrorechner übernommen werden.

Bei den jetzigen zentral orientierten Software-Systemen laufen aber zusätzlich bei jeder Dateneingabe umfangreiche **Plausibilitätsprüfungen** mit

Zugriff auf unterschiedliche Dateien ab und verhindern so, daß bei der Weiterverarbeitung von Daten aufgrund von nicht statthaften Eingaben Fehler auftreten können.

Wenn Vorverarbeitungsfunktionen vom Großrechner auf einen Mikrocomputer verlagert werden, muß sichergestellt bleiben, daß nur plausible Daten an die zentrale Datenhaltung des Großrechners weitergeleitet werden.

Der Mikrocomputer ist aufgrund der Speicherplatzbeschränkung nicht in der Lage, alle Daten zu halten, die für die Plausibilitätsprüfungen notwendig sind. Bei der **Alternative 1** sind die Daten zu selektieren, die häufig angesprochen werden, und auf den Mikrorechner zu übertragen. Periodisch erfolgt ein Update. Für bestimmte andere Plausibilitätsprüfungen muß online auf den Host-Rechner zugegriffen werden.

Wenn eine Auslagerung von Funktionen, insbesondere Vorverarbeitungsfunktionen, vom Großrechner auf den Mikrorechner stattfindet, muß gewährleistet sein, daß

- Großrechner und Mikrorechner online miteinander verbunden sind, so daß der Mikrorechner jederzeit auf Daten, die er nicht selbst hält, auf dem Großrechner zugreifen kann,

- der Wechsel des Verarbeitungsortes vom Mikrorechner zum Großrechner ohne Einwirken des Benutzers und ohne Beeinträchtigung seiner Arbeit vonstatten geht.

Bei der **Alternative 2** der Auslagerung von Vorverarbeitungsfunktionen auf den Mikrorechner werden nur Dialoge und die in den Dialogen direkt enthaltenen Prüfungen auf den Mikrocomputer übertragen, nicht aber alle Daten, die notwendig sind, um fehlerhafte Eingaben auszuschließen. Die Vorverarbeitungsfunktionen werden autonom im Mikrorechner durchgeführt; periodisch werden die erhobenen bzw. ermittelten Daten im Batch dem Host-Rechner übergeben. Dort werden im Batch dieselben Transaktionen noch einmal durchlaufen, jetzt mit allen Plausibilitätsprüfungen unter Zuhilfenahme des gesamten benötigten Datenbestandes. Bei Unstimmigkeiten werden Fehlermeldungen erzeugt, die dem Benutzer gegenüber identisch sind mit den Fehlermeldungen, die er bei Online-Verarbeitung am Host-System erhalten hätte. Allerdings geht der Vorteil der uneingeschränkten Online-Verarbeitung, daß alle Unstimmigkeiten sofort erkannt und im Dialog richtiggestellt werden können, z. T. verloren.

Jedoch ermöglicht diese Alternative eine Verarbeitung von Transaktionen, die eigentlich dem Host-System vorbehalten ist, auch zu den Zeiten, in denen der Host-Rechner nicht online zur Verfügung steht, sei es durch unvorhergesehenen Ausfall oder durch geplantes Abschalten des Dialog-Verkehrs während der Nacht.

Zu beachten ist, daß bei Wahl der Alternative 2 Computerleistung zweimal für identische Verarbeitungen innerhalb einer Transaktion in Anspruch genommen wird, nämlich bei der Primärverarbeitung auf dem Mikrorechner und bei der Sekundärverarbeitung auf dem Host-System. Da die Verarbeitung auf dem Host-System aber nicht zeitkritisch ist und im Batch durchgeführt wird, werden laufende Online-Transaktionen kaum beeinträchtigt.

In beiden Fällen ist eine Auslagerung dann sinnvoll, wenn wenige Funktionen einen hohen Anteil an der Tätigkeit eines Arbeitsplatzes ausmachen. Dabei muß beachtet werden, wie groß der Anteil der Plausibilitätsprüfungen ist, der auf den Mikrorechner übernommen werden kann, und in welchem Aktualitätsgrad die auf dem Mikrorechner gewonnenen Daten anderen Bereichen zur Verfügung gestellt werden müssen. Benutzeroberfläche und Programmierung von Host-Rechner-Transaktion und Mikrorechner-Transaktion sollten dabei identisch sein.

Die zentrale Haltung der Daten bleibt dem Großrechner vorbehalten.

Eine Vorverarbeitung <u>kann</u> stattfinden in den Bereichen:

Einkauf: Bestellschreibung
Lager : Wareneingang

Wird Alternative 1 gewählt, so sind Stammdaten und die wichtigsten aktuellen Bewegungsdaten auf den Mikrorechner zu transferieren. Dies sind für die Bestellschreibung

- (verkürzter) Lieferantenstammsatz
- (verkürzter) Materialstammsatz

als Stammdaten
und

- offene Bestellanforderungen

als Bewegungsdaten.
Hat der Einkäufer eine Transaktion durchzuführen, die nicht auf seinem lokalen Mikrocomputer vorliegt, schaltet dieser automatisch durch zum Host-Rechner.

Für den Wareneingang sind

- (verkürzter) Lieferantenstammsatz
- (verkürzter) Materialstammsatz

als Stammdaten und

- offene Bestellungen

als Bewegungsdaten notwendig.

Bei der Rückmeldung ins Host-System werden die Rohdaten übertragen.

Bei Auswahl der Alternative 2 brauchen nur die Stammdaten auf den Mikrocomputer übertragen zu werden, es können aber auch Bewegungsdaten übertragen werden. In diesem Fall ergäbe sich in der Verarbeitung auf dem Mikrorechner kein Unterschied zu Alternative 1. Wenn die Daten an den Host-Rechner übergeben werden, werden dort - im Gegensatz zu Alternative 1 - aber dieselben Transaktionen mit allen Plausibilitätsprüfungen, d.h. auch denen, die noch nicht innerhalb des Mikrorechners durchgeführt wurden, (laufende Bestellungen für dasselbe Produkt, ausstehende Lieferungen aus Lieferplänen, bestehende Sonderkonditionen bei Erreichen von Bestellhöchstwerten etc.) nachvollzogen, so daß der Einkäufer bei Bearbeitung der Fehler und Warnungen im nachhinein steuernd eingreifen kann.

Eine Vorverarbeitung <u>muß</u> stattfinden im Bereich

Lager : Warenausgang,

wenn Warenentnahmen im Dreischichtbetrieb möglich sind, der Host-Rechner aber nur tagsüber online zur Verfügung steht. Hier ist ausschließlich eine Verarbeitung mit Hilfe der Alternative 2 möglich, dem autonomen Betrieb des Mikrorechners mit vollständigem Nachvollziehen der Transaktionen auf dem Host-Rechner.

Zur Ausübung der Transaktion wird als Minimum der (verkürzte) Material-Stammdatensatz vor Ort benötigt.

Die Entnahmen werden erfaßt und intern in dem Format gespeichert, das dem Format der Online-Transaktion "Warenentnahme" am Host-Rechner entspricht. Steht der Host-Rechner wieder zur Verfügung, werden die Daten übertragen, durchlaufen dort dieselbe Transaktion, jetzt mit allen Verarbeitungsschritten, und führen zur Fortschreibung aller Daten im mengenmäßigen Lagerbestandssatz, wertmäßigen Lagerbestandssatz und Statistiksatz.

3.3.4. Daten und Funktionen des Bereichs Zwischenlager

Wegen der geforderten Verfügbarkeit des Rechners von 24 Stunden pro Tag scheidet der Einsatz des Großrechners für die Verwaltung und Steuerung der Zwischenlager aus. Als Alternativen verbleiben

- der Einsatz eines Minirechners
- der Einsatz mehrerer Mikrorechner.

Aufgrund der

- Überschneidungsfreiheit der Produkte in den einzelnen Zwischenlagern
- kostengünstigeren Hardware der Mikrorechner
- Möglichkeit, Mikrorechner ohne Operating zu betreiben
- kostengünstigeren Vernetzbarkeit der Mikrorechner zum Großrechner
- flexibleren Ausbaumöglichkeit
- kurzen Verbindungswege vom Peripheriegerät zum Verarbeitungsrechner, wodurch spezielle Multiplexer und Verstärker, die selbst so teuer sind wie Mikrorechner, entfallen

wird dem Einsatz von miteinander vernetzten Mikrorechnern der Vorzug vor einem Minirechner gegeben.

Dabei werden die Mikrorechner nicht nur als Lagerverwaltungsrechner für die Zwischenlager eingesetzt, sondern ebenso als Sammelrechner für die

BDE-Endgeräte.

Das führt dazu, daß die Sammlung der von der BDE-Peripherie erfaßten Daten und die Datenverarbeitung (Materialverwaltung und -steuerung) auf jeweils einem Rechner liegen.

Begünstigt wird die Entscheidung, Mikrorechner im Produktionsbereich einzusetzen, durch die Entwicklung von Mikrorechnern, die in Industrie-Umgebung aufgestellt werden können. Sie vertragen extreme Schwankungen der Temperatur und der Luftfeuchtigkeit und sind unempfindlich gegen Staub und Erschütterungen.

Allerdings müssen zur Zeit noch folgende Nachteile in Kauf genommen werden (vgl. Kapitel 3.3.2.):

- Das Betriebssystem der Mikrorechner ist meistens ein Single-user-, Single-tasking-Betriebssystem (z.B. CP/M, MS-DOS). Nur einige Betriebssysteme sind multi-user-, multi-tasking-fähig (z.B. UNIX mit seinen Varianten).

- Der im Rahmen der BDE notwendige Anschluß von Prozeßsteuerungen ist nicht für alle Arten von Steuerungen realisiert.

- Das Down-loading von Funktionen von Mikrorechnern in BDE-Endgeräte, vornehmlich Terminals, ist noch nicht realisiert.

Die Nachteile können aber bereits derzeit oder zumindest in absehbarer Zukunft ausgeglichen werden:

- Es existieren bereits Zusätze zu bestimmten Mikrorechner-Betriebssystemen, die den Anschluß mehrerer Endgeräte (Multi-user) mit mehreren Aufgaben (Multi-tasking) ermöglichen (vgl. Kapitel 3.1.3.). Speziell für den BDE-Bereich sind solche Zusätze entwickelt worden, die den Anschluß mehrerer BDE-Terminals, Waagen, Scanner und Geber ermöglichen. Nur sind diese Zusätze noch nicht in gleichem Maße standardisiert wie das Betriebssystem. Bei fortschreitendem Einsatz der Mikrorechner im BDE-Bereich ist aber mit einer Standardisierung zu rechnen.

- Derzeit werden von einigen Software-Häusern Zusatzkarten für Mikrorechner entwickelt, die, meist mit einem eigenen Mikroprozessor ausgerüstet, den Anschluß von unterschiedlichen Prozeßsteuerungssystemen ermöglichen.

- Daß das Down-loading von Funktionen vom Mikrorechner in das BDE-Endgerät bisher nicht realisiert ist, ist keine Schwäche des Mikrorechners an sich. Die Down-loading-Funktion ist ausschließlich eine Frage der Software, die bisher für diesen Bereich noch nicht standardisiert entwickelt wurde, womit aber in Kürze zu rechnen ist.

Im Gegensatz zur Verbindung zwischen Host-Rechner und Mikrorechner bei den Roh-, Hilfs-, Betriebs-, Verpackungsstoffen, Fertigwaren und Instandhaltungsmaterialien übernehmen die Mikrorechner bei der Verwaltung und Steuerung der Zwischenlager nicht nur Verarbeitungsfunktionen, sondern auch Datenhaltungsfunktionen.

Dabei kann die Datenhaltung in einem Netz von Mikrocomputern auf unterschiedliche Arten erfolgen.

Bei der **Alternative 1** hält jeder Rechner die Daten, die er verarbeitet, und schickt die Daten, die der folgende Rechner benötigt, an diesen weiter, bzw. dieser ruft die benötigten Daten ab.

Bei der **Alternative 2** wird ein gemeinsamer Daten-Pool eingerichtet, der einem (zentralen) Mikrorechner zugeordnet ist. Dieser dient als File-Server für alle anderen Mikrorechner. Der gemeinsame Zugriff auf einen Daten-Pool wird von einigen Netz-Anbietern in komfortabler Weise unterstützt[16]. Dabei wird der gemeinsame Daten-Pool (= ein oder mehrere Subdirectories auf der Platte des File-Servers) als zusätzliches Laufwerk des anfordernden Mikrorechners definiert, so daß für den Mikrorechner die Daten lokal vorhanden zu sein scheinen.

Die Steuerung des Netzwerks wird von einem Controller übernommen, entweder einem eigenen Rechner oder einer Zusatzkarte mit entsprechender Software auf einem Rechner oder mehreren Rechnern.

Unterstützt das Netzwerk mehrere File-Server, kann jeder Mikrorechner als

File-Server für andere Mikrorechner dienen, so daß in diesem Fall Alternative 1 und Alternative 2, was den Ort der Datenhaltung betrifft, identisch sind. Jeder Mikrorechner hält seine Daten vor Ort, dabei ist der Zugriff auf die Daten anderer Mikrocomputer mit minimalem Software-Aufwand realisierbar. Unterschiede gibt es bezüglich des Zugriffes auf die Daten. Während bei Alternative 1 die Daten von **einem** sendenden Mikrorechner zu **einem** empfangenden Mikrorechner übertragen werden, steht bei Alternative 2 der gesamte Datenbestand den autorisierten Teilnehmern zur Verfügung.

Da die Fertigungssteuerung und die zentrale Disposition auf Daten aller Mikrorechner zugreifen müssen (z. B. zur Lagerbestandsabfrage, um vorhandene dispositive Zwischenprodukte richtig einsetzen zu können), kann die vorgeschlagene Konzeption eines Materialflußsteuerungssystems nur mit Alternative 2, dem File-Server-Konzept, abgedeckt werden.

Ob dabei ein zentraler File-Server zum Einsatz kommt oder jeder zu einem Zwischenlager gehörende Mikrorechner seine Daten lokal hält und gleichzeitig als File-Server für die anderen Mikrorechner dient, hängt ab vom zu speichernden Datenvolumen, von der Zahl der am Netz angeschlossenen Mikrorechner, von der Anzahl der zu übertragenen Daten, von der Übertragungskapazität des Netzes und schließlich von der Architektur des Netzes, die die eine oder andere Alternative besser unterstützt.

Ein weiterer Gestaltungsparameter eines Mikrorechner-Netzwerkes ist die Homogenität des Netzwerkes. Homogene Netze, d.h. solche, die Rechner des gleichen Typs (= vom gleichen Hersteller oder voll kompatible) miteinander verbinden, weisen weniger Komplexität auf und können im Normalfall auch zu geringeren Kosten realisiert werden als inhomogene Netze, die in der Lage sind, Rechner unterschiedlichen Typs zu verbinden.

Wenn dies ohne Einschränkung der Funktionalität möglich ist, sollten für die innerbetriebliche Materialflußsteuerung demnach gleiche oder kompatible Rechner eingesetzt werden. Allerdings ist zu berücksichtigen, daß z. B. manche Hochregallager-Steuerungssysteme, die auch in das Netz mit einbezogen werden sollen, von vornherein auf bestimmten Rechnern realisiert sind, die von den anderen Materialfluß-Rechnern abweichen können. In diesem Fall ist die Installation eines inhomogenen Netzes notwendig.

Bei der Installation eines Netzes ist ebenfalls zu entscheiden, ob einem einheitlichen Netz oder unterschiedlichen Netzen für den Produktionsbereich und den Verwaltungsbereich der Vorzug gegeben werden soll (vgl. Kap. 3.1.5.). Da es nicht möglich ist, den Bürobereich und den Produktionsbereich von ihrem Informationsbedürfnis und ihrer Datenversorgung her zu trennen, wird der Installation eines Netzes der Vorzug gegeben, da dies kostengünstiger realisiert werden kann als die Installation zweier unterschiedlicher Netze, die über ein Gateway verbunden werden.

Daß die in der Produktion herrschenden äußeren und inneren Einflüsse (Stromschwankungen) keine negativen Auswirkungen auf das Netz haben, ist durch die Wahl des Kabels, der Abschirmung, der Zugangseinrichtungen zum Netz und der physischen Übertragung auf dem Netz sicherzustellen.

Die ISO/OSI-Definitionen der einheitlichen Schichten innerhalb von Netzen[17] und die von General Motors entwickelten Vorgaben für das Netz MAP treiben die Standardisierungsbemühungen bzgl. der Netze voran. Damit wird es auch für die Computerhersteller und Anbieter von Netz-Zugangskarten in Zukunft einfacher, Anschlüsse an lokale Netze zu realisieren.

3.3.5. Verbindung zwischen den Daten der unterschiedlichen Bereiche

Im vorangegangenen Kapitel wurden Aussagen gemacht über den Einsatz eines Netzes für die Verbindung der Mikrocomputer, die die innerbetriebliche Materialflußsteuerung unterstützen. Von diesem Bereich muß aber auch eine Verbindung bestehen zum Bereich der Materialien, deren Steuerung der Host-Rechner übernimmt, denn von der Produktionsfeinplanung innerhalb der Materialflußsteuerung werden die Plandaten an alle Lager übergeben, auch die, die auf dem Host-Rechner geführt werden. Aus der Lagerabgangsmenge aus dem Rohstofflager ergibt sich die Sollzahl des Zugangs für das erste Zwischenlager, und aus dem Lagerabgang aus dem letzten Zwischenlager ergibt sich die Sollzahl des Zugangs für das Versandlager bzw. Fertigwarenlager.
Da Großrechenanlagen grundsätzlich anderer Struktur sind als Mikrorechner, werden von einigen Herstellern von (inhomogenen und homogenen) Netzen Gateways angeboten, die die Verbindung vom Mikrorechner-Netz zum Großrechner

herstellen. Dies ist meistens so realisiert, daß ein Mikrorechner sich dem Großrechner gegenüber wie eine Steuereinheit des Großrechners verhält. Alle Mikrorechner können über diesen Steuereinheit-Mikrorechner als Terminals am Host-Rechner eingesetzt werden, ohne daß sie selbst über die Terminal-Emulations-Zusatzkarte und die entsprechende Emulations-Software verfügen.

Die Möglichkeit der periodischen Übertragung von Daten zwischen dem kommerziellen Großrechner und den Mikrorechnern reicht für eine weitgehende Integration nicht aus. Um Informationsaustausch auf hohem Niveau zu erreichen, ist eine Verbindung der Datenverwaltungssysteme Voraussetzung. Diese kann sich auf mehreren Ebenen vollziehen[18].

Im ersten Fall besteht die Verbindung zwischen Mikrorechner und Großrechner nur auf der unteren Transportebene. Der Mikrorechner kann als Terminal des Großsystems fungieren und Daten von diesem empfangen bzw. an ihn senden. Die Daten werden als sequentielle Files übertragen. Das Ursprungssystem muß aus seinem Datenbestand ein sequentielles File erzeugen, das Zielsystem muß es wieder in das entsprechende Zielformat konvertieren. Jede Übertragung von Daten muß eigens programmiert werden. Änderungen in der Datenstruktur eines Systems sind in dem jeweils anderen System und in der Übertragungssoftware zu berücksichtigen.

Beim zweiten Fall übernehmen standardisierte Übertragungsprozeduren den Austausch der Daten und deren Konvertierung vom Ursprungs- über das Übertragungs- ins Zielformat. Auch hier müssen aber die Datendefinitionen in den drei Systemen vorgenommen und alle Änderungen dreimal vollzogen werden. Auch müssen die Zugriffsberechtigungen auf die Daten in der Übertragungsprozedur geregelt sein, da die derzeit angebotenen Übertragungsprozeduren an den bestehenden Zugriffsberechtigungsschranken vorbei lesend und schreibend auf die Daten zugreifen können.

Im dritten Fall muß nur die Übereinstimmung der Datendefinitionen von Ursprungs- und Zielsystem gegeben sein; die Übertragungsprozedur übernimmt die Datendefinitionen aus einem System, ebenso die abgespeicherten Datenzugriffsberechtigungen.

Der vierte Fall zeichnet sich dadurch aus, daß eine Kontrolle über alle

Daten in Form z. B. eines gemeinsamen Data Dictionaries besteht, das Datendefinitionen enthält und Zugriffsberechtigungen sowie die formale Konsistenz der Daten überwacht.

Änderungen an der Datenstruktur eines Rechners können damit nur über einen Online-Zugriff auf den Rechner, der das Data Dictionary verwaltet, vorgenommen werden. Da auch die Zugriffsberechtigungen im Data Dictionary geregelt sind, kann ein Benutzer sogar bei ausschließlich lesendem Zugriff nur an die lokal gespeicherten Daten gelangen, wenn die Online-Verbindung zwischen beiden Systemen besteht.

Schließlich können auf dem Host-Rechner und dem Mikrorechner identische Datenbanksysteme installiert werden[19], bei denen über eine standardisierte Übertragungsprozedur Daten dem jeweils anderen System im Batch oder transaktionsbezogen zur Verfügung gestellt werden. Neben der Möglichkeit der reinen Übertragung der Daten hat diese Lösung drei weitere Vorteile:

- Es besteht auf beiden Systemen dieselbe Benutzeroberfläche, was sowohl den Programmierer (identische Datenverwaltungsbefehle) als auch den Endbenutzer (identische Retrievalbefehle) betrifft.

- Änderungen des Datenbanksystems bezüglich Funktionsumfang, physischer Datenzugriffe und Abspeicherung, Befehlen etc. werden auf Host- und Mikrorechner gleichzeitig und in gleicher Weise vollzogen, so daß anwenderseitige Anpassungen an die Änderung des jeweils anderen Systems entfallen.

- Gesamte Programm-Moduln können von einem Rechner auf einen anderen Rechner portiert werden.

3.3.6. Daten und Funktionen der übrigen Bereiche der Produktionsplanung und -steuerung

Da die Materialflußsteuerung große Überschneidungen mit der Produktionsplanung und -steuerung aufweist, soll hier kurz auf die Verteilung der Daten und Funktionen der übrigen Teile der Produktionsplanung eingegangen werden:

Primärbedarfsplanung

Die Primärbedarfsplanung, die sich im Rahmen der Produktionsplanung meist auf Endproduktgruppen bezieht, kann analog zur Planung der dispositiven Produkte durch mathematische Prognoseverfahren erheblich verbessert werden. Da die Prognosen rechenzeitintensiv sind, die Anzahl der zu prognostizierenden Endprodukte bzw. Endproduktgruppen aber überschaubar ist, sollten die auf den Mikrorechnern implementierten Prognoseprogramme, die dort für die Prognose der Zwischenprodukte sowieso vorliegen, genutzt werden. Alternativrechnungen und Sensitivitätsanalysen können dort je nach Bedarf durchgeführt werden, ohne daß der zentrale Rechner in Anspruch genommen wird. Die notwendigen Input-Daten werden aus dem Vertriebssystem des Host-Rechners extrahiert, kumuliert und über File-Transfer dem Mikrorechner zur Verfügung gestellt.

Materialbedarfsermittlung

Die Materialbedarfsermittlung ist bei den hier unterstellten Fertigungsstrukturen nur von untergeordneter Bedeutung. Einige der Materialien ergeben sich erst durch Optimierungsalgorithmen der Produktionsplanung und sind nicht durch eine Stücklistenauflösung zu ermitteln. Ein Teil der herkömmlichen Materialbedarfsermittlung mit Brutto-/Netto-Rechnung wird durch die aufgezeigte Struktur eines Materialfluß-Steuerungssystems ersetzt. Für die Disposition und Abrechnung der Verpackungsstoffe ist eine einfache Stücklistenauflösung hilfreich. Diese ist auf dem Host-Rechner zu installieren. Für einige Standard-Software-Produkte zur Materialwirtschaft werden Stücklistenauflösungen und Verwendungsnachweise angeboten.

Kapazitätsgrobplanung

Wenn die Verbindung der groben Kapazitätsbelegung zum Vertrieb und zum Auftragsabwicklungssystem besonders stark ist (Aufträge als Grundlage der Produktionsprogrammplanung), ist eine Realisierung der Grobplanung auf dem Host-System anzustreben.

Ist die Verbindung zur Primärbedarfsplanung stärker (Prognosen als Grundlage der Produktionsprogrammplanung), sollte die Grobplanung auf einem Mikrorechner erfolgen. Dieser ist mit dem Primärbedarfsplanungs-Rechner zu vernetzen. Wo die Rechnerkapazitäten dies zulassen, können Primärbedarfsplanung und Grobplanung auch auf einem Computer realisiert sein.

Kapazitätsfeinplanung

Wenn für die Belegung bestimmter Maschinen oder Maschinengruppen Optimierungsalgorithmen angewendet werden, sind diese wegen der geforderten Rechenintensität auf einem Mikrorechner zu realisieren.

Gerade solche Optimierungsalgorithmen würden den Großrechner in einer nicht zu vertretenden Weise belasten und zu erheblichen Performance-Einbußen bei allen anderen Anwendungen führen. Deswegen werden Optimierungsalgorithmen zur Kapazitätsfeinplanung häufig auf dedizierten Rechnern angeboten[20]. Auch für andere Verfahren der Kapazitätsfeinplanung wie Erstellen von Kapazitätsbelastungsübersichten oder Auftragsnetzen sowie Warteschlangen-Übersichten ist der Mikrorechner aufgrund seiner Benutzeroberfläche (Grafik, Mouse, Windowing) und seiner Rechenleistung geeignet.

Produktionssteuerung

Materialflußsteuerung, Produktionssteuerung und Betriebsdatenerfassung sind als Einheit zu sehen und sollten wegen der engen gegenseitigen Verflechtungen auf jeweils einem Mikrorechner realisiert werden, der einer Fertigungsstufe (Maschinengruppe) und dem zugehörigen Zwischenlager zugeordnet ist.

3.4. Rechnerorientierte Darstellung des Ablaufs

3.4.1. Ein Beispiel

Die Funktionsweise der zuvor erläuterten Rechnerhierarchie für ein Materialflußsteuerungssystem mit der dargestellten Verteilung von Daten und Funktionen wird an einem Beispiel erläutert. Es gelten folgende Prämissen:

- Die Fertigung umfaßt vier Stufen.

- Vor jeder Fertigungsstufe befindet sich ein Zwischenlager, bzw. vor der ersten Stufe das Rohstofflager.

- Die Zwischenlager umfassen sowohl dispositive als auch auftragsgebundene Zwischenprodukte.

- Rohstoffe und Verpackungsstoffe werden analog der vorgestellten Datenverteilung in einem Materialwirtschaftssystem auf dem Host-Rechner geführt. Rohstoffe werden verbrauchsgesteuert disponiert, d.h. sie werden auftragsunabhängig bestellt und sind im Normalfall vorhanden.

- Alle Zwischenprodukte (dispositiv und auftragsgebunden) werden auf lokal angesiedelten Mikrorechnern geführt, die über ein Netz miteinander verknüpft sind. Jeder Mikrorechner dient in diesem Netz als File-Server, d.h. jeder Mikrorechner kann auf alle Daten aller anderen Mikrorechner zugreifen. Im Rahmen der durch den Netz-Verantwortlichen festgelegten Berechtigungen können von jedem Mikrorechner Veränderungen an allen Daten vorgenommen werden.

- Fertigungssteuerung und zentrale Disposition der Zwischenlager werden auf einem Mikrorechner vorgenommen.

- Die Endprodukte werden im Rahmen des Vertriebs-Systems auf dem Host-Rechner geführt.

1. Schritt

Der Auftrag mit der Auftragsnummer 8888 in Höhe von 1000 Mengeneinheiten (ME) wird vom Vertrieb angenommen, nachdem die Überprüfung des vom Kunden gewünschten Liefertermins anhand der im Auftragsabwicklungssystem gespeicherten Lieferzeit-Daten für die entsprechende Produktgruppe (Lieferzeit, die auf jeden Fall zu realisieren ist, und kürzestmögliche Lieferzeit, jeweils mit Varianzen) stattgefunden hat.

Der Auftrag wird im Host-Vertriebssystem gespeichert; das im Auftrag spezifizierte Produkt ist kein Standardprodukt und erhält dieselbe Nummer wie der zugehörige Auftrag.

Es folgt die Bestimmung der eingehenden Rohstoffe und der optimalen auftragsgebundenen Zwischenprodukte sowie der dispositiven Zwischenprodukte, die auf den einzelnen Fertigungsstufen optimal sind.

Der Rohstoffeinsatz wird über die Rezeptur des ersten Zwischenproduktes anhand der Stückliste ermittelt. Stücklisten sind auf dem Host-Rechner gespeichert. Für die Ermittlung der Zwischenprodukte und ihrer Mengen der zweiten bis vierten Fertigungsstufe wird ein rechenintensiver Optimierungsvorgang mit mehreren Rechendurchläufen angenommen, der deswegen auf einem eigenen Mikrorechner durchgeführt wird.

Die Stücklistenauflösung und der Optimierungslauf bringen folgendes Ergebnis (vgl. Abb. 3.4.1.1.):

Der Auftrag wird aus den drei Rohstoffen

1 000 0001
1 000 0002
1 000 0003

gefertigt. Die erste Stelle der Materialnummer bezeichnet die Nummer des Lagers, sie gibt also an, daß es sich um einen Rohstoff handelt. Die folgenden Stellen bilden eine reine Zählnummer.

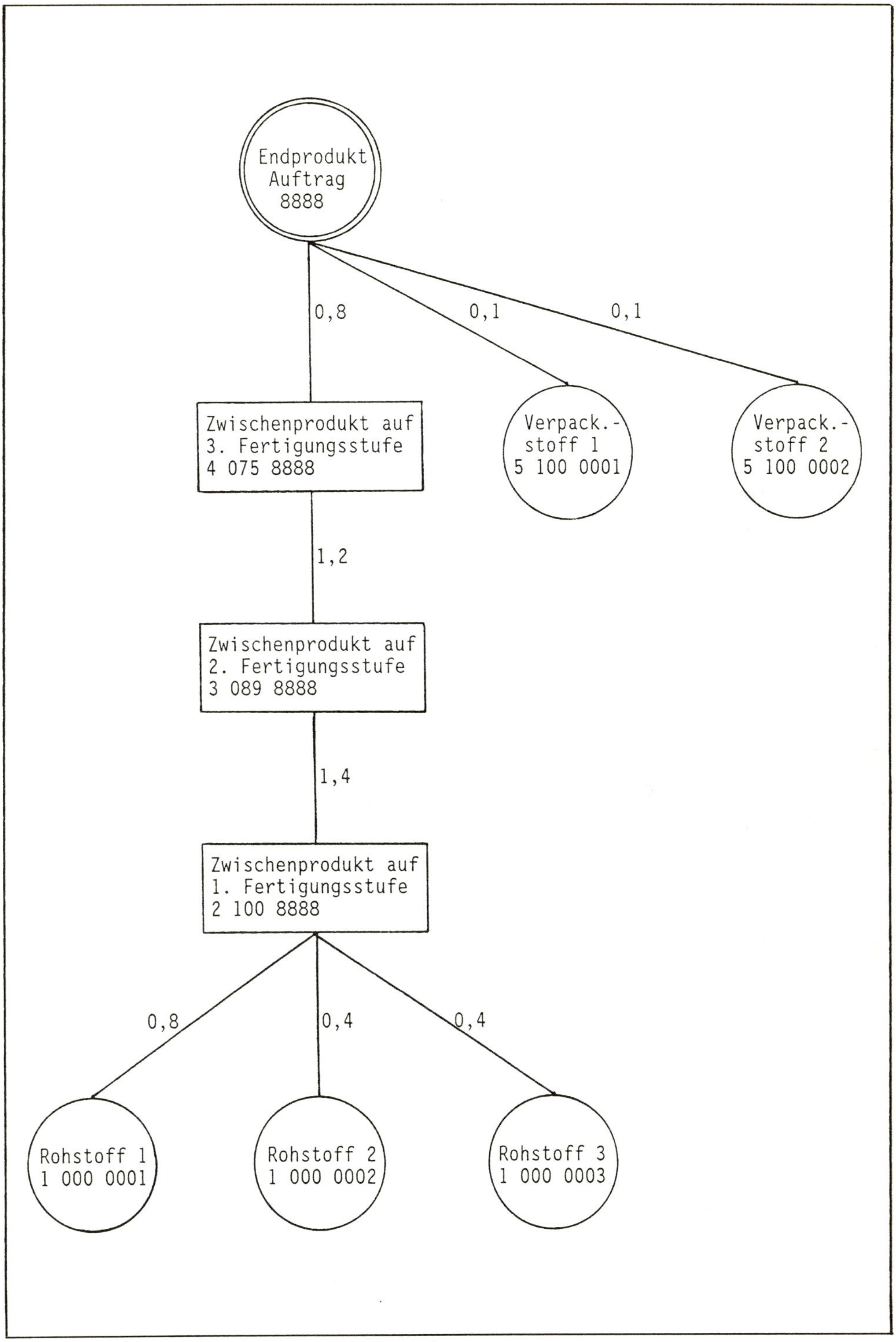

Abb. 3.4.1.1.: Gozintograph mit auftragsbezogenen Zwischenprodukten

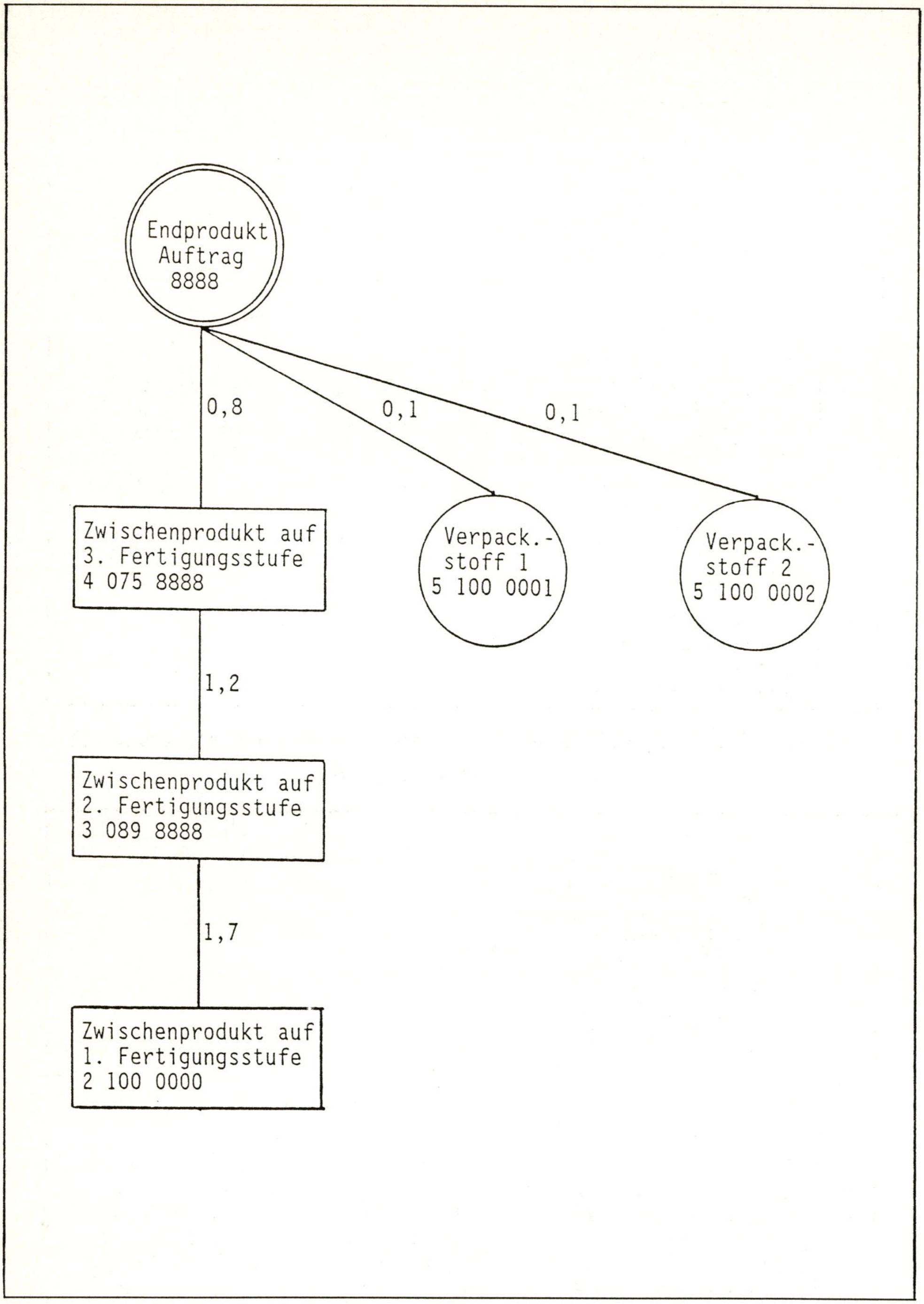

Abb. 3.4.1.2 a: Gozintograph mit dispositivem Zwischenprodukt auf der ersten Fertigungsstufe

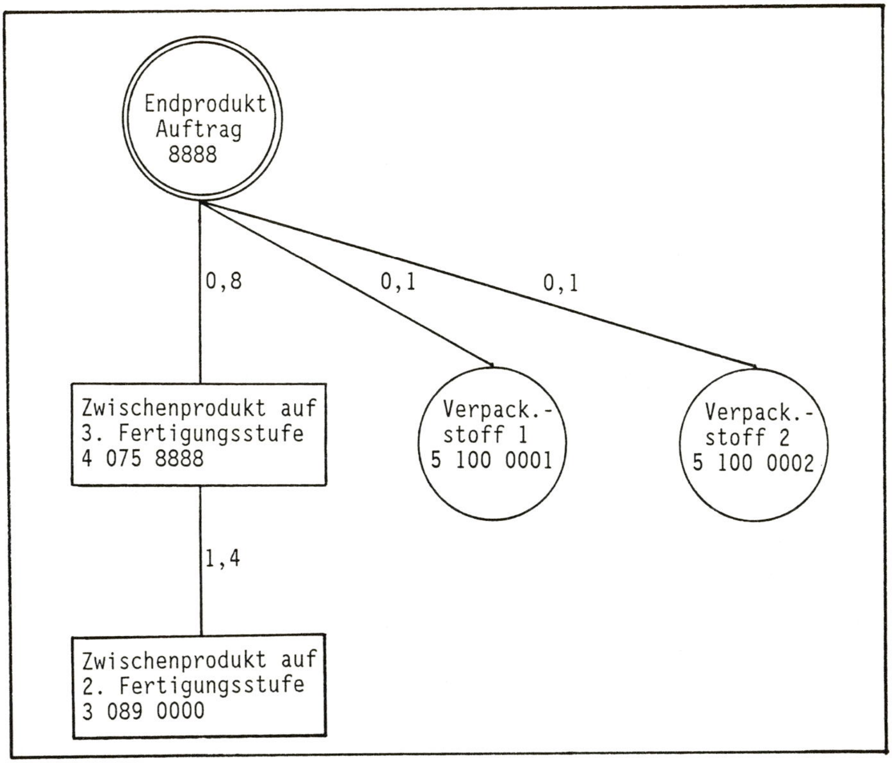

Abb. 3.4.1.2 b: Gozintograph mit dispositivem Zwischenprodukt auf der zweiten Fertigungsstufe

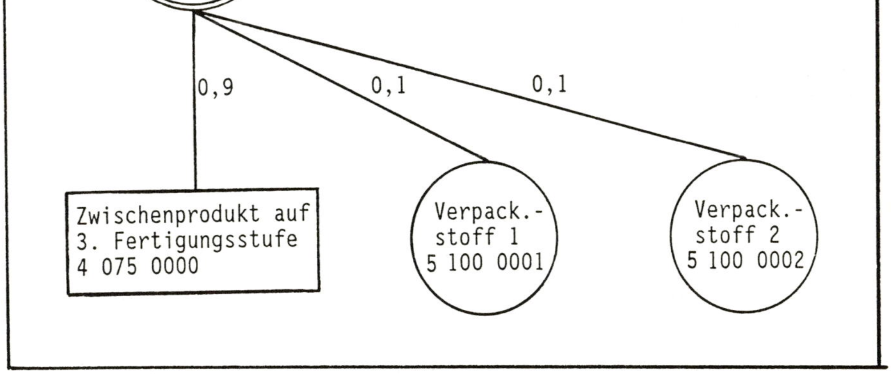

Abb. 3.4.1.2 c: Gozintograph mit dispositivem Zwischenprodukt auf der dritten Fertigungsstufe

Nach der ersten Fertigungsstufe soll das Produkt

2 100 8888

entstehen, das in der zweiten Stufe zu

3 089 8888

und in der dritten Stufe zu

4 075 8888

weiterverarbeitet wird.

Die Zahlen an den Verbindungslinien des Gozinthographen geben die Produktionskoeffizienten wieder.

Auch bei den Produkten des zweiten bis vierten Lagers gibt die erste Stelle der Materialnummer das jeweilige Lager an.

Die letzten vier Stellen sind identisch mit der Auftragsnummer, wenn es sich um ein auftragsbezogenes Zwischenprodukt handelt, bzw. sind Null, wenn es sich um ein dispositives Zwischenprodukt handelt.

Die dispositiven Zwischenprodukte werden auf der jeweiligen Fertigungsstufe durch die zweite bis vierte Stelle der Materialnummer eindeutig definiert. Innerhalb der Materialklasse, der sie angehören, sind die Sachmerkmalsausprägungen genau spezifiziert.

Die in der Produktionsfeinplanung ermittelten auftragsbezogenen Zwischenprodukte erhalten auf der zweiten bis vierten Stelle die gleiche Nummer wie das dispositive Zwischenprodukt, das derselben Materialklasse angehört und die Sachmerkmalsausprägungen aufweist, die denen des auftragsbezogenen am nächsten kommen. Damit können das auftragsbezogene und das geeigneteste dispositve Zwischenprodukt über die Materialnummer zusammengeführt werden. Andere alternative Zwischenprodukte können durch Anwendung des Materialklassensystems ermittelt werden.

Die auftragsspezifischen Materialnummern werden nicht permanent gehalten, sondern nur solange der Auftrag oder Materialien des Auftrags in Bearbeitung sind. Die Nummern der zugehörigen dispositiven Zwischenprodukte sind permanente Materialnummern.

In der vierten Stufe, der Verpackung, kommen zu dem Produkt 4 075 8888 die Verpackungsstoffe

5 100 0001 und

5 100 0002

hinzu, die zusammen das zu Auftrag 8888 gehörige Endprodukt bilden.

Das Endprodukt kann ebenso aus dispositiven Zwischenprodukten gefertigt werden, allerdings ist die Menge der einzubringenden Zwischenprodukte entsprechend höher (vgl. Abb. 3.4.1.2.).

Nach Überprüfung der derzeitigen Kapazitätssituation auf dem Fertigungssteuerungs-Mikrorechner durch den Fertigungsplaner wird festgelegt, daß der Auftrag, da die geforderte Auftragsdurchlaufzeit dies ermöglicht, durch alle Fertigungsstufen hindurch gefertigt werden soll.

(Würde die geforderte Auftragsdurchlaufzeit nicht ausreichen, den Auftrag durch alle Fertigungsstufen hindurch zu produzieren, müßte der Fertigungssteuerer zunächst überprüfen, welches Zwischenlager das geeignete ist, d.h. von welchem Zwischenlager an die realisierbare Auftragsdurchlaufzeit gerade geringer ist als die geforderte Auftragsdurchlaufzeit, und nach Überprüfung des Lagerbestandes die benötigte Menge des geeigneten dispositiven Zwischenproduktes reservieren. Über das Netz hätte er einen Einblick in alle Lager und die Möglichkeit, in diesen Manipulationen vorzunehmen.)

Die ermittelten Plandaten werden als Planzu- und -abgänge dem Materialwirtschaftssystem für die Roh- und Verpackungsstoffe und den einzelnen Mikrorechnern für die Zwischenprodukte übermittelt.

Dabei erhält jeder Mikrocomputer nur die Plandaten übermittelt, die das Zwischenlager betreffen, das er verwaltet.

Abb. 3.4.1.3. faßt die Ausgangssituation des Beispiels zusammen.

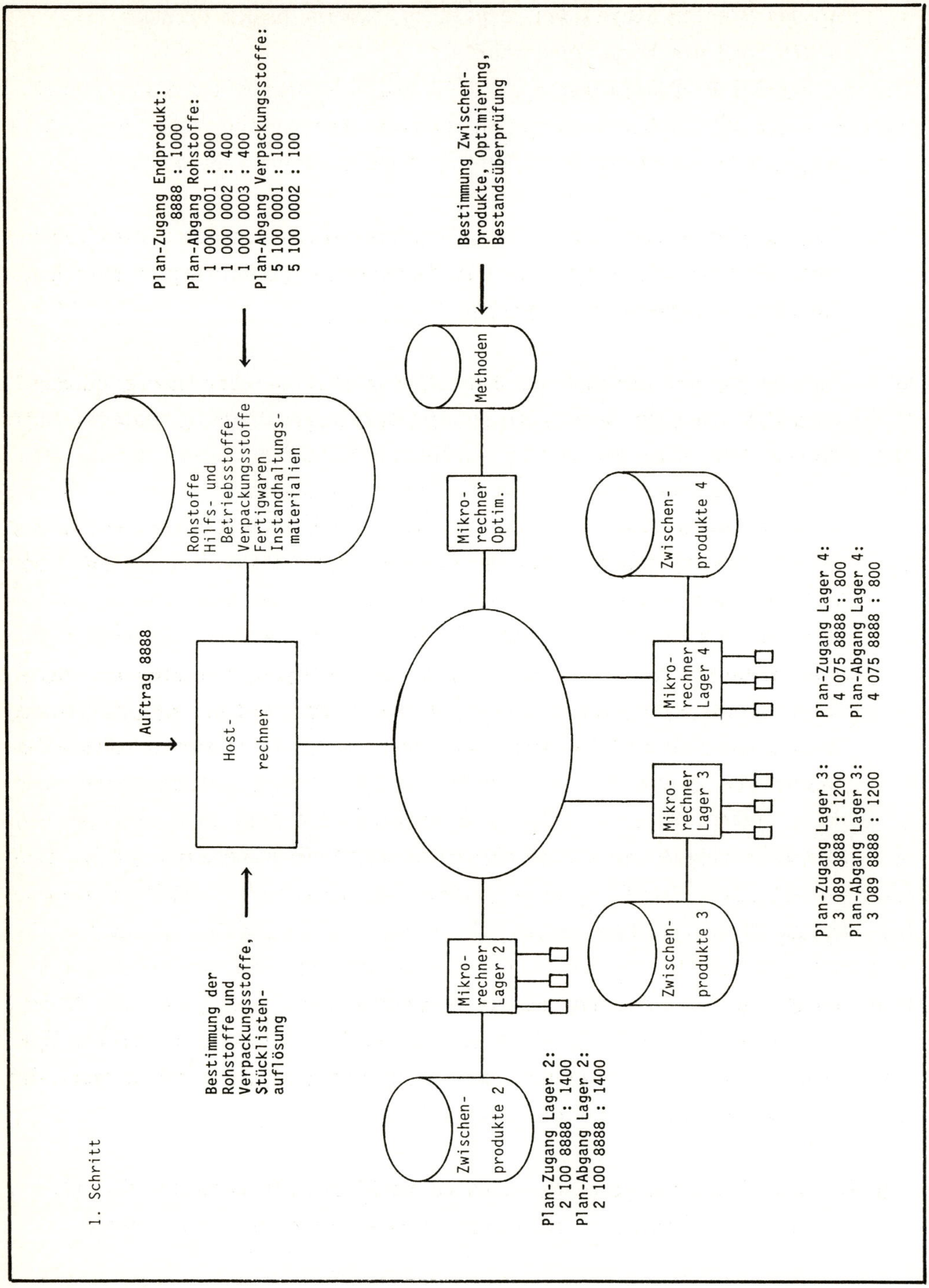

Abb. 3.4.1.3.: rechnerorientierte Darstellung des Ablaufs (1. Schritt)

<u>2. Schritt</u> (vgl. Abb. 3.4.1.4.)

Die abgehenden Rohstoffe werden erfaßt und dem Host-Materialwirtschaftssystem mitgeteilt. Der buchmäßige Rohstoffabgang kann auf vier unterschiedliche Arten erfolgen:

- Der geplante Abgang wird als Entnahmemenge verbucht. Die dadurch entstehenden Abweichungen sind periodisch (z.B. monatlich) durch körperliche Inventuren zu bereinigen.

- Der körperliche Abgang der Rohstoffe wird erfaßt (gemessen, gewogen) und auf einem Materialentnahmeschein festgehalten. Dieser wird im Materialwirtschaftssystem verbucht.

- Der körperliche Abgang der Rohstoffe wird erfaßt (gemessen, gewogen). Die erfaßten Daten werden über ein BDE-Terminal dem Host-System übermittelt.

- Der körperliche Abgang der Rohstoffe wird erfaßt (gemessen, gewogen). An der Erfassungsstelle sind Geber (BDE-Endgeräte) angebracht, die die Meßergebnisse speichern und dem Materialwirtschaftssystem übermitteln.

Bei den Möglichkeiten zwei bis vier kann eine Abweichung zwischen Planzahlen und Istzahlen entstehen, die gespeichert wird und für spätere Auswertungen zur Verfügung steht.

Die Abbuchung der Rohstoffe bewirkt, daß im Vertriebs-System ein Sperrkennzeichen gesetzt wird, d.h. daß vom Kunden keine Änderungen an der Spezifikation seines bestellten Produktes mehr vorgenommen werden dürfen, die die erste Fertigungsstufe betreffen.

Dagegen können Änderungen, die spätere Fertigungsstufen betreffen (z. B. Verpackungsvorschriften, Versandvorschriften), noch zugelassen werden.

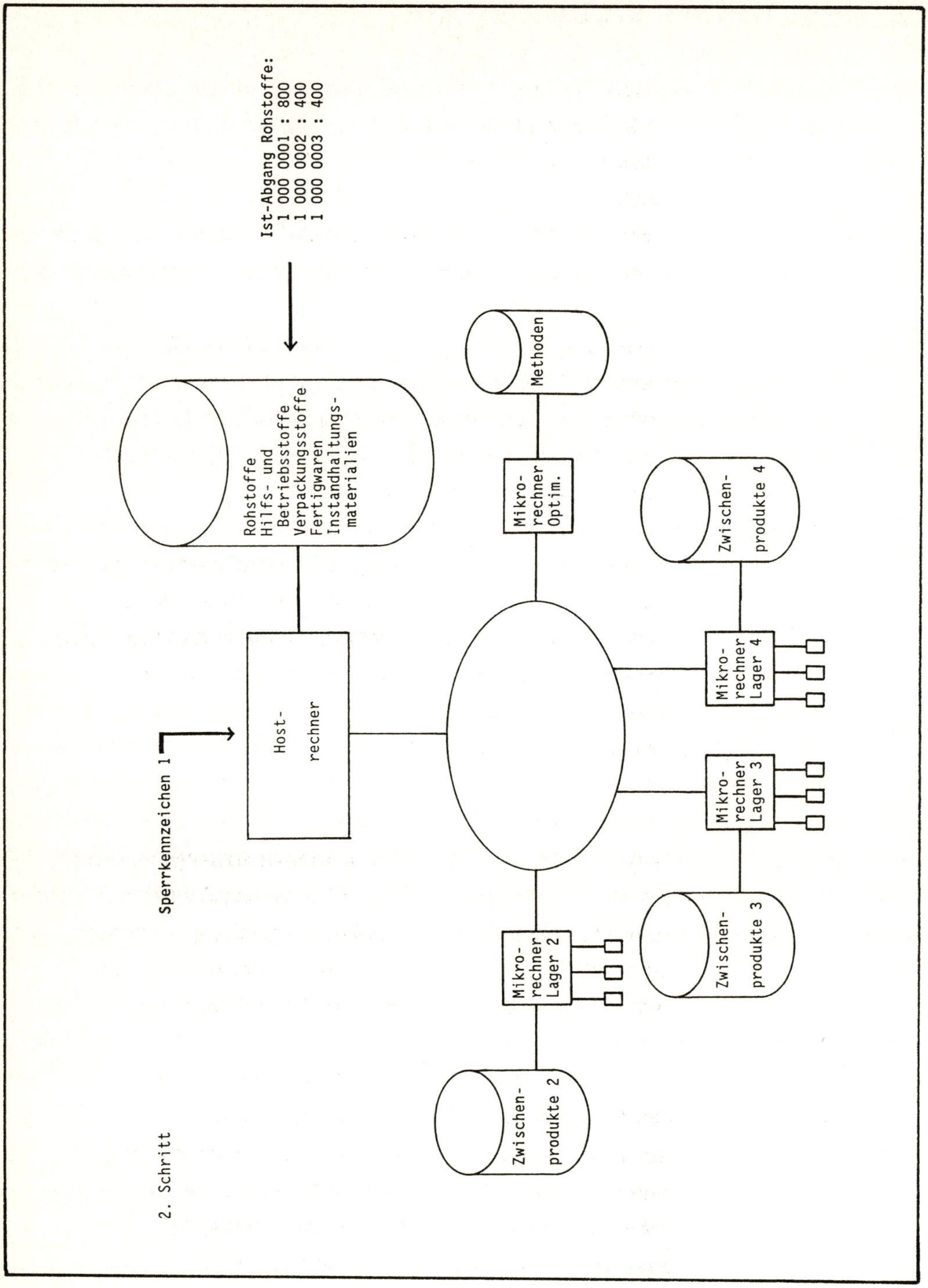

Abb. 3.4.1.4.: rechnerorientierte Darstellung des Ablaufs (2. Schritt)

3. Schritt (vgl. Abb. 3.4.1.5.)

Nach Durchlaufen der ersten Fertigungsstufe wird die erzeugte Menge an Produkt 2 100 8888 erfaßt. Dies kann nach denselben Möglichkeiten geschehen, wie unter Schritt 1 beschrieben.

Der Vergleich des Planwertes (1400 ME) mit dem Istwert (1500 ME) zeigt eine positive Abweichung. Es wird überprüft, ob diese Abweichung innerhalb einer vorgegebenen Toleranzgrenze liegt. Unter der Annahme, diese liege bei 10 %, wird das Produkt vollständig weiterbearbeitet. Damit wird die Sollzahl für den Materialabgang auf 1500 ME festgelegt.

Gleichzeitig wird unter Hinzunahme der Planzahlen (1400 ME Abgang auf Zwischenlager 2, 1200 ME Zugang in Zwischenlager 3) der Sollwert als 1500 x (1200 : 1400) = 1286 ME für den Zugang im Zwischenlager 3 berechnet.

Der gegenseitige Zugriff auf die Daten wird durch das Netz ermöglicht.

4. Schritt (vgl. Abb. 3.4.1.6.)

Für die Produktion auf Fertigungsstufe 2 wird das Material aus dem Zwischenlager entnommen, gemessen und als Lagerabgang verbucht. Da zwischenzeitlich keine Veränderung der Menge, die durch Schwund, Verderben, Verdunsten etc. möglich wäre, stattgefunden hat, wird ein Lagerabgang von 1500 ME festgestellt.

Im Host-System wird mit der Verbuchung des Abgangs das zweite Sperrkennzeichen im Auftragsabwicklungssystem gesetzt, das bewirkt, daß vom Kunden keine Änderungen am Auftrag mehr vorgenommen werden dürfen, die die zweite Fertigungsstufe betreffen.

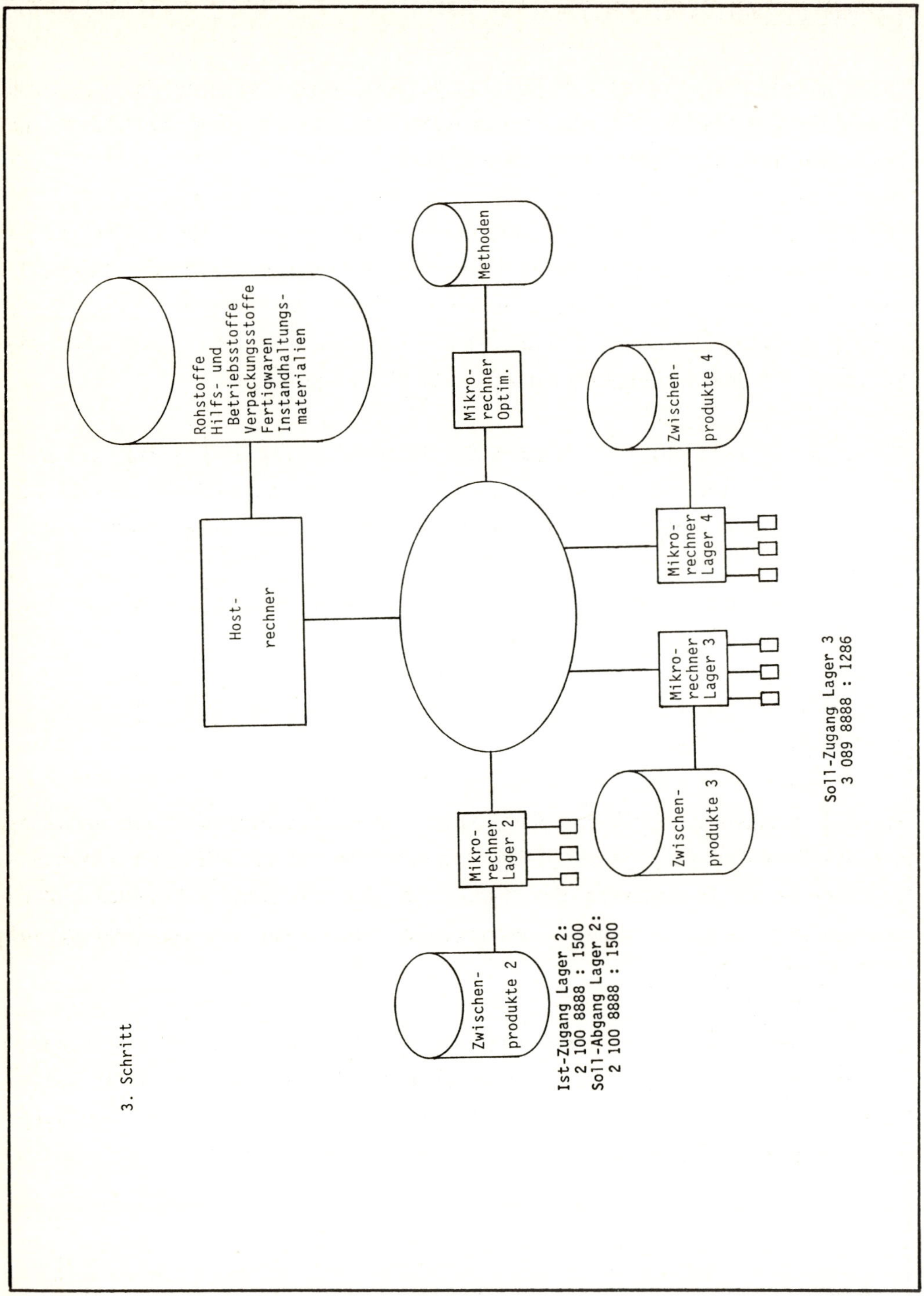

Abb. 3.4.1.5.: rechnerorientierte Darstellung des Ablaufs (3. Schritt)

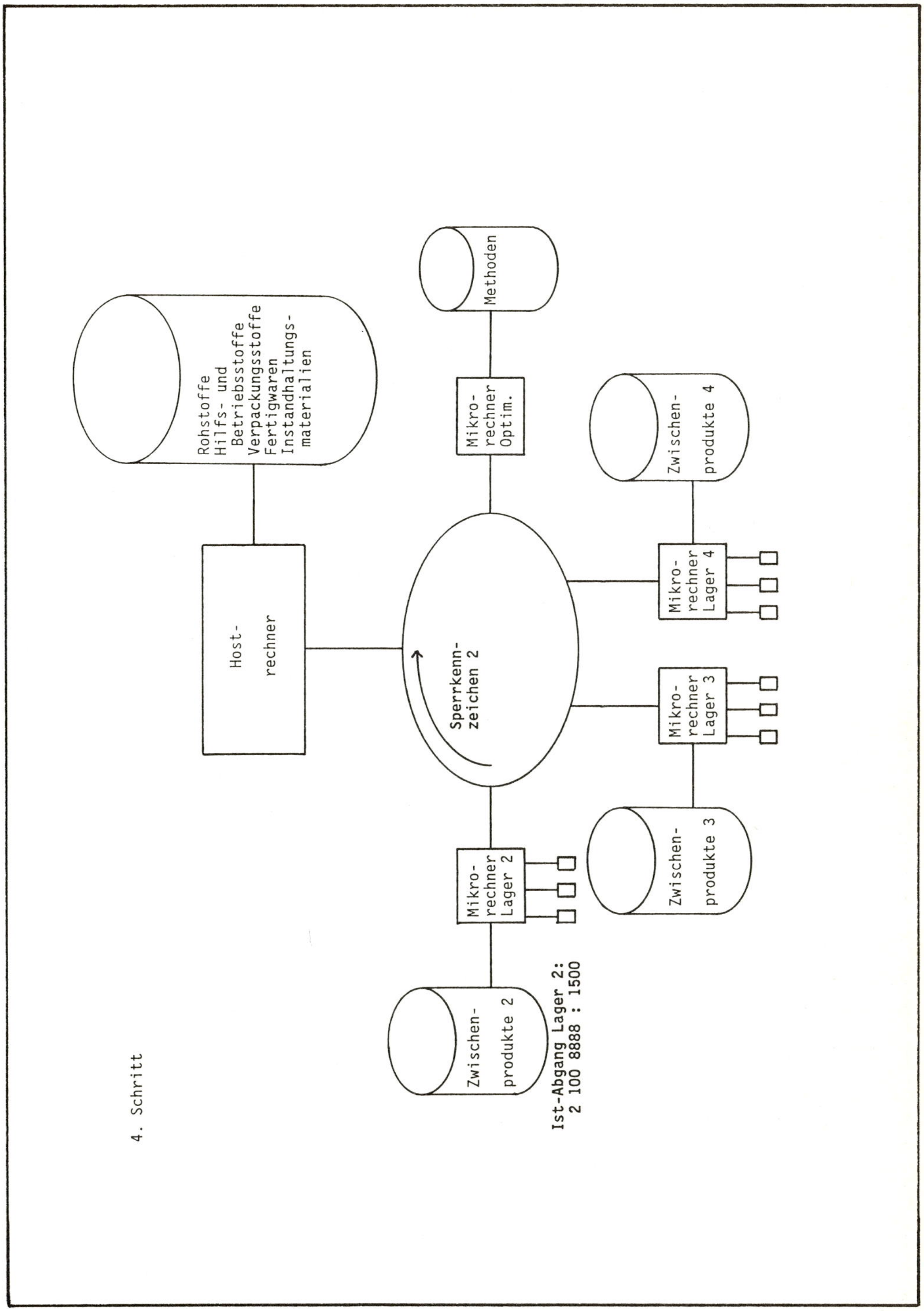

Abb. 3.4.1.6.: rechnerorientierte Darstellung des Ablaufs (4. Schritt)

<u>5. Schritt</u> (vgl. Abb. 3.4.1.7.)

Nach der zweiten Fertigungsstufe wird im dritten Zwischenlager ein Zugang von 1450 ME an Produkt 3 089 8888 gemeldet. Hier ist es wichtig, die Sollzahlen und die Planzahlen zum Vergleich heranziehen zu können. Die Sollzahl ist von Bedeutung für die Beurteilung der Produktivität der Fertigungsstufe 2, die in diesem Fall um

$$\frac{1450 - 1286}{1286} \approx 13\ \%$$

über der Normalproduktivität liegt. Hätte man nur die Planzahl zum Vergleich, würde man die Verbesserung der Produktivität mit

$$\frac{1450 - 1200}{1200} \approx 21\ \%$$

und damit um 8 Prozentpunkte bzw. mehr als 60 Prozent zu hoch ansetzen.

> (Im umgekehrten Fall, wenn z.B. der Zugang 1200 ME betragen hätte, hätte sich aus dem Vergleich mit der Planzahl keine Abweichung ergeben; tatsächlich hat die Fertigungsstufe 2 - dies zeigt nur der Vergleich mit der Sollzahl 1286 - aber nicht die gewünschte Leistung gebracht.)

Daneben ist aber auch die Planzahl wichtig, da sie angibt, welche Menge weiterverarbeitet werden muß, damit die gewünschte Menge des Endproduktes erreicht wird.

Mittlerweile liegt die Istmenge um 250 ME und damit um mehr als die Toleranz von 10 % über der weiterzuverarbeitenden Menge von 1200 ME. Diese sollen demnach nicht weiterverarbeitet werden. Sie werden dem wiederholauftragsbezogenen Zwischenlager zugebucht, sofern ein Wiederholungsauftrag zu erwarten ist (Kennung im Auftragsabwicklungssystem bei Auftragsannahme). Im anderen Fall - dieser sei hier unterstellt - wird die Übermenge dem dispositiven Zwischenlager zugebucht.

Da somit die Sollabgangsmenge aus Zwischenlager 3 wieder der Planabgangsmenge entspricht, ist der Sollzugang im Zwischenlager 4 gleich dem Planzugang.

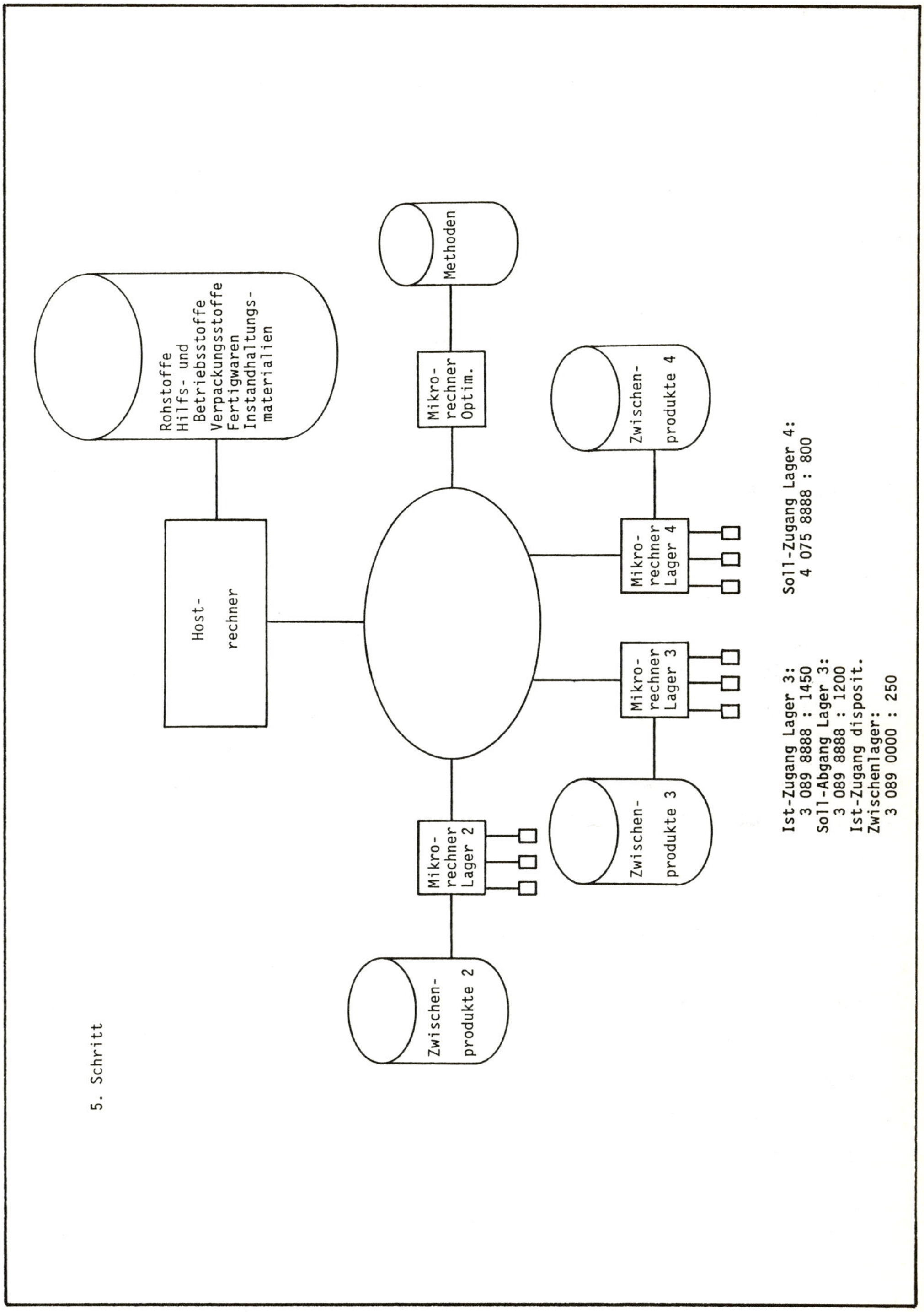

Abb.3.4.1.7.: rechnerorientierte Darstellung des Ablaufs (5. Schritt)

<u>6. Schritt</u> (vgl. Abb. 3.4.1.8.)

Dieser Schritt erfolgt analog zum vierten Schritt. Die abgegangene Istmenge wird erfaßt. Im Auftragsabwicklungssystem wird das dritte Sperrkennzeichen gesetzt, das keine Veränderung des Auftrags bis einschließlich der dritten Fertigungsstufe mehr zuläßt.

<u>7. Schritt</u> (vgl. Abb. 3.4.1.9.)

Aufgrund ungünstiger Verhältnisse in der dritten Fertigungsstufe wird dort hoher Ausschuß produziert, so daß der Ausstoß anstatt der erwarteten 800 ME nur 600 ME des Produktes 3 075 8888 beträgt. Dieser Zugang wird im Mikrorechner, der zum vierten Zwischenlager gehört, verbucht. Da diese Menge nicht zur Produktion der gewünschten Menge des Endproduktes ausreicht, bestehen zwei Möglichkeiten:

- Aus dem vorhergehenden Zwischenlager wird Material auf der Fertigungsstufe 3 bearbeitet, so daß in Zwischenlager 4 genügend Material vorhanden ist. Dies geht nur, wenn
  - im dritten Zwischenlager für den Auftrag passendes Material vorhanden ist (dies ist der Fall)
  - die Maschine(n) in Fertigungsstufe 3 noch nicht umgerüstet ist (sind) oder die Umrüstung zu vertretbaren Kosten geschehen kann
  - der Auftrag in seinem Endtermin nicht gefährdet wird und
  - andere Aufträge, die dadurch zurückgestellt werden, nicht in ihrem Endtermin gefährdet werden.

- Aus dem Zwischenlager 4 wird ein dispositives Zwischenprodukt weiterverarbeitet.

Es sei angenommen, die Maschine sei bereits umgerüstet, so daß aus dem Zwischenlager 4 ein dispositives Zwischenprodukt weiterverarbeitet werden soll.

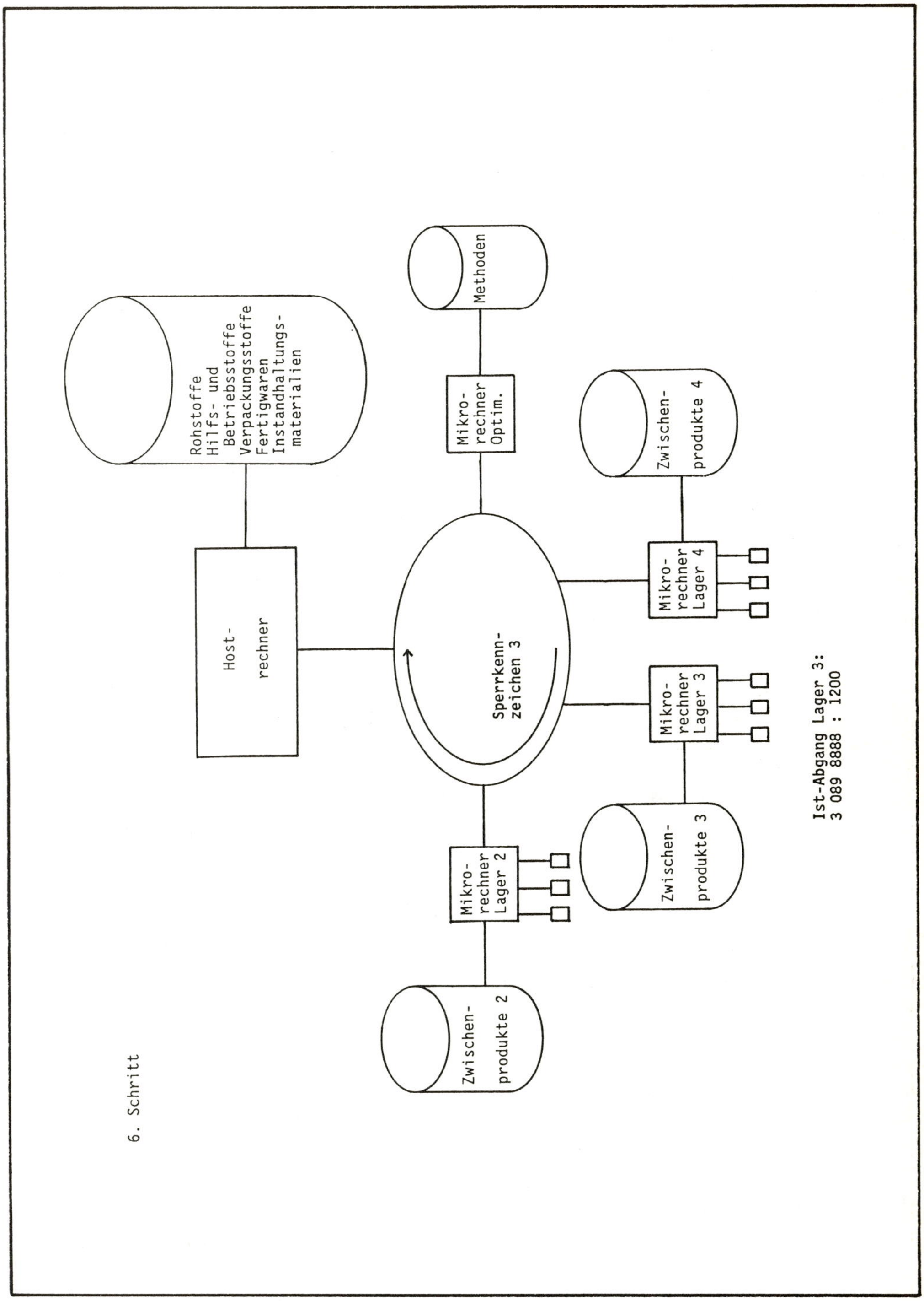

Abb. 3.4.1.8.: rechnerorientierte Darstellung des Ablaufs (6. Schritt)

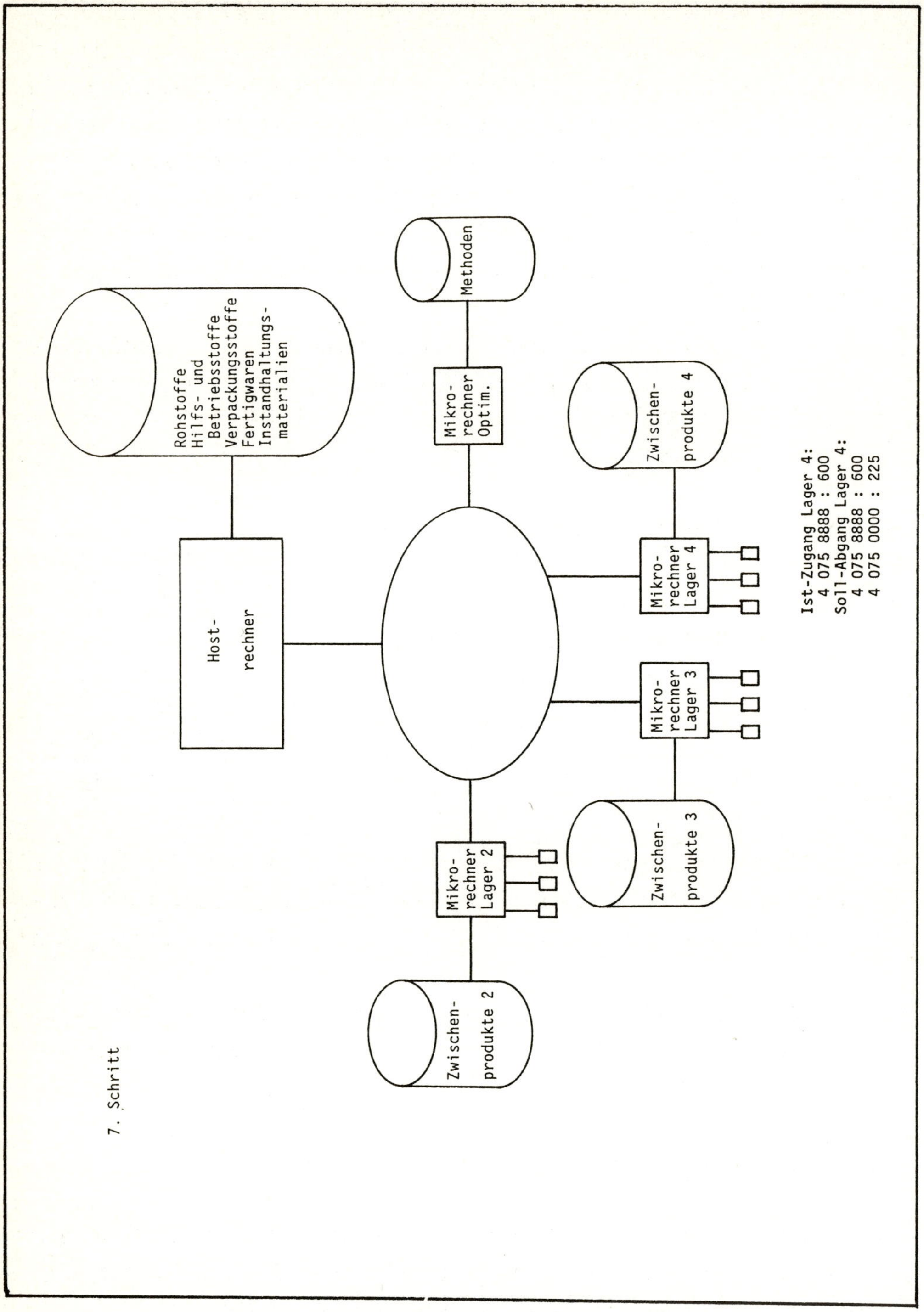

Abb. 3.4.1.9.: rechnerorientierte Darstellung des Ablaufs (7. Schritt)

Der Disponent des vierten Zwischenlagers kann, da er über alle notwendigen Daten verfügt und kein anderes Zwischenlager betroffen ist, diese Entscheidung selbständig ohne Einschaltung des zentralen Disponenten treffen. Wären andere Aufträge oder andere Zwischenlager betroffen, müßte der zentrale Disponent die Entscheidung über den weiteren Materialfluß dieses Auftrags und der betroffenen Aufträge fällen, da er über den Zugriff auf alle Stationen im Netz und sein Produktionssteuerungssystem die Auswirkungen von Produktions- oder Lagerentnahmeänderungen ermitteln könnte.

Das Zwischenprodukt, das weiterverarbeitet werden soll, ist gemäß dem Gozintograph das Zwischenprodukt 4 075 0000. Aus den vorher ermittelten Einsatzfaktoren (s. Schritt 1) ergibt sich, daß von dem dispositiven Zwischenprodukt 200 x (900 : 800) = 225 ME benötigt werden.

Damit können die Sollabgangsmengen definiert werden:

Produkt 4 075 8888	:	600 ME
Produkt 4 075 0000	:	225 ME

<u>8. Schritt</u> (vgl. Abb. 3.4.1.10.)

Auf der vierten Fertigungsstufe, der Verpackungsstufe, werden die Materialien 4 075 8888 und 4 075 0000 - dieses nach der geforderten Nachbearbeitung - mit den Verpackungstoffen 5 100 0001 und 5 100 0002 zusammengeführt.

Es erfolgt die Istmeldung des Abgangs im zum vierten Zwischenlager zugehörigen Mikrorechner bzw. für die Verpackungsstoffe im Materialwirtschaftssystem auf dem Host.

Damit sind auch hier Plan-/Soll-/Istvergleiche möglich.

Gleichzeitig wird das letzte Sperrkennzeichen im Auftragsabwicklungssystem gesetzt, das nur noch Veränderungen z.B. in der Versandart, aber keine produktionstechnischen Änderungen des Auftrags mehr zuläßt.

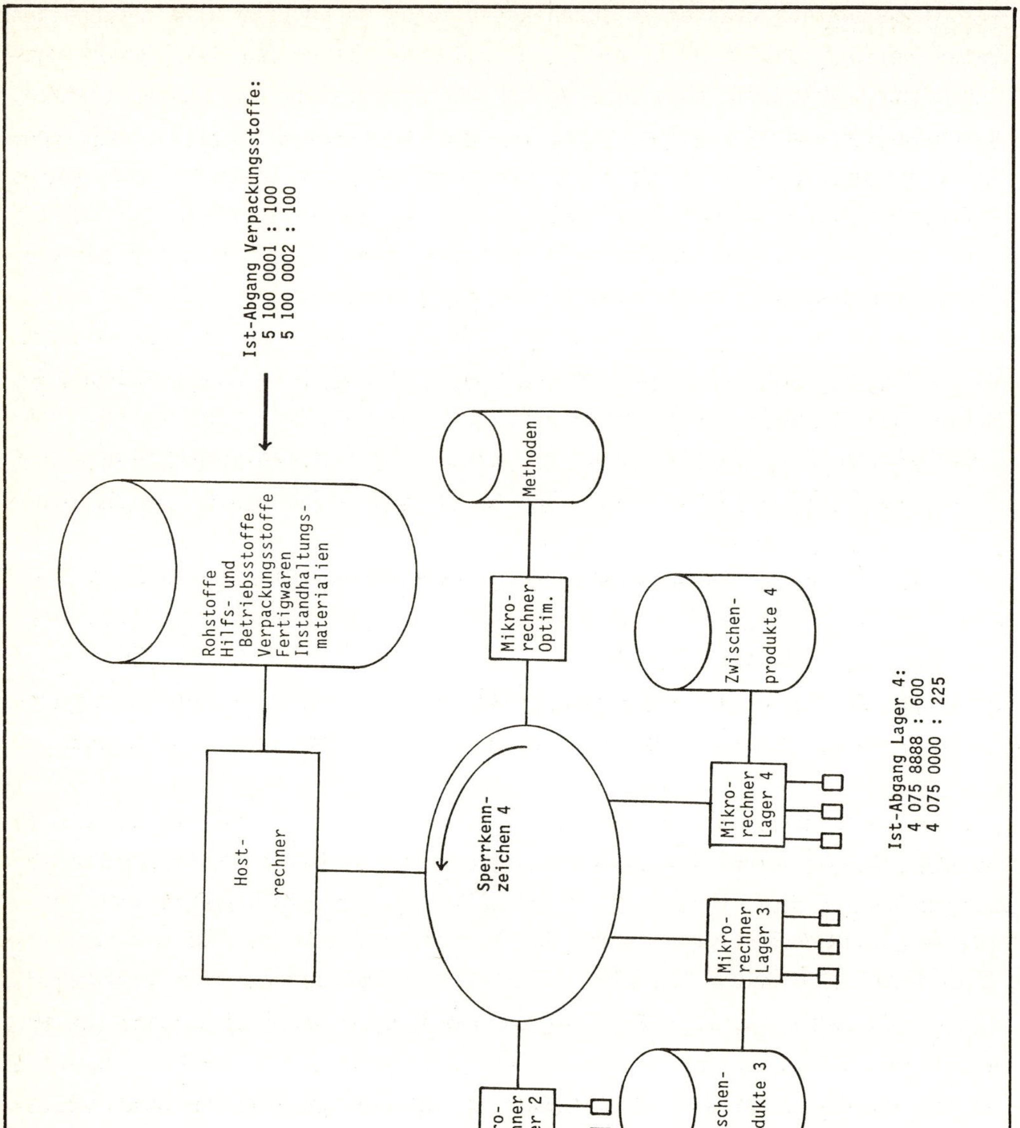

Abb. 3.4.1.10.: rechnerorientierte Darstellung des Ablaufs (8. Schritt)

3.4.2. Bewertung

Aus der ausführlich dargestellten Vorgehensweise wird deutlich, daß eine so gestaltete Rechnerhierarchie mit der beschriebenen Verteilung von Daten und Funktionen es ermöglicht,

- die Daten zeitnah zu erheben und damit
- den Materialfluß genau zu verfolgen und auf jeder Fertigungsstufe steuernd einzugreifen, um die geforderte Auftragsmenge zeitgerecht zu erreichen
- die Daten redundanzarm zu halten und damit Dateninkonsistenzen und erhöhte Kosten durch doppelte Datenhaltung und mehrfachen Datenabgleich weitgehend zu vermeiden
- aus dem Plan-, Soll- und Istzahlen-Vergleich Abweichungen festzustellen und neue Sollzahlen für die jeweils nachfolgenden Fertigungsstufen zu ermitteln
- aus den Soll- und Ist-Abweichungen bessere Angaben über die tatsächliche Leistung und den Ausschuß von Fertigungsstufen zu erreichen.

Auf der einen Seite ist es wichtig, pro Auftrag eine Verfolgung der eingesetzten Mengen durchzuführen, auf der anderen Seite können bestimmte Abweichungen im Maschinenausstoß nicht unbedingt bestimmten Aufträgen angelastet werden.

So ist z.B. beim ersten Auftrag nach einer Umrüstung grundsätzlich mit höherem Ausschuß zu rechnen als bei einem Auftrag mitten im Lauf zwischen zwei Umrüstungen. Ebenso ist höherer Ausschuß aufgrund einer hohen Abnutzung von Verschleißteilen in einer Maschine nicht einem bestimmten Auftrag zuzurechnen. Außerdem hat eine Mengenverfolgung eines Auftrags bei selten wiederkehrenden Erzeugnissen keine große Aussagekraft.

Wichtiger erscheint die Betrachtung der einzelnen Fertigungsstufen mit ihren Einsatz- und Ausstoßmengen, damit man Durchschnittswerte erhält, die z.B. in die Kalkulation eingehen. Desgleichen müssen die Abweichungen von den Durchschnittswerten betrachtet und ihre Ursachen untersucht werden, damit dort gezielt gegengesteuert werden kann.

Diese Betonung der Betrachtung der Fertigungsstufe kommt der vorgestellten Verteilung von Daten und Funktionen auf den Rechnern auch entgegen, da alle Daten, die zu einer Fertigungsstufe gehören, auf einem Rechner (zumindest logisch) gehalten werden.

Zwar ist es im Rahmen der Möglichkeiten der Netzwerktechnologie heute realisierbar, Daten über mehrere unterschiedliche Rechner hinweg zusammenzuführen und auszuwerten, und die noch bestehenden Schwierigkeiten werden weiter abnehmen; doch wird es auch in Zukunft auf jeden Fall einfacher sein, Daten eines Rechners oder gleicher Rechner auszuwerten als Daten, die von mehreren unterschiedlichen Rechnern stammen. Außerdem ist zu beachten, daß die Netze, die heute meistens mit einer Kapazität von wenigen Megabit/sec. ausgestattet sind, nicht unbeschränkt viele Daten übermitteln können.

Damit zeigt auch das Beispiel, daß die vorgestellte Architektur eines Materialfluß-Steuerungssystems einen guten Kompromiß darstellt zwischen den Forderungen,

- die Daten möglichst am Ort ihrer Entstehung zu erfassen und für Auswertungen vor Ort verfügbar zu machen sowie für hohe Verfügbarkeit zu sorgen

- alle für die Steuerung notwendigen Daten vor Ort zu haben

- Daten über mehrere Fertigunsstufen hinweg für Auswertungen zur Verfügung zu stellen sowie für Steuerungen in Ausnahmefällen, wenn die ursprünglich geplante Situation nicht eingetroffen ist und die Steuerungsmechanismen, die dem lokalen Disponenten zur Verfügung stehen, nicht ausreichen.

Fußnoten zu Kapitel 3

1. Einen Überblick über die Künstliche Intelligenz gibt: Künstliche Intelligenz. Hrsg.: W. Bibel, J. H. Siekmann. Berlin-Heidelberg 1982 (Informatik-Fachberichte, Bd. 59. Hrsg.: W. Brauer im Auftrag der Gesellschaft für Informatik (GI)).
2. vgl. Scheer, A.-W.: EDV-orientierte Betriebswirtschaftslehre. 2. Auflage, Berlin-Heidelberg- New York, Tokyo 1985, S. 11-14.
3. zu Datenbanksystemen vgl.: Wedekind, H.: Datenbanksysteme I, 2. Auflage, Mannheim-Wien-Zürich 1981 (Reihe Informatik, Bd. 16. Hrsg.: K. H. Böhling, U. Kulisch, H. Maurer);
Wedekind, H., Härder, T.: Datenbanksysteme II, Mannheim-Wien-Zürich 1976 (Reihe Informatik, Bd. 18. Hrsg.: K. H. Böhling, U. Kulisch, H. Maurer);
Vinek, G., Rennert, P. F., Tjoa, A. M.: Datenmodellierung: Theorie und Praxis des Datenbankentwurfes. Würzburg-Wien 1982;
Wiederhold, G.: Datenbanken: Analyse, Design, Erfahrungen. München 1980;
Datenbanken in der Praxis. Hrsg.: CW-CSE, Communications, Services & Education. München 1983.
4. vgl. Schulze, H. H.: Lexikon zur Datenverarbeitung, Reinbek bei Hamburg 1981, S. 62.
5. vgl. Frank, J.: Standard-Software: Kriterien und Methoden zur Beurteilung und Auswahl von Software-Produkten, Köln 1980;
Horvath, P., Petsch, M., Weihe, M.: Standardanwendungssoftware für die Finanzbuchhaltung und die Kosten- und Leistungsrechnung . München 1983, S. 5-21;
Hansen, H. R. , Amsüss, W. L., Frömmer, N. S.: Standardsoftware - Beschaffungspolitik, organisatorische Einsatzbedingungen und Marketing. Berlin-Heidelberg-New York-Tokyo 1983 (Betriebs- und Wirtschaftsinformatik, Bd. 5, Hrsg.: H. R. Hansen, H. Krallmann, P. Mertens, A.-W. Scheer, D. Seibt, P. Stahlknecht, H. Strunz, R. Thome).
6. vgl. Scheer, A.-W.: EDV-orientierte Betriebswirtschaftslehre. 2. Auflage, Berlin-Heidelberg-New York-Tokyo 1984, S. 121 ff.
7. vgl. Österle, H.: Entwurf betrieblicher Informationssysteme. München-Wien 1981, S. 20 ff.
8. Roschmann, K.H.: Betriebsdatenerfassung in Industrieunternehmen. Hrsg.: Fachausschuß Organisation und Datenverarbeitung - Arbeitskreis Datenerfassung - Projektgruppe Betriebsdatenerfassung des Ausschusses für wirtschaftliche Verwaltung in Wirtschaft und öffentlicher Hand e.V. (AWV). München 1979, S. 14.
9. Roschmann, K.H.: Betriebsdatenerfassung, a.a.O., S. 15.
10. Definition und Arbeitsweise von Prozeßrechnern: Baumann, R.: Datenverarbeitung unter Zeitbedingungen. Informatik-Spektrum, 7 (1984), H. 2, S. 62-64;
Hultzsch, H.: Prozeßdatenverarbeitung. Stuttgart 1981;
Nehmer, J.: Systemarchitektur von Realzeitsystemen. Informatik-Spektrum, 7 (1984), H. 2, S. 65-72;
Walze, H.: Kommunikation in Verteilten Prozeßautomatisierungssystemen - realzeitspezifische Anforderung und Lösungsmerkmale. In: Kommunikation in Verteilten Systemen - Anwendungen und Betrieb. Hrsg.: S. Schindler u. O. Spaniol. Berlin-Heidelberg-New York 1983, (Informatik-Fachberichte, Bd. 60. Hrsg.: W. Brauer im Auftrag der Gesellschaft für Informatik (GI)), S. 658-670.
11. z.B. dem BDE-System der Firma AHP.
12. Definition und Arbeitsweise von local area networks: Kiesel, W. M., Kühn, P. J., Schröder H., Schwanke, A.: Architecture of the Communication Subsystem for Local Area Networks Operating under a New CSMA-Protocol with Dynamic Priorities. In: Kommunikation in Verteilten Systemen - Anwendung

und Betrieb, GI/NTG-Fachtagung, Berlin, 19. - 21. Januar 1983. Hrsg. S. Schindler u. O. Spaniol. Berlin-Heidelberg-New York 1983 (Informatik-Fachberichte, Bd. 60, Hrsg.: W. Brauer im Auftrag der Gesellschaft für Informatik (GI)), S. 497-516;
Meißner, K.: Arbeitsplatzrechner im Verbund. Wien 1985;
Schicker, P.: Datenübertragung und Rechnernetze. 2. Auflage, Stuttgart 1986;
Holler, E. Drobnik, O.: Rechnernetze. Mannheim-Wien-Zürich 1975 (Reihe Informatik, Bd. 17. Hrsg.: K. H. Bölling, U. Kulisch, H. Maurer).

13. Eine zusammenfassende Darstellung der strategischen Beschaffungsplanung innerhalb der Materialwirtschaft findet sich in: Pekayvaz, B.: Strategische Planung in der Materialwirtschaft. Frankfurt/M.-Bern-New York 1985, S. 67-181.

14. vgl. Kilger, W.: Einführung in die Kostenrechnung. 2. Auflage, Wiesbaden 1980, S. 270 f.

15. in Anlehnung an Vax Cluster, entnommen aus: DECinfo 12, Juni 83, S. 2.

16. z. B. IBM-PC-Netzwerk (IBM), NOVEL-Netzwerk (Novel Inc.), LIBSY-Netzwerk (Informatik GmbH).

17. vgl. Meißner, K.: Arbeitsplatzrechner...a.a.O., S.49-87 u. 257-265; Schicker, P.: Datenübertragung...a.a.O., S.187-271.

18. vgl. auch Scheer, A.-W.: Kriterien für die Aufgabenverteilung in Mikro-Mainframe-Anwendungssystemen. Veröffentlichung des Instituts für Wirtschaftsinformatik, H. 48 (1985), Hrsg.: A.-W. Scheer.

19. Diese Möglichkeit wird von der Fa. Oracle Corp. mit ihrem Datenbanksystem Oracle angeboten.

20. z. B. TOPP (Neugebauer), KS-OPT (K+S GmbH)

4. Implementierungsstrategie für ein verteiltes System zur Materialflußsteuerung

4.1. Festlegung der Projektgruppe

Der Festlegung der Projektgruppe fällt im Rahmen einer Realisierung eines Materialflußsteuerungssystems besondere Bedeutung zu, da aufgrund der Eigenart der Materialflußsteuerung Mitarbeiter aus der Produktion und der Verwaltung einbezogen werden müssen. Dies gilt sowohl für die Anwender als auch für den EDV-Bereich. Die klassische Aufteilung in eine technische EDV-Abteilung, die zuständig ist für die Basis-Steuerungen der Prozesse, Prozeßleitsysteme und Betriebsdatenerfassung, und eine kaufmännische EDV-Abteilung, die die verwaltungsunterstützenden EDV-Systeme betreut, muß durch die Projektorganisation durchbrochen werden[1]. Durch die Projektorganisation[2] wird entscheidend beeinflußt, ob das Projekt zu einem durchgängigen Materialflußsteuerungsystem von der Auftragsannahme bis zum Versand oder zu mehreren getrennten Systemen für die unterschiedlichen Bereiche führt.

Auch bei Auswahl einer Standardsoftware-Lösung müssen von allen Bereichen akzeptierte Vereinbarungen und Definitionen getroffen werden, z. B. bezüglich des Materialnummernsystems, des Klassifizierungssystems, der Definition von Ist-, Plan- und Sollwerten oder von verfügbarem Bestand, Sicherheitsbestand etc., damit eine durchgängige Materialflußsteuerung erreicht werden kann.

Eine zügige Projektdurchführung ist Voraussetzung für die Motivation der Projektmitarbeiter. Um sie gewährleisten zu können, müssen die Projektgruppen-Mitglieder, speziell die Teilprojektleiter (TPL), während der Projektzeit zumindest teilweise von ihren üblichen Tätigkeiten freigestellt werden.

Eine mögliche Projektorganisation mit den zu bildenden Teilprojekten und den einzubeziehenden Fachbereichen zeigt Abb. 4.1.1.

Projektleiter

stellvertretender Projektleiter

Teilprojekt / Fachbereich	Einkauf TPL:	Lager RHB, Verpakkung, Fertigwaren, Instandhaltung TPL:	Disposition TPL:	innerbetriebliche Verfolgung/ BDE TPL:	Schnittstelle Produktionsplanung TPL:
technischer Einkauf	●		●		●
allgemeiner Einkauf	●		●		
Rohstofflager		●	●	●	●
Hilfs-, Betriebsstofflager		●	●		
Zwischenlager/ Produktion			●	●	●
Verpackungsstofflager		●	●		●
Fertigwarenlager/ Verkauf		●	●	●	
Instandhaltung		●	●		●
Rechnungswesen	●	●			
kaufmännische EDV	●	●	●		●
technische EDV		●		●	●

Abb. 4.1.1.: Projektgruppe

4.2. Ist-Analyse

In der Ist-Analyse sind die gegenwärtigen

- Abläufe
- aufbauorganisatorischen Strukturen und
- EDV-Systeme zur Unterstützung der Abläufe

festzuhalten und zu bewerten. Dabei sind Schwachstellen aufzuzeigen und grobe Vorschläge für deren Beseitigung zu unterbreiten.

Zunächst ist die Produktionsstruktur zu analysieren. Pro Produktionsbereich, der eine oder mehrere Fertigungsstufen umfasst, sind Art der Fertigung und Art der produzierten Güter aufzunehmen.

Produktionsbereich n	Auftragsfertigung		anonyme Fertigung	
	Fließgüter	Stückgüter	Fließgüter	Stückgüter
Fließfertigung Reihenfertigung Werkstattfertigung Gruppenfertigung Fertigungsinsel				

Ebenso ist zu ermitteln, welche Art der Disposition vorliegt.

	verbrauchsgesteuert disponiert	bedarfsgesteuert disponiert
Rohstoffe		
Hilfsstoffe		
Betriebsstoffe		
Verpackungsstoffe		
Instandhaltungsmaterialien		
Zwischenprodukte des Zwischenlagers 1		
Zwischenprodukte des Zwischenlagers 2		
Zwischenprodukte des Zwischenlagers 3		
.		
.		
n		
Fertigprodukte		

Für die Art der Verwaltung der Zwischenprodukte sind folgende Daten zu erheben:

Produktionsstufe n	lager-fähig	in Lagern geführt	auftrags-gebunden	standardi-sierbar	disposi-tiv
Zwischenprodukte der 1. Zwischenproduktgruppe					
Zwischenprodukte der 2. Zwischenproduktgruppe					
Zwischenprodukte der n. Zwischenproduktgruppe					

Die Art der EDV-Unterstützung ist für die einzelnen Funktionen zu erfassen:

	wird nicht durchgeführt	manuell	mit geringer EDV-Unterstützung	mit intensiver EDV-Unterstützung
Primärbedarfsermittlung				
Produktionsprogrammplanung				
Kapazitätsplanung grob				
Materialbedarfsplanung				
Kapazitätsplanung fein				
Fertigungssteuerung				
Einkauf Rohstoffe				
Einkauf Hilfs-, Betriebsst.				
Einkauf Verpackungsstoffe				
Einkauf Instandhaltungsmaterialien				
Disposition Rohstoffe				
Disposition Hilfs-, Betriebsstoffe				
Disposition Verpackungsst.				
Disposition Instandhaltungsmaterialien				
Lagerverwaltung Rohstoffe				
Lagerverwaltung Hilfs-, Betriebsst.				
Lagerverwaltung Verpackungsstoffe				
Lagerverwaltung Instandhaltungsmaterialien				
Lagerverwaltung Zwischenlager 1				
Lagerverwaltung Zwischenlager 2				
.				
.				
Lagerverwaltung Zwischenlager n				
Lagerverwaltung Fertigwarenlager				
Betriebsdatenerfassung				

Die Untersuchung der Funktionen in den Fachabteilungen bietet die Grundlage zur vollständigen Darstellung des Ablaufs der Materialflußsteuerung in einer Vorgangskette.

Die Vorgangskette zeigt bestehende Brüche in der Bearbeitung auf (Wechsel von manueller zu EDV-unterstützter Tätigkeit, Doppelerfassungen, redundante Datenhaltung, redundante Verarbeitungen etc.) und gibt Anhaltspunkte, wo Verbesserungen im Ablauf erzielt werden können.

Die Ist-Analyse gibt weiterhin Auskunft, inwieweit die in Kapitel 1.3.2. formulierten Prämissen (Produktionsstruktur, Auftragsbezug, Art der Zwischenprodukte etc.) erfüllt sind, und welchem der Szenarien des zweiten Kapitels die gegenwärtige Struktur der Materialflußsteuerung entspricht. Als Vorgabe für die Soll-Konzeption muß entschieden werden, ob zukünftig die Materialflußsteuerung entsprechend einem anderen Szenario durchgeführt werden soll und an welchen Stellen dispositive Zwischenlager eingerichtet werden sollen.

Für die spätere Sollkonzeption sind Daten zum Mengengerüst unerläßlich, damit festgelegt werden kann, wo welche Zwischenprodukte dispositiv geführt werden (z. B. aufgrund der Materialpyramide). Außerdem wird das Mengengerüst benötigt, damit die Rechnerkapazität dem anfallenden Transaktions- und Datenvolumen entsprechend ausgewählt werden kann. Insbesondere sind zu erheben:

<u>Mengengerüst Lager</u>

(tägliche/monatliche durchschnittliche Mengen, Spitzen)

Anzahl Lagerorte

Anzahl Lagerteile

- Roh-, Hilfs- und Betriebsstoffe
- Verpackungsstoffe
- Instandhaltungsmaterialien
- Zwischenprodukte
- Endprodukte

Anzahl Lagerteile an mehreren Lagerorten

Anzahl Zugänge / Tag / Art

Anzahl Abgänge / Tag / Art

Anzahl Lagerbestandsabfragen
Anzahl Inventuraufnahmen
  permanent
  Stichtag
Mindestbestände für welche Artikel
Anzahl Entnahmestellen
Anzahl Zugangsstellen
Anzahl und Definition Zugangsarten
Anzahl und Definition Abgangsarten
Anzahl Kommissionierungen
Anzahl beladene LKW
Anzahl Beiladungen

<u>Mengengerüst Produktionsplanung/Fertigungssteuerung</u>
(tägliche/monatliche durchschnittliche Mengen, Spitzen)

Anzahl Aufträge
Anzahl Umwidmungen (auf welchem Lager)
Länge des Fertigungszyklus
Anzahl Umrüstungen
gefertigte Menge pro Material zwischen zwei Umrüstungen
Anzahl und Länge Terminüberschreitungen

<u>Mengengerüst Disposition</u>
(tägliche/monatliche durchschnittliche Mengen, Spitzen)

Anzahl disponierte Teile
Anzahl Bestellanforderungen
Anzahl Dispositionen
Anzahl Lieferungen

<u>Mengengerüst Einkauf</u>
(tägliche/monatliche durchschnittliche Mengen, Spitzen)

Anzahl Lieferanten (Unterteilung, ABC-Analyse)
Anzahl und Definition Bestellarten
Anzahl Bestellungen pro Materialart (Arten)
Anzahl Bestellpositionen pro Materialart (Arten)

4.3. Anforderungen

Aufgrund der groben Vorschläge zur Beseitigung der Schwachstellen sind die Anforderungen an das EDV-System zur Unterstützung der Steuerungsfunktionen für alle funktionalen Bereiche und alle Lager zu formulieren.

Beispielhaft ist im folgenden ein Anforderungskatalog wiedergegeben, der die Bereiche Einkauf, Lagerverwaltung und Disposition für Rohstoffe, Hilfs- und Betriebsstoffe, Verpackungsmaterialien, Fertigwaren und Instandhaltungsmaterialien abdeckt. Für einen Betrieb kommen möglicherweise nicht alle genannten Anforderungen in Betracht. Dieser Anforderungskatalog kann als Hilfestellung zur Bestimmung der im Einzelfall gültigen Anforderungen betrachtet werden.

1. Online-Stammdatenpflege

- Artikel
- Lager
- Lieferanten
- Preise
- Konditionen
- Mindestbestände
- Stücklisten
- Materialklassen
- Kontrakte, Lieferpläne
- Texte, Textbausteine, Textkataloge
- Projekte
- Kostenstellen
- Methoden
    - Prognoseformeln
    - Bestellmengenformeln

2. Informationssystem

aktuelle Lagerbestandsinformationen
- über Materialnummer
- über Matchcode der Artikelbezeichnung
- über Einsatzort
  (Stückliste, Kostenstellennummer)
- über Klassifizierungsrahmen
- über Lagerorte / Lager
- Nummer beim Lieferanten
- Zeichnungsnummer

Informationen über Materialien

Lagerbewegungen
- artikelbezogen
- artikelgruppenbezogen
- lagerbezogen
- lieferantenbezogen

aktuelle Bestellinformationen
- über Material
- über Lieferart
- über Bestellung
- über Projekte
- über Aufträge

Direktzugriff auf bestimmte Informationen innerhalb von Anzeige-Transaktionen

Listenauswertungen
- Bestandsliste nach unterschiedlichen Kriterien
- offene Bestellungen
- Lieferanten
- A/B/C-Analyse Artikel/Lieferanten
- Materialbewegungen

individuelle Auswertungen

3. Klassifizierung

Klassen-Stammdatenverwaltung
- hierarchischer oder nicht-hierarchischer Aufbau wahlweise
- eindeutige Bezeichnungen der Hierarchiestufen
- eindeutige Bezeichnungen der Klassen, aber mehrere Schlagwörter pro Klasse

Sachmerkmal-Stammdatenverwaltung
- Aufbau einer Sachmerkmalsleiste pro Klasse
- variable Anzahl von Sachmerkmalen pro Klasse
- Bestimmung der Sachmerkmale:

  Sachmerkmalsbezeichnung

  Feldspezifikation für die Sachmerkmalsausprägung

unterschiedliche Suchvorgänge zum Auffinden eines Materials
- Auffinden der Klasse

  Suche über Klassenhierarchien: Benutzerführung von der jeweils übergeordneten über die untergeordneten Hierarchiestufen zu den Klassen

  Suche über Klassennummer

  Suche über Schlagwörter

  Suche über Matchcode: Eingabe eines Teils der Klassenbezeichnung oder des Schlagwortes

  Anzeige der Klasse mit Klassennummer, Klassenbezeichnung, Schlagwörtern und Sachmerkmalen
- Auffinden des Materials

  Anzeige aller Materialien einer Klasse mit Möglichkeit der direkten Selektion eines Materials

  Anzeigen der Materialien einer Klasse, die über die Angabe von Sachmerkmalsausprägungen (Schwankungsbreite), die durch "und"-Verknüpfungen miteinander verbunden sind, selektiert werden

Direktzugriff auf alle Daten des Materialstammsatzes

4. Lagerwirtschaftssystem

Online-Buchung der Zugänge
- über Material-Nr.
  Bestell-Nr.
- dabei Suchvorgang über
  Material-Nr.
  Material-Bezeichnung (Matchcode)
  Bestell-Nr.
  Lieferant (Nr. oder Name)

Prüfung Wareneingang
- Zuordnung Bestellung

Anerkennung von Differenzen Warenzugang - Bestellung innerhalb Toleranzgrenzen

Online-Buchung der Abgänge
- positionsweise
- über Stücklistenauflösung
- nach vorgegebener Reservierung

Online-Buchung der Umlagerungen

Verwaltung von Konsignationsware

Inventur
- permanente Inventur
- Stichtagsinventur

Stücklistenauflösung
- Mengenübersicht
- Struktur
- Baukasten

Teileverwendungsnachweis

Reservierungen
- positionsweise
- über Stückliste
- sofort
- Termin
- kundenauftragsbezogen
- für dispositiven Auftrag

5. Disposition

Prognosen

- konstanter Wert
- Trend
- Saison
- Trend und Saison
- kausale Einflüsse

unterschiedliche Dispositionsarten

- bedarfsgesteuerte Disposition
- verbrauchsgesteuerte Disposition
- Bestellanforderung bei Erreichen des bestellauslösenden Bestandes (dabei Ermittlung des bestellauslösenden Bestandes durch Einbeziehung von Prognosen und Lieferzeit bzw. Lieferrhythmus)
- Bestellanforderung bei Ermittlung von Fehlmengen aufgrund der Brutto-/Netto-Rechnung
- Bestellanforderung bei zeitlich determiniertem Bestellzyklus

Bestellmengenvorschlag

- Bestellmenge = Bedarf aus Prognosen zur Erreichung einer bestimmten Lagerreichweite - verfügbarem Bestand (Rohstoffe, ebenso Auffüllmenge Fertigwaren)
- Bestellmenge = Bedarf aus Brutto-/Netto-Rechnung (spezielle Rohstoffe, Verpackungsmaterialien)
- fixe Bestellmenge (Hilfs- und Betriebsstoffe, Instandhaltungsmaterialien, geringwertige Güter)
- Auffüllung bis zu fest definiertem Maximalbestand (geringwertige Güter, Hilfsstoffe)

Grundlage des Bestellmengenvorschlags:

- Primärbedarf (Prognosen)
- Sekundärbedarf
- Bedarf für autonom geplante Materialien
- geplante Abgänge
- geplante Zugänge (aus Fertigung bzw. Bestellungen)

Abgleich Bestellanforderungen mit Liefereinteilung der Lieferpläne

6. Einkaufssystem

Verwaltung von Mengen-, Zeit- und Wertkontrakten
Verwaltung von Lieferplänen und Liefereinteilungen
Verwaltung von Bestellanforderungen nach Lieferanten, Artikeln, Artikelgruppen, Zeit, Einkaufssachbearbeiter
Anzeige offener Anforderungen mit Zeitüberwachung (Wiedervorlage der Bestellanforderungen)
Zuordnung von Bestellanforderungen zu Kontrakten und Lieferplänen
Anfrageschreibung und -verwaltung
Angebotsspeicherung und -verwaltung
- Eingabe Angebote pro Lieferant und Artikel
- Globaländerung pro Lieferant und pro Artikelgruppe
- Angebotsvergleiche und systemmäßige Lieferantenvorschläge

Absageschreibung
Verwaltung unterschiedlicher Bestellformen
- Normalbestellung
- Abrufbestellung
- Streckenbestellung
- (Konsignationsbestellung)

Bestellschreibung und -verwaltung, Abrufe
- Auslösen der Bestellung durch Freigabe der Bestellanforderung
- Einfügen von Textkonserven
- Einfügen von variablen Texten
- Änderungen und Annullierung der Bestellung extern und intern oder nur intern

Änderung von Liefereinteilungen
Terminüberwachung
Erinnerungsschreiben
Mahnschreibung und -verwaltung
Lieferantenbeurteilung
Abwicklung von Bestellungen von Materialien und Dienstleistungen ohne Material-Nr. (auch Investitionsbestellungen)

7. Schnittstellen

Schnittstelle zum Instandhaltungssystem
- Bestellung
- Verbrauch
- Eingang
- Rechnungen

Schnittstelle zum Finanzbuchführungssystem
- wertmäßiger Wareneingang
- Kreditoren

Schnittstelle zur Kostenrechnung
- Kontierung bei Bestellung

Schnittstelle zur Anlagenbuchhaltung
- Investitionsbestellungen
- Ersatzteile

Schnittstelle zum Auftragsabwicklungssystem
- kundenbezogene Bestellung

Schnittstelle zum Materialflußsteuerungssystem für innerbetriebliche Zwischenprodukte
- Reservierungen für Kundenauftrag
- Reservierungen für dispositive Zwischenprodukte
- Übergabe der Planwerte (Lagerzugangs- und -abgangswerte für alle nachfolgenden Zwischenlager), sofern über Stücklistenauflösung ermittelt

Ein ähnlicher Katalog ist für die Zwischenlager zu entwerfen.

Zusätzlich zu den für das Lagersystem oben formulierten Anforderungen bzgl. Stammdatenverwaltung, Klassifizierung, Lagerwirtschaft und Disposition gelten für die Zwischenlager folgende Anforderungen:

1. Lagersteuerungssystem

logische Trennung des Lagers in ein Lager für dispositive Zwischenprodukte, ein Lager für auftragsgebundene Zwischenprodukte und ein Lager für Wiederholauftrags-gebundene Zwischenprodukte
Anerkennung von Differenzen beim Lagerzugang innerhalb von Toleranzen
Zuordnung eines dispositiven Zwischenproduktes zu einem Kundenauftrag
Überführung eines auftragsgebundenen Zwischenproduktes in ein dispositives Zwischenprodukt
Überführung eines wiederholauftragsgebundenen Zwischenproduktes in ein dispositives Zwischenprodukt
Umwidmung eines auftragsgebundenen bzw. wiederholauftragsgebundenen Zwischenproduktes (Zuordnung zu einem anderen Kundenauftrag)

2. Schnittstellen

Schnittstelle zum Fertigungssteuerungssystem
- Übernahme der Planwerte (Lagerzu- und -abgangswerte) für alle Zwischenlager
- Übergabe der Daten bei geplanter Umwidmung
- Übernahme der neuen Soll-Vorgaben von allen betroffenen Aufträgen bei Umwidmung
- Übergabe der Daten von Mindermengen, wenn diese nicht durch dispositive Zwischenprodukte ausgeglichen werden können
- Übernahme der ermittelten Daten bei der Steuerung von Mindermengen
- Übergabe von Auffüll-Aufträgen
- Übernahme von Auffüll-Zeiten, Produktionszyklus

Schnittstelle zum jeweils nachfolgenden Zwischenlagersteuerungssystem
- Übergabe der Sollvorgaben für den Lagerzugang

Neben den funktionalen Anforderungen sind die EDV-mäßigen Anforderungen zu definieren bzgl. Verträglichkeit mit bestehenden Systemen, Lauffähigkeit auf bestehender bzw. geplanter Hardware, Verträglichkeit mit dem DB-/DC-System, TP-Monitor, Betriebssystem etc.

4.4. Soll-Konzept

Die funktionalen und EDV-technischen Anforderungen müssen schließlich in ein Soll-Konzept einmünden. Dabei ist zu beachten, welche der bestehenden Moduln der EDV-Unterstützung beibehalten werden sollen.

Wenn ein Teil der Anforderungen durch Standardsoftware abgedeckt werden kann, ist diese einer Eigenentwicklung in jedem Falle vorzuziehen, da nur 25 % der Kosten eines EDV-Systems in die Entwicklung und Realisierung fließen, während 75 % für Wartung anfallen. Dieser Betrag kann durch den Einsatz von Standardsoftware aber erheblich reduziert werden.

Der Anwender erhält nicht nur im Rahmen des Release-Wechsels der Software die jeweils neu entwickelten Funktionen der Software, auch die aufwendige Anpassung an Änderungen in der Hardware, im Betriebssystem, im Datenkommunikations- und Datenverwaltungssystem wird für geringe Release-Wechsel-Kosten vom Software-Haus übernommen.

Sowohl bei Einsatz von Standardsoftware als auch bei Eigenentwicklung müssen die funktionalen Anforderungen verfeinert werden bis auf die einzelnen Verarbeitungsschritte und die Größen der einzelnen Felder der Stamm- und Bewegungsdaten. Die Dateistrukturen und die Bildschirmmasken sind bei Standardsoftware weitgehend vorgeschrieben und können durch Parametersetzung nur in gewissen Grenzen modifiziert werden, während sie bei Eigenentwicklung zu definieren sind.

Hier liegt ein entscheidender Unterschied in der Projektdurchführung zwischen Einsatz von Standardsoftware und Entwicklung von Individualsoftware (vgl. Abb. 4.4.1.). Bei der Entwicklung von Individualsoftware muß, wenn die Funktionen im groben bekannt sind, die Datenstruktur im Zentrum der detaillierten Systemanalyse stehen. Nach der Sammlung aller benötigten Daten (Entity-Typen) sind diese zu strukturieren, wobei formale Strukturierungsgrundsätze einzuhalten sind.

Einer der wichtigsten Grundsätze ist die Sichtweise der Daten als Relation[3]. Der Begriff der Relation im mathematischen Sinne als Teilmenge eines kartesischen Produktes von Mengen wird transferiert in den Begriff der

Relation einer [illegible]tenbank als einer Teilmenge des kartesischen Produktes der Wertebereiche aller Attribute. Diese Definition einer Relation beinhaltet insofern eine Strukturierungsregel, als sie Wiederholungsgruppen nicht zuläßt. Das heißt, daß jedes Attribut a der Relation elementar sein muß. ("es soll nicht ein oder mehrere andere Attribute A' geben, so daß ein Wert von a sich aus evtl. mehreren Werten von A' zusammensetzt."[4]).

Ein nicht-elementares Attribut ist z. B. das Attribut "Lagerort" der Relation "Material", da ein Material in mehreren Lagerorten geführt werden kann.

Weitere Strukturierungsregeln sind die Normalisierungen zweiten und dritten Grades, bei denen für Nichtschlüssel-Attribute , die bereits von einem Teil des Schlüssels identifiziert werden, eigene Relationen gebildet werden, und transitive Abhängigkeiten ebenfalls dadurch eliminiert werden, daß eigene Relationen gebildet werden.

Die Sichtweise der Daten als Relation ist nicht auf relationale Datenbanksysteme begrenzt, sondern kann und sollte ebenso für hierarchische und netzwerkartige Datenbanksysteme angewendet werden[5].

Bei einer guten Strukturierung der Daten lassen sich leicht zusätzliche Funktionen programmieren, ohne daß deswegen die Datenstruktur geändert werden muß. Das ist insofern von Bedeutung, als eine Änderung der Datenstruktur eine Änderung aller Programme, die diese Daten verwenden, bewirkt. Das gilt insbesondere beim Einsatz von Dateisystemen, aber abgeschwächt auch beim Einsatz von Datenbanksystemen, da auch hier die Daten-Programm-Unabhängigkeit, obwohl weit fortgeschritten, noch nicht vollständig erreicht ist.

Bei Standardsoftware ist - im Gegensatz zur Individualsoftware - die Datenstruktur weitgehend vorgegeben. Hier bilden insbesondere die abzudeckenden Funktionen das Auswahlkriterium für das Softwaresystem.

Die funktions- und datenbezogenen Vorgaben münden schließlich in ein detailliertes Pflichtenheft, das Grundlage ist für die Programmierung, wenn eigenentwickelt wird, bzw. die Auswahl und später die Modifizierung und Parametrierung der Standard-Software.

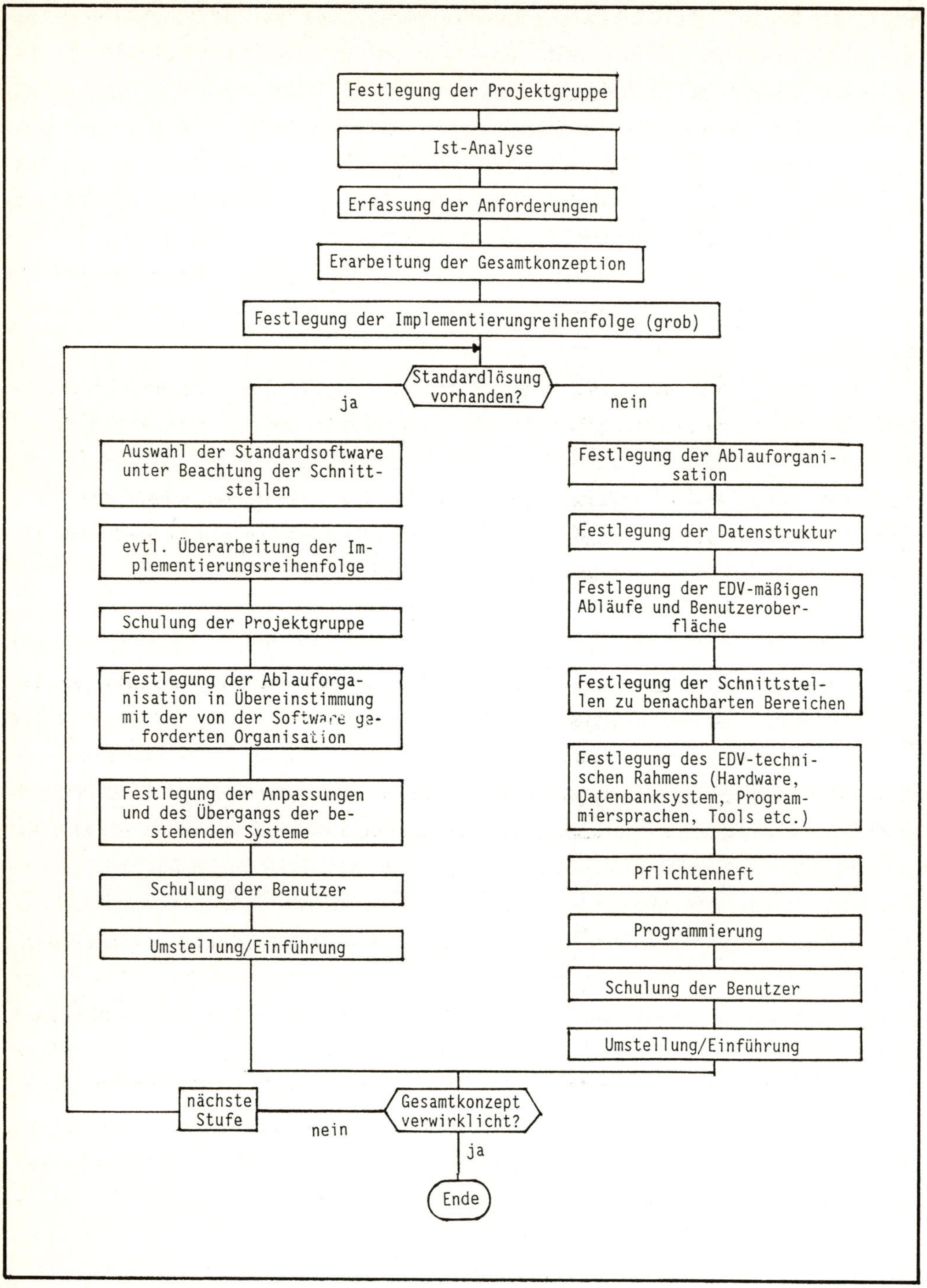

Abb. 4.4.1.: Vorgehensweise bei der Projektdurchführung

Dabei ist zu beachten, daß bei Einsatz von Standard-Software diese in bestimmten Bereichen eine Organisation beinhaltet. Wo die betrieblichen Gegebenheiten dies zulassen, sollte die vom System vorgegebene Organisation gewählt werden, damit Änderungen der Standard-Software möglichst vermieden werden. Es bestehen demnach Rückkopplungen zwischen dem Fortgang des Projektes und der Festlegung der Ablauforganisations-Strukturen, während bei Eigenprogrammierung das Organisationskonzept vor der Programmierung endgültig verabschiedet und wesentlich weiter heruntergebrochen sein muß als bei Einsatz von Standard-Software.

Während für die Systeme, die auf dem Verwaltungsrechner laufen, umfassende EDV-Pakete mit anwenderfreundlicher Benutzeroberfläche im Dialog-Betrieb zur Verfügung stehen, ist das Angebot an Standard-Software für den innerbetrieblichen Bereich sehr begrenzt. Hier muß eine Lösung gefunden werden, die sowohl Schnittstellen zu den Verwaltungssystemen als auch zu den Steuerungssystemen, z. B. der Hochregallagersteuerung oder der Transportsteuerung, aufweist.

Aufgrund der fertigungstechnischen Unterschiede in den Unternehmungen ist die Entwicklung eines standardisierbaren innerbetrieblichen Materialflußsteuerungssystems schwieriger als die Realisierung eines Verwaltungssystems wie der Finanzbuchhaltung. Bei entsprechend modularem Aufbau und einer weitgehenden Parametrierung ist aber auch ein System zur innerbetrieblichen Materialflußsteuerung zu standardisieren (vgl. Kap. 5).

Sind Hardware, Netz und Softwarestrukturen im Pflichtenheft festgelegt, muß eine zeitliche Reihenfolge der Implementierung bestimmt werden. Diese richtet sich zum einen an den betrieblichen Bedürfnissen aus - wo weist eine EDV-Unterstützung die größten Wirtschaftlichkeitseffekte aus? -, zum anderen leiten sich aus der EDV-Realisierung selbst Vorgaben für eine zeitliche Reihenfolge ab. Da die Implementierung eines Standard-Softwarepaketes in sehr viel geringerer Zeit durchgezogen werden kann als die Realisierung und Implementierung eines eigenentwickelten Paketes, sollten zunächst die Moduln des Gesamtsystems realisiert werden, die durch Standard-Software abgedeckt werden können. Auch sollte man sich bei der Realisierung von Schnittstellen an den von der Standard-Software vorgegebenen Datenstrukturen orientieren und die der zusätzlich benötigten eigenentwickelten Software danach ausrichten.

Dies steht in Übereinstimmung mit dem Grundsatz, Standard-Software möglichst nur im Rahmen der vorgesehenen Parametrierung anzupassen, nicht jedoch Änderungen im Source-Code vorzunehmen, da diese Änderungen bei jedem Release-Wechsel nachvollzogen werden müssen, was einen erheblichen Aufwand bedeutet.

Ein Materialfluß-Steuerungssystem, das der vorgeschlagenen Architektur mit einer Verteilung von Daten und Funktionen auf einen Verwaltungsrechner und mehrere miteinander vernetzte Mikrorechner entspricht, sollte in folgender Reihenfolge implementiert werden:

1) Realisierung des Materialwirtschaftssystems für Roh-, Hilfs-, Betriebs- und Verpackungsstoffe sowie Instandhaltungsmaterialien als Standard-Software-Lösung, möglichst als Teil einer Standard-Software-Familie mit Integration zu den angrenzenden Bereichen; Realisierung der Verwaltung der Fertigwaren als Teil des Auftragsabwicklungssystems

2) Realisierung der Materialverwaltung für ein Zwischenlager, das an ein auf dem Host-System verwaltetes Lager angrenzt, auf einem Mikrorechner; dabei Anschluß des Mikrorechners zunächst über die Terminalleitung des Großrechners; Eingaben der Lagerzugangs- und -abgangsdaten über Daten-Terminals aufgrund von Materialentnahme- und Materialzugangsscheinen

3) Anschluß von BDE-Terminals, Gebern, Prozeßleitsystemen; damit Ablösung der manuellen Eingabe über das Daten-Terminal

4) Ausweitung der Systeme zur Materialverwaltung für mehrere Lager, Installierung des Netzwerkes, zunächst zur Verbindung weniger Mikrorechner, dann auch zum Host-Rechner (oder stattdessen Installation eines PCs als Gateway zum Host-Rechner mit der Funktion einer Host-Steuereinheit)

5) Komplettierung des gesamten Materialflußsteuerungssystems über alle Stufen mit Realisierung aller Schnittstellen, Ausbau des Netzes mit Spezialisierung einiger Mikrorechner für bestimmte Funktionen (Gateway, Netz-Controller, File-Server etc.)

Fußnoten zu Kapitel 4

1. zu Problemen der Aufbau- und Ablauforganisation vgl.:
Balzereit, B.: Personalwirtschaft: Probleme - Bezugsrahmen - Gestaltungsinstrumente, München 1979;
Grochla, E.: Unternehmensorganisation: Neue Ansätze und Konzeptionen, Reinbek bei Hamburg 1972;
Grochla, E.: Einführung in die Organisationstheorie, Stuttgart 1978;
Kieser, A., Kubicek, H.: Organisation. 2. Auflage, Berlin-New York 1983;
Organisationsanalyse. Hrsg.: Karlheinz Wöhler, Stuttgart 1978;
Schrafstetter, K.: Organisation. 2. Auflage, München 1981.
2. zu Projektorganisation vgl.:
Hill, W., Fehlbaum, R., Ulrich, P.: Organisationslehre. Bd. 1, 2. Auflage, Bern-Stuttgart 1976, insbes. S. 201-208;
Hill, W., Fehlbaum, R., Ulrich, P.: Organisationslehre. Bd. 2, 2. Auflage, Bern-Stuttgart 1974, insbes. S. 529-563;
Kotthaus, R.: Modell zur Erarbeitung einer Einführungsstrategie für Büroautomation und -kommunikation unter besonderer Berücksichtigung der Wirtschaftlichkeit. In: Planung, Einsatz und Wirtschaftlichkeitsnachweis von Büroinformationssystemen. Hrsg.: H. Krallmann, Berlin 1986, S. 171-181 (Betriebliche Informations- und Kommunikationssysteme, Bd. 7. Hrsg.: H. Krallmann);
Kubicek, H.: Benutzerbeteiligung und Mitbestimmung bei der Planung von Anwendungen der Informationstechnik. In: Planung in der Datenverarbeitung - Von der DV-Planung zum Informationsmanagement. Hrsg.: H. Strunz, Berlin-Heidelberg-New York-Tokyo 1985, S. 191-219 (Betriebs- und Wirtschaftsinformatik, Bd. 12. Hrsg.: H. R. Hansen, H. Krallmann, P. Mertens, A.-W. Scheer, D. Seibt, P. Stahlknecht, H. Strunz, R. Thome);
Mumford, E., Welter, G.: Benutzerbeteiligung bei der Entwicklung von Computersystemen. Hrsg.: H. Krallmann, Berlin 1984 (Informationsverarbeitung in Betrieb und Verwaltung, Bd. 1);
Scheer, A.-W.: Projektsteuerung, Wiesbaden 1978.
3. vgl. Codd, E. F.: A Relational Model for Large Shared Data Banks. CACM, 13 (1971), S.377-387 und Schlageter, G, Stucky, W.: Datenbanksysteme: Konzepte und Modelle. Stuttgart 1977 (Leitfäden der angewandten Mathematik und Mechanik LAMM, Bd. 37. Hrsg.: H. Gärtler), S. 80-90.
4. Schlageter, G., Stucky, W.: Datenbanksysteme, a.a.O., S. 83.
5. vgl. Vetter, M.: Von der Informationsanalyse zum unternehmensoptimalen Datenbankdesign I: Konzeptionelles Datenbank-Design. In: Datenbanken in der Praxis. Hrsg.: CW-CSE, Communications, Services & Education. München 1983, S. 7-34, insbes. S. 18 f.

5. Zusammenfassung und Ausblick

Bei hohen Kapitalbindungkosten für Maschinen und Material ist eine funktionierende und schnell reagierende Steuerung des Materialflusses eine wichtige Aufgabe des betrieblichen Wirkens. Die Materialflußsteuerung wird um so wichtiger, als die von den Kunden geforderten Auftragsdurchlaufzeiten sich verkürzen und die vom Abnehmer geforderte Flexibilität bezüglich Änderungen des Auftrags tendenziell steigt.

Während in der Kleinserienfertigung der Stückgutindustrie diesem Trend mit flexiblen Fertigungstechnologien Rechnung getragen wird, ist dies in anderen Fertigungstypen nicht möglich. Hier können nur durch den gezielten Aufbau von Zwischenlagern mit einfachen und schnell sich anpassenden Planungen und Steuerungen die Markterfordernisse erfüllt werden.

Dazu ist ein Materialflußsteuerungssystem notwendig, das die Festlegung der Zwischenprodukte, deren Disposition und Lagerverwaltung unterstützt.

Unter Einbeziehung der neueren Entwicklungen in der elektronischen Datenverarbeitung werden die Anforderungen an ein Materialflußsteuerungssystem, das die Bereiche Roh-, Hilfs-, Betriebs- und Verpackungstoffe, Zwischenprodukte, Fertigprodukte und Instandhaltungsmaterialien umfaßt, in einem verteilten EDV-System erfüllt.

Aufgrund der engen Verflechtungen zwischen

- Lagerverwaltung und Disposition
- Disposition und Einkauf
- Einkauf und Rechnungsprüfung
- Rechnungsprüfung und Finanzbuchhaltung
- Materialbewegung und Kostenrechnung
- Materialbewegung für Instandhaltungsmaterialien und Instandhaltungsabrechnung
- Fertigwarenlagerzugang und Versandabwicklung
- Versand und Auftragsabwicklung

wird die Materialwirtschaft für Roh-, Hilfs-, Betriebs- und Verpackungsstoffe sowie Instandhaltungsmaterialien und Fertigprodukte auf einem Großrechner für Verwaltungsaufgaben, der auch die anderen betriebswirtschaftlichen Bereiche abdeckt, mit Online-Anschluß aller Fachbereiche abgewickelt.

Die engen Verbindungen zur Betriebsdatenerfassung und zur Lager- und Transportsteuerung sowie die spezifischen Eigenarten des Mikrocomputers sind ausschlaggebend für eine Verwaltung der Zwischenlager auf Mikrorechnern.

Eine durchgängige Materialflußsteuerung von den Rohstoffen bis zu den Fertigprodukten ist nur durch eine Kopplung der unterschiedlichen Informationssysteme möglich.

Die lokalen Netzwerke (Local-area-networks) ermöglichen die Integration der Teilsysteme auf der physischen Ebene und der Transportebene. Durch ähnliche Datenverwaltungssysteme - in idealer Form durch identische Datenbanksysteme - wird die Integration auf der Anwendungsebene erleichtert.

Da die Materialflußsteuerungssysteme (im Gegensatz zu Fertigungssteuerungssystemen für die Maschinenbelegung) bei entsprechend modularem Aufbau und Parametrierung standardisierbar sind, d.h. zumindest innerhalb von bestimmten Fertigungstypen große Übereinstimmung aufweisen, sind die Software-Häuser aufgerufen, Standardlösungen auch für die Verwaltung der Zwischenprodukte auf Mikrorechnern anzubieten, die bezüglich Datenstruktur, Programmierung und Benutzeroberfläche den bereits auf dem Großrechner entwickelten Materialwirtschaftssystemen entsprechen und über Netze in ein Gesamtsystem einzubinden sind.

Damit können die für den Anwender anfallenden Kosten der Systemerstellung und vor allem der Wartung begrenzt werden. Durch die drei beteiligten Komponenten Großrechner, Netz und Mikrorechner wird insbesondere der Wartungsaufwand gegenüber rein zentralen Systemen steigen, da Änderungen von Hardware und hardwarenaher Software von drei Systemen im Materialflußsteuerungssystem berücksichtigt werden müssen. Die Verteilung der Kosten auf alle Anwender bei Anpassung durch ein Software-Haus macht sie für den einzelnen vernachlässigbar gering.

Nur durch ein integriertes Gesamtsystem ist eine wirtschaftliche Steuerung des Materialflusses möglich, die die notwendigen Zwischenlager in der Höhe möglichst niedrig hält, aber dennoch die Marktanforderungen nach kurzer Auftragsdurchlaufzeit und Anpassung an gewünschte Auftragsänderungen erfüllt.

ABBILDUNGSVERZEICHNIS

LITERATURVERZEICHNIS

Andler, K.: Rationalisierung der Fabrikation und optimale Losgröße. Diss. Stuttgart 1929.

Arnolds, H., Heege, F., Tussing, W.: Materialwirtschaft und Einkauf. 3. Auflage, Wiesbaden 1982.

Balzereit, B.: Personalwirtschaft: Probleme - Bezugsrahmen - Gestaltungsinstrumente. München 1979.

Bäumer, F. W.: Effizienz und Wirtschaftlichkeitsuntersuchungen zur Organisation der Fertigung beziehungsweise Fertigungssteuerung. VDI-Zeitung, 122 (1980) H. 9, S. 337-345.

Bastian, M.: Datenbanksysteme. Königsstein/Taunus 1982.

Baumann, R: Datenverarbeitung unter Zeitbedingungen. Informatik Spektrum, 7 (1984), H. 2, S. 62-64.

Bayer, R. et al.: Verteilte Datenbanksysteme: Eine Übersicht über den heutigen Entwicklungsstand. Informatik-Spektrum, 7 (1984), H. 1, S. 1-19.

Berg, C. C.: Materialwirtschaft. Stuttgart-New York 1979.

Brandenburg, V., Krcmar, H.: CAPSIM-Computer-am-Arbeitsplatz-Simulation: Ein Hilfsmittel zur Gestaltung wirtschaftlicher CAP-Systeme. In: Simulationstechnik. 1. Symposium Simulationstechnik, Erlangen, April 1982, Proceedings. Hrsg.: M. Goller. Berlin-Heidelberg-New York 1982. Informatik-Fachberichte, Bd. 56. Hrsg.: W. Brauer im Auftrag der Gesellschaft für Informatik (GI), S. 46-55.

Brandenburg, V., Krcmar, H.: Simulation organisatorischer Abläufe mit CAPSIM. In: Simulationstechnik. 1. Symposium Simulationstechnik, Erlangen April 1982, Proceedings. Hrsg.: M. Goller. Berlin-Heidelberg-New York 1982. (Informatik-Fachberichte, Bd. 56. Hrsg.: W. Brauer im Auftrag der Gesellschaft für Informatik (GI), S. 427-433.

Brandenburg, V.: Simulation von "Computer-am-Arbeitsplatz"-Systemen. München 1983 (Wirtschaftsinformatik und Quantitative Betriebswirtschaftslehre, Bd. 10. Hrsg.: D.B. Pressmar, Mithrsg.: A.-W. Scheer, Ch. Schneeweiß, H. Wagner).

Brandenburg, V., Krcmar, H., Loos, P.: CAPSIM Benutzerhandbuch. Saarbrücken 1986.

Codd, E. F.: A Relational Model for Large Shared Data Banks. CACM, 13 (1971), S. 377-387.

-- Datenbanken in der Praxis. Hrsg.: CW-CSE, Communications, Services & Education. München 1983.

Dellmann, K.: Entscheidungsmodelle für die Serienfertigung. Opladen 1975 (Beiträge zur betriebswirtschaftlichen Forschung, Bd. 41. Hrsg.: H. Albach, H. Hax, P. Riebel, K. v. Wysocki).

Dähler, T.: Konzeption, Planung und Einführung der benutzergesteuerten Datenverarbeitung im Bürobereich. Bern-Stuttgart 1985 (Planung und Kontrolle in der Unternehmung, Bd. 8). Distributed Data Bases. Hrsg.: I.W. Draffan, F. Poole. Cambridge 1980.

Domschke, W.: Logistik: Transport. München-Wien 1981.

Enrick, N. L.: Optimales Lager-Management. Entwicklung, praktische Anwendung und Überwachung von Lagerhaltungssystemen. München-Wien 1971.

Ericsson, D.: Materials-Management Logistik. Gernsbach 1975.

Eversheim, W.: CAD/CAM-Systeme. Die Betriebswirtschaft, 44 (1984), H. 2, S. 314 f.

Fackelmeyer, A.: Materialfluß. Planung und Gestaltung. Düsseldorf 1966.

-- Flexible Fertigungsorganisation am Beispiel von Fertigungsinseln. Hrsg.: Ausschuß für Wirtschaftliche Fertigung (AWF), Eschborn o. J.

Fink, T.: Was ist eine verteilte Datenbank? Elektronische Rechenanlagen, 24 (1982), H. 3, S. 125-129.

-- Flexible Fertigungsorganisation am Beispiel von Fertigungsinseln. Hrsg.: Ausschuß für wirtschaftliche Fertigung e.V. (AWF). Eschborn 1984.

Frank, J.: Standard-Software: Kriterien und Methoden zur Beurteilung und Auswahl von Software-Produkten. Köln 1980.

Fuchs, G.: Integrierte Materialwirtschaft - wovon alle reden und nur wenige haben. Beschaffung aktuell, 4 (1982), S. 90-97.

Geitner, U. W.: EDV-Gesamtplanung für Produktionsbetriebe. München 1980.

Geitner, U. W.: Simulationsmodell für die Auftragsplanung eines Industriebetriebes. Krefeld 1983.

Graf, H.: Methodenauswahl für die Materialbewirtschaftung in Maschinenbaubetrieben. Mainz 1977.

Grochla, E.: Unternehmensorganisation: Neue Ansätze und Konzeptionen. Reinbek bei Hamburg 1972.

Grochla, E.: Grundlagen der Materialwirtschaft - Das materialwirtschaftliche Optimum im Betrieb. Wiesbaden 1973.

Grochla, E.: Einführung in die Organisationstheorie. Stuttgart 1978.

Grochla, E.: Beschaffung in der Unternehmung. Einführung in eine umfassende Beschaffungslehre. Stuttgart 1980.

Grossenbacher, J.-M.: Verteilung der EDV. Zürich 1981.

Großmann, A.: Rationeller Materialfluß in Produktionsstätten. Berlin-Köln 1981.

Grupp, B.: Materialwirtschaft mit EDV - Einführungsschritte, Modularprogramme, Praxisbeispiele, Umstellungsprobleme. Grafenau 1975.

Grupp, B.: Hürdenlauf einer dialogorientierten Materialwirtschaft. Bürotechnik (1978), H. 10, S. 48-49.

Grupp, B.: Bildschirmeinsatz im Einkauf. 2., überarbeitete Auflage, Wiesbaden 1985. (Integrierte Datenverarbeitung in der Praxis, Bd. 30. Hrsg.: W. Heilmann).

Gutenberg, E.: Grundlagen der Betriebswirtschaftslehre. Bd. 1: Die Produktion, Berlin-Göttingen-Heidelberg 1951; 23. Auflage, Berlin-Heidelberg-New York 1979.

Haag, W.: Produktionsmengen- und -terminplanung - Kernmodul eines EDV-gestützten Produktionsplanungs- und -steuerungssystems für Unternehmen der Fertigungsindustrie. Köln 1983 (Interdisciplinary systems research, Bd. 78. Hrsg.: S. Klaczko-Ryndziun, G.-H. v. Kortzfleisch, A. Voß).

Hackstein, R.: Produktionsplanung und -steuerung (PPS) - Ein Handbuch für die Betriebspraxis. Düsseldorf 1984.

Haldimann, H. R.: Materialflußplanung als Grundlage der Werkstattplanung. VDI-Zeitung (103), 1961.

Hamman, P. u. Lohrberg, W.: Beschaffungsmarketing - Eine Einführung. Stuttgart 1985.

Hansen, H.R., Amsüss, W.L., Frömmer, N.S.: Standardsoftware - Beschaffungspolitik, organisatorische Einsatzbedingungen und Marketing. Berlin-Heidelberg-New York-Tokyo 1983 (Betriebs- und Wirtschaftsinformatik, Bd. 5, Hrsg.: H.R. Hansen, H. Krallmann, P. Mertens, A.-W. Scheer, D. Seibt, P. Stahlknecht, H. Strunz, R. Thome).

Hartmann, H.: Materialwirtschaft - Organisation, Planung, Durchführung, Kontrolle. Gernsbach 1978.

Hartmann, H.: Materialwirtschaft - aber wie? 15 Praxisfälle von Bedarfsermittlung bis Einkaufen. Nürnberg 1981 (Praxis für Materialwirtschaft und Einkauf, Bd. 4).

Hartmann, H.: Materialwirtschaft. 2. Auflage, Stuttgart 1983.

Haseborg, F. ter: Optimale Lagerhaltungspolitiken für Ein- und Mehrproduktläger. Göttingen 1979.

Hedrich, P.: Flexibilität in der Fertigungstechnik durch Computereinsatz. München 1983.

Heinemeyer, W.: Fortschrittszahlen - Ein Ansatz zur Steuerung in der Serienfertigung. In: Statistisch orientierte Fertigungssteuerung. Hrsg.: Institut für Fabrikanlagen der Universität Hannover (IFA). Hannover 1984, S. 98-127.

Heinrich, L. J. u. Felhofer, E.: Logistik - Organisation und Logistik-Informationssysteme. Die Betriebswirtschaft, 45 (1985), H. 6, S. 722-724.

Hill, W., Fehlbaum, R., Ulrich, P.: Organisationslehre. Bd. 1, 2. Auflage, Bern-Stuttgart 1976.

Hill, W., Fehlbaum, R., Ulrich, P.: Organisationslehre. Bd. 2, 2. Auflage, Bern-Stuttgart 1974.

Hochstädter, D.: Optimale Bestellpolitiken für Ein- und Mehr-Lagermodelle. Lösungen und Approximationen. Witterschlick b. Bonn 1967.

Hochstädter, D.: Stochastische Lagerhaltungsmodelle. Berlin-Heidelberg-New York 1969 (Lecture Notes in Operations Research and Mathematical Economics, Bd.10. Hrsg.: M. Beckmann, H. P. Künzi).

Holler, E. u. Drobnik, O.: Rechnernetze. Mannheim-Wien-Zürich 1975 (Reihe Informatik, Bd. 17. Hrsg.: K.H. Bölling, U. Kulisch, H. Maurer).

Horvath, P., Petsch, M., Weihe, M.: Standard-Anwendungsoftware für die Finanzbuchhaltung und die Kosten- und Leistungsrechnung. München 1983.

Hultzsch, H.: Prozeßdatenverarbeitung. Stuttgart 1981.

Ihde, G.-B. u. Bloech, J.: Betriebliche Distributionsplanung: Zur Optimierung der logistischen Prozesse. Würzburg 1972.

Ihde, G.-B.: Logistik: Physische Aspekte der Güterdistribution. Stuttgart 1972.

Ihde, G.-B.: Distributions-Logistik. Stuttgart 1978.

Kaeseler, W.: Zeitgemäße Materialwirtschaft - Maßnahmen und Instrumente zur kurzfristigen Bestandssenkung. Essen 1972.

Kerner, H. u. Bruckner, G.: Rechnernetzwerke: Systeme, Protokolle und das ISO-Architekturmodell. Wien-New York 1981.

Kiesel, W. M., Kühl, P. J., Schröder, H., Schwanke, A.: Architecture of the Communication Subsystem for Local Area Networks Operating under a New CSMA-Protocol with Dynamic Priorities. In: Kommunikation in Verteilten Systemen - Anwendung und Betrieb, GI/NTG-Fachtagung, Berlin, 19.-21. Januar 1983. Hrsg.: S. Schindler, O. Spaniol. Berlin-Heidelberg-New York 1983 (Informatik-

Fachberichte, Bd. 60. Hrsg.: W. Brauer im Auftrag der Gesellschaft für Informatik (GI)), S. 497-516.

Kieser, A., Kubicek, H.: Organisation. 2. Auflage, Berlin-New York 1983.

Kilger, W.: Optimale Produktions- und Absatzplanung. Opladen 1973.

Kilger, W.: Einführung in die Kostenrechnung. 2. Auflage, Wiesbaden 1980.

Kilger, W.: Industriebetriebslehre. Bd. 1, Wiesbaden 1986.

Kittel, Th. u. Speith, G.: Wirtschaftlichkeit von Planungs- und Steuerungssystemen in der Produktion. Online, 11 (1981), S. 888-893.

Kiviat, P. J.: Digital Computer Simulation. Modeling Concepts. Santa Monica 1967, S. 4.

Kleine, O. u. Melzow, W.: Disponieren in der modernen Beschaffung. 2. Auflage, Frankfurt-Köln 1976.

Klingst, A.: Optimale Lagerhaltung. Warum und wieviel bestellen? Würzburg-Wien 1971.

Köhler, D.: Organisation der innerbetrieblichen Materialbewegung. Berlin 1959.

Kotthaus, R.: Modell zur Erarbeitung einer Einführungsstrategie für Büroautomation und -kommunikation unter besonderer Berücksichtigung der Wirtschaftlichkeit. In: Planung, Einsatz und Wirtschaftlichkeitsnachweis von Büroinformationssystemen. Hrsg.: H. Krallmann, Berlin 1986, S. 171-181 (Betriebliche Informations- und Kommunikationssysteme, Bd. 7, Hrsg.: H. Krallmann).

Krcmar, H.: Gestaltung von Computer-am-Arbeitsplatz-Systemen - Entwicklung von Alternativen und deren Bewertung durch Simulation. München 1984 (Wirtschaftsinformatik und Quantitative Betriebswirtschaftslehre, Bd. 15. Hrsg.: D.B. Pressmar, Mithrsg.: A.-W. Scheer, Ch. Schneeweiß, H. Wagner).

Krcmar, H.: Die Gestaltung von Computer-am-Arbeitsplatz-Systemen - ablauforientierte Planung durch Simulation. Veröffentlichungen des Instituts für Wirtschaftsinformatik, Heft 46 (1984), Hrsg. A.-W. Scheer.

Krcmar, H.: Die Gestaltung von Comupter-am-Arbeitsplatz-Systemen - ablauforientierte Planung durch Simulation. Zeitschrift für Betriebswirtschaft (1985), S. 937-956.

Kubicek, H.: Benutzerbeteiligung und Mitbestimmung bei der Planung von Anwendungen der Informationstechnik. In: Planung in der Datenverarbeitung. Hrsg.: H. Strunz, Berlin-Heidelberg-New York-Tokyo 1985, S. 191-219.

-- Künstliche Intelligenz. Hrsg.: W. Bibel, J. H. Siekmann. Berlin-Heidelberg 1982 (Informatik-Fachberichte, Bd. 59. Hrsg.: W. Brauer im Auftrag der Gesellschaft für Informatik (GI)).

-- Logistische Informatik für Güterverkehrsbetriebe und Verlader - Computergestützte Systeme zur Planung, Steuerung und Kontrolle verkehrsbetrieblicher Transport-, Umschlags- und Lagerleistungen. Anwendertagung, Bamberg, März 1985. Hrsg.: G. Diruf. Berlin-Heidelberg-New York-Tokyo 1985.

-- Lokale und öffentliche Netze - Interdependenzen, Erfahrungsberichte. Wirtschaftlichkeit und Entwicklungstendenzen, Tagung des Fachausschusses "Büroinformations- und -kommunikationssysteme" im Fachbereich 5 - Informatik in der Wirtschaft - der Gesellschaft für Informatik (GI), Frankfurt 20. September 1983, Hrsg.: H. Krallmann. Berlin-Heidelberg-New York-Tokyo 1984.

Lüssenhop, Th.: Ein modulares Simulationsmodell - Instrument bei der Entwicklung neuer Methoden der Produktionssteuerung. In: Statistisch orientierte Fertigungssteuerung. Hrsg.: Institut für Fabrikanlagen der Universität Hannover (IFA). Hannover 1984, S. 128-142.
Management of Distributed Data Processing. Hrsg.: J. Akoka. Amsterdam-New York-Oxford 1982.

Martens, J.-M.: Anwendungsbezogene Datenorganisationen formatierter Datenbanken. München 1979 (Wirtschaftsinformatik und Quantitative Betriebswirtschaftslehre, Bd. 3. Hrsg.: D.B. Pressmar, Mithrsg.: A.-W. Scheer, Ch. Schneeweiß, H. Wagner).

Maschtera, U.: Erhöhung der Benutzerfreundlichkeit von diskreten Simulationssystemen - ein Vergleich. In: Simulationstechnik. 2. Symposium Simulationstechnik, Wien, September 1984, Proceedings. Hrsg.: F. Breitenecker und W. Kleinert. Berlin-Heidelberg-New York 1984. (Informatik-Fachberichte, Bd. 85. Hrsg.: W. Brauer im Auftrag der Gesellschaft für Informatik (GI)).

Matthäus, F.: Tourenplanung, Verfahren zur Einsatzdisposition von Fuhrparks. Darmstadt 1978.

Meißner, K.: Arbeitsplatzrechner im Verbund. München-Wien 1985.

Meffert, H.: Marketing. Einführung in die Absatzpolitik. 4. Auflage, Wiesbaden 1979.

Mertens, P. u. Heigl, M.: Neuere Entwicklungen der computergestützten Produktionsplanung, Eignung - Verbindungen - Entwicklungspfade. Erlangen 1984.

Mertens, P. u. Heigl, M.: Neue Wege bei der computergestützten Produktionsplanung. Teil 1. Online (1984), H. 11, S. 46-53; Teil 2. Online (1984), H. 12, S. 62-72.

Miesbach, J. R.: Die Grundlagen einer systembezogenen Planung von Stückgutlägern, dargestellt am Beispiel des Kommissionierlagers. Berlin 1971.

Müller, E.: Simultane Lagerdisposition und Fertigungsablaufplanung bei mehrstufiger Mehrproduktfertigung. Berlin-New York 1972.

Müller, E.: Simultane Losgrößen- und Reihenfolgeplanung bei mehrstufiger Mehrproduktfertigung unter besonderer Berücksichtigung des Kapazitätsabgleichs. Opladen 1974.

Müller-Merbach, H.: Die Anwendung des Gozinto-Graphs zur Berechnung des Roh- und Zwischenproduktbedarfs in chemischen Betrieben. Ablauf- und Planungsforschung, 7 (1966), S. 187-198.

Münzner, H.: Beschaffungsstrategien in einem Großunternehmen. Zeitschrift für Betriebswirtschaftliche Forschung, 37 (1985), H. 3, S. 250-256.

Mumford, E., Welter, G.: Benutzerbeteiligung bei der Entwicklung von Computersystemen. Hrsg.: H. Krallmann, Berlin 1984 (Informationsverarbeitung in Betrieb und Verwaltung. Bd. 1).

Narath, H.: Die Ermittlung des wirtschaftlich günstigsten Lagerbestandes, des günstigsten Zeitpunktes der Nachbestellung und der Größe des Reservelagerbestandes. Zeitschrift für Betriebswirtschaftslehre, 4 (1972), S. 473-476.

Nehmer, J.: Systemarchitektur von Realzeitsystemen. Informatik-Spektrum 7 (1984), H. 2, S. 65-72.

-- 9. Europäische Kongreßmesse für Technische Kommunikation. Kongreß III: Fortschritt der Computertechniken im Büro und Betrieb. Advanced Computer Technologies in Offices and Factories. Hrsg.: Online. Velbert 1986.

Neuvians, G.: Dynamische Bestands- und Produktionsplanung bei einstufiger Fertigung. Berlin-New York 1971.

Niedereichholz, Ch.: Innerbetriebliche Materialflußplanung. Darmstadt 1979.

Niemeyer, G.: Die Simulation von Systemabläufen mit Hilfe von Fortran IV - GPSS auf Fortran-Basis. Berlin-New York 1972.

Nieschlag, R., Dichtl, E., Hörschgen, H.: Marketing. Ein entscheidungstheoretischer Ansatz. 9. Auflage, Berlin 1976.

Nieß, P. S.: Kapazitätsabgleich bei flexiblen Fertigungssystemen. Berlin 1980 (Forschung und Praxis, Bd. 39. Hrsg.: H.J. Warnecke).

Obermann, K.: CAD/CAM-Handbuch 84/85. München 1984.

Oeldorf, G. u. Olfert, K.: Materialwirtschaft. 4. durchgesehene und verbesserte Auflage, Ludwigshafen 1985.

Oesterle, H.: Entwurf betrieblicher Informationssysteme. München-Wien 1981.

-- OPT als Planungs- und Simulationswerkzeug. Hrsg.: Creative Output, o.O. 1986.

-- Organisationsanalyse. Hrsg.: K. Wöhler, Stuttgart 1978.

Ortmann, L.: Reihenfolgeplanung durch Simulation verbessern. In: Verbesserung bestehender PPS-Systeme. Hrsg.: Techno-Congress. München 1985.

-- Planung in der Datenverarbeitung. Von der DV-Planung zum Informations-Management, Fachtagung, Bonn-Bad Godesberg, Mai 1985. Hrsg.: H. Strunz. Berlin-Heidelberg-New York-Tokyo 1985 (Betriebs- und Wirtschaftsinformatik, Bd. 12. Hrsg.: H.R. Hansen, H. Krallmann, P. Mertens, A.-W. Scheer, D. Seibt, P. Stahlknecht, H. Strunz, R. Thome).

Papke, Th.: Datenallokationsplanung in verteilten Informationssystemen. München 1985. (Wirtschaftsinformatik und Quantitative Betriebswirtschaftslehre, Bd. 18. Hrsg.: D. B. Pressmar, Mithrsg.: A.-W. Scheer, Ch. Schneeweiß, H. Wagner).

Pekayvaz, B.: Strategische Planung in der Materialwirtschaft. Frankfurt/M. 1985 (Europäische Hochschulschriften, Reihe V, Volks- und Betriebswirtschaft, Bd. 620. Hrsg.: P. Lang).

Polenz, D. V.: Materialwirtschaft mit kleinen EDV-Systemen. Heidelberg 1980.

-- Prognoserechnung. Hrsg.: P. Mertens. 4. Auflage, Würzburg-Wien 1981.

Quiel, G.: Verteilte Datenverarbeitung mit Arbeitsplatzcomputern - Eine Einführung in Distributed Data Processing. Köln 1985.

Rehberg, J.: Wert und Kosten von Informationen. Frankfurt-Zürich 1973.

Rewoldt, S. H., Scott, J. D., Warshaw, M. R.: Introduction to marketing management - Text and cases. 3.Aufl., Homenwood, Ill. 1977.

Rhode, R.: Kurzfristige Material- und Finanzplanung bei mehrfacher Zielsetzung. Diss. Würzburg 1981.

Rieger, B.-M.: Strukturen und Grundtypen von Rechnernetzen - Analyse der Systemmerkmale und ihre Bedeutung für die Systemgestaltung. Diss. Berlin 1980.

Rittinghausen, H.: Integrierte Materialflußautomatisierung in der Einzel- und Serienfertigung. München-Wien 1980 (Produktionstechnik - Berlin, Bd. 12. Hrsg.: G. Spur).

Rösmann, H.: Simulation mit GPSS. München-Wien 1978. (Hrsg.: K. Becker-Berke, R. Herschel, W. Hilberg, R. Piloty).

Roschmann, K. H.: Betriebsdatenerfassung in Industrieunternehmen. Hrsg.: Fachausschuß Organisation und Datenverarbeitung - Arbeitskreis Datenerfassung - Projektgruppe Betriebsdatenerfassung des Ausschusses für wirtschaftliche Verwaltung in Wirtschaft und öffentlicher Hand. e.V. (AWV). München 1979.

Rosenkranz, F. u. Lecoq, L.: Experimente mit einem mehrstufigen System zur Lager- und Produktionsplanung: Eine Fallstudie. Die Betriebswirtschaft 43 (1983), H. 1, S. 65-78.

Roth, P. u. Fieten, R.: Organisation der Beschaffung im Konzern, dargestellt an einem praktischen Beispiel. Zeitschrift für betriebswirtschaftliche Forschung, 32 (1980), S. 550-568.

Scheel, J.: Dynamische Produktionsplanung nach dem Abflußprinzip. In: Verbesserung bestehender PPS-Systeme. Hrsg.: Techno-Congress. München 1985.

Scheer, A.-W.: Projektsteuerung. Wiesbaden 1978.

Scheer, A.-W. unter Mitarbeit von Bolmerg, L., Demmer, H. und Helber, C.: Wirtschafts- und Betriebsinformatik. München 1978.

Scheer, A.-W.: Wirtschaftlichkeitsanalyse von Informationssystemen. In: Entwicklungstendenzen der Systemanalyse. Hrsg.: H.R. Hansen. München-Wien 1978, S. 305-329.

Scheer, A.-W., Brandenburg, V., Krcmar, H.: CAPSIM, Computer-am-Arbeitsplatz-Simulation. Ein Hilfsmittel zur Gestaltung wirtschaftlicher CAP-Systeme, Veröffentlichungen des Instituts für Wirtschaftsinformatik, H. 14 (1979), Hrsg. A.-W. Scheer.

Scheer, A.-W.: Absatzprognosen. Berlin-Heidelberg-New York-Tokyo 1983.

Scheer, A.-W., Brandenburg, V., Krcmar, H.: Entwicklung eines Sysstems zur Analyse der Auswirkungen des Distributed Processing auf Tätigkeitsprofile und Arbeitsabläufe - Abschlußbericht, Saarbrücken 1982.

Scheer, A.-W.: Schnittstellen zwischen betriebswirtschaftlicher und technischer Datenverarbeitung in der Fabrik der Zukunft. Veröffentlichungen des Instituts für Wirtschaftsinformatik, H. 44 (1984), Hrsg.: A.-W. Scheer.

Scheer, A.-W.: Integration des Personal Computers in EDV-Systeme zur Kostenrechnung. Veröffentlichungen des Instituts für Wirtschaftsinformatik, H. 47 (1984), Hrsg.: A.-W. Scheer.

Scheer, A.-W.: EDV-orientierte Betriebswirtschaftslehre. 2. Auflage, Berlin-Heidelberg-New York-Tokyo 1985.

Scheer, A.-W.: Kriterien für die Aufgabenverteilung in Mikro-Mainframe-Anwendungssystemen. Veröffentlichungen des Instituts für Wirtschaftsinformatik, H. 48 (1985), Hrsg.: A.-W. Scheer.

Scheer, A.-W., Ahlers, J., Becker, J., Brombacher, R., Brück, E., Karst, M., Saase, L.: Personal Computing - EDV-Einsatz in Fachabteilungen. München 1985.

Scheer, A.-W.: Wirtschaftlichkeitsfaktoren EDV-orientierter betriebswirtschaftlicher Problemlösungen. Veröffentlichungen des Instituts für Wirtschaftsinformatik, H. 49 (1985), Hrsg.: A.-W. Scheer.

Schicker, P.: Datenübertragung und Rechnernetze, Stuttgart 1986 (Leitfäden der angewandten Informatik, Hrsg.: L. Richter, W. Stucky).

Schindler, S. u. Spaniol, O.: Kommunikation in Verteilten Systemen - Anwendungen und Betrieb. GI/NTG - Fachtagung, Berlin-Heidelberg-New York 1983 (Informatik-Fachberichte, Bd. 60. Hrsg.: W. Brauer im Auftrag der Gesellschaft für Informatik (GI)).

Schlageter, G. u. Stucky, W.: Datenbanksysteme: Konzepte und Modelle. Stuttgart 1977 (Leitfäden der angewandten Mathematik und Mechanik LAMM, Bd. 37. Hrsg.: H. Gärtler).

Schlechtendahl, E. G.: CAD. Informatik-Spektrum 7 (1984), H. 2, S. 107.

Schmidt, B.: GPSS - Fortran, Version II, Berlin-Heidelberg-New York 1978.

Schmidt, B.: GPSS - Fortran Version 3. In: Simulationstechnik. 2. Symposium Simulationstechnik, Wien, September 1984, Proceedings. Hrsg.: F. Breitenecker u. W. Kleinert. Berlin-Heidelberg-New York 1984 (Informatik-Fachberichte, Bd. 85. Hrsg.: W. Brauer im Auftrag der Gesellschaft für Informatik (GI)).

Schneeweiß, Ch.: Modellierung industrieller Lagerhaltungssysteme. Einführung und Fallstudien. Berlin-Heidelberg-New York 1981.

Schneeweiß, Ch.: Industrielle Lagerhaltungsmodelle - eine modellierungstheoretische Übersicht. OR-Spektrum, 4 (1982), S. 63-77.

Schomburg, E. u. Wiese, M.: Möglichkeiten zur Beurteilung der Wirtschaftlichkeit von rechnergestützten Fertigungssteuerungssystemen. VDI-Zeitung, 121 (1979), S. 27-49.

Schomburg, E. u. Virnich, M.: Betriebsdatenerfassung. In: DV-Leitfaden für Klein- und Mittelbetriebe im Maschinenbau. Hrsg.: VDMA Maschinenbau-Verlag GmbH. Frankfurt/M. 1980, S. 71-117.

Schrafstetter, K.: Organisation. 2. Auflage, München 1981.

Schüle, G.: Dezentrale BDE- und Werkstattsteuerungssysteme verbessern die Qualität von PPS-Systemen (Obserwer). In: Verbesserung bestehender PPS-Systeme. Hrsg.: Techno-Congress. München 1985.

Schulte, K.: EDV im Lager - Möglichkeiten computergestützter Lagerorganisations- und -informationssysteme. Hrsg.: Rationalisierungs-Gemeinschaft des Handels beim RKW (RGH). o. O. 1980.

Schulze, H. H.: Lexikon zur Datenverarbeitung. Reinbek bei Hamburg 1981.

Schwab, H.: Materialwirtschaft, Aufgaben und Definition. Frankfurt 1977.

Seelbach H.: Ablaufplanung. Würzburg-Wien 1975.
Service- und Materialmanagement: Fälle - Konzepte - Instrumente. Hrsg.: F.-D. Dorloff, P. Roth. Wiesbaden 1985.

-- Simulationstechnik. 1. Symposium Simulationstechnik, Erlangen, April 1982, Proceedings. Hrsg.: M. Goller. Berlin-Heidelberg-New York 1982 (Informatik-Fachberichte, Bd. 56. Hrsg.: W. Brauer im Auftrag der Gesellschaft für Informatik (GI)).

-- Simulationstechnik. 2. Symposium Simulationstechnik, Wien, September 1984, Proceedings. Hrsg.: F. Breitenecker u. W. Kleinert. Berlin-Heidelberg-New York-Tokyo 1984. (Informatik-Fachberichte, Bd. 85. Hrsg.: W. Brauer im Auftrag der Gesellschaft für Informatik (GI)).

-- Sprachen für Datenbanken. Fachgespräch auf der 13. GI-Jahrestagung, Hamburg, Oktober 1983. Hrsg.: J.W. Schmidt. Berlin-Heidelberg-New York-Tokyo 1983 (Informatik-Fachberichte, Bd. 72. Hrsg.: W. Brauer im Auftrag der Gesellschaft für Informatik (GI)).

Steusloff, H. U.: Realzeit-Programmiersprachen. Informatik-Spektrum, Realzeitsysteme, 7 (1984), H. 2, S. 81-93.

Syrbe, M.: Zuverlässigkeit von Realzeitsystemen: Fehlermanagement. Informatik-Spektrum, 7 (1984), H. 2, S. 94-101.

Tietz, B.: Die Grundlagen des Marketing. Bd. 1: Die Marketing-Methoden, 2. Aufl., München 1975.

Tietz, B.: Der Handelsbetrieb: Grundlagen der Unternehmenspolitik. München 1985.

-- System RM - Funktionsbeschreibung. Hrsg.: Systeme, Anwendungen, Produkte in der Datenverarbeitung (SAP). Walldorf 1985.

Todt, H.: Anwendung der Simulationstechnik. Verbesserung der Maschinenanordnung in einer mechanischen Serienfertigung. Berlin-Köln-Frankfurt/M. 1968.

Todt, H.: Programm zur Simulation von Materialflußsystemen, MASIM: Fachbericht aus dem Institut für Arbeitswissenschaft der TU Berlin. Berlin 1974.

Todt, H.: Anwendung der Simulationstechnik bei Transport- und Materialflußproblemen. Anleitung und Praxisbeispiele. Berlin 1977.

Vetter, M.: Von der Informationsanalyse zum unternehmensoptimalen Datenbank-Design I: Konzeptionelles Datenbank-Design. In: Datenbanken in der Praxis. Hrsg.: CW-CSE, Communications, Services & Education. München 1983, S. 7-34.

-- VDI-Handbuch Betriebstechnik, VDI-Richtlinie 3246, Zubringeeinrichtungen für Blechkleinteile in der Blechverarbeitung. Berlin-Köln 1965.

-- VDI-Richtlinie 3300, Materialflußuntersuchungen. Düsseldorf 1973.

Vinek, G., Rennert, P. F., Tjoa, A. M.: Datenmodellierung: Theorie und Praxis des Datenbankentwurfes. Würzburg-Wien 1982.

Waldraff, A.: Das logistische Regelfeld Absatz - Bestände - Fertigung, Operative Simultanplanung im dynamischen Modell einer konkreten Unternehmung. Frankfurt-Bern 1982.

Walze, H.: Kommunikation in Verteilten Prozeßautomatisierungssystemen - realzeitspezifische Anforderungen und Lösungsmerkmale. In: Kommunikation in Verteilten Systemen - Anwendungen und Betrieb. Hrsg.: S. Schindler, O. Spaniol. Berlin-Heidelberg-New York 1983 (Informatik-Fachberichte, Bd. 60. Hrsg.: W. Brauer im Auftrag der Gesellschaft für Informatik (GI)), S. 658-670.

Weber, K., Trzebiner, R., Tempelmeier, H.: Simulation mit GPSS: Lehr- und Handbuch zu GPSS (General Purpose Simulation System) mit wirtschaftswissenschaftlichen Anwendungsbeispielen. Bern-Stuttgart 1983.

Weck, G.: Prinzipien und Realisierung von Betriebssystemen. Stuttgart 1982.

Wedekind, H.: Datenbanksysteme I, 2. Auflage, Mannheim-Wien-Zürich 1981 (Reihe Informatik, Bd. 16. Hrsg.: K. H. Böhling, U. Kulisch, H. Maurer).

Wedekind, H. u. Härder, T.: Datenbanksysteme II, Mannheim-Wien-Zürich 1976 (Reihe Informatik, Bd. 18. Hrsg.: K. H. Böhling, U. Kulisch, H. Maurer).

Wiederhold, G.: Datenbanken: Analyse, Design, Erfahrungen. München 1980.

Wiendahl, H.-P.: Grundlagen neuer Verfahren der Fertigungssteuerung. In: Statistisch orientierte Fertigungssteuerung. Hrsg.: Institut für Fabrikanlagen der Universität Hannover (IFA). Hannover 1984, S. 1-19.

Wildemann, H.: Planung und Steuerung mit Kanban. technotip 12 (1982), H. 3, S. 12-16.

Wildemann, H.: Flexible Werkstattsteuerung durch Integration von Kanban-Prinzipien. München 1984 (Computergestütztes Produktionsmanagement, Bd. 2. Hrsg.: H. Wildemann).

Wildemann, H.: Kanban-System. Die Betriebswirtschaft, 44 (1984), H. 2, S. 313 f.

Wittemann, N.: Produktionsplanung mit verdichteten Daten. Berlin-Heidelberg-New York-Tokyo 1985 (Betriebs- und Wirtschaftsinformatik, Bd. 14. Hrsg.: H. R. Hansen, H. Krallmann, P. Mertens, A.-W. Scheer, D. Seibt, P. Stahlknecht, H. Strunz, R. Thome).

Wöhe, G.: Einführung in die Allgemeine Betriebswirtschaftslehre. 15., überarbeitete Auflage, München 1984.

Zacharias, C.-O.: Ein heuristisches Verfahren zur Behandlung des lost-sales-Falles bei der (s,S,t)-Bestellpolitik. Veröffentlichungen des Instituts für Wirtschaftsinformatik, H. 27 (1981), Hrsg.: A.-W. Scheer.

Zacharias, C.-O.: EDV-Einsatz in hierarchischen Lagerverbundsystemen. München 1982. (Wirtschaftsinformatik und Quantitative Betriebswirtschaftslehre, Bd. 9. Hrsg.: D. B. Pressmar, Mithrsg.: A.-W. Scheer, Ch. Schneeweiß, H. Wagner).

Zangl, H.: Durchlaufzeiten im Büro - Prozeßorganisation und Aufgabenintegration als effizienter Weg zur Rationalisierung der Büroarbeit mit neuen Bürokommunikationstechniken. Berlin 1985 (Mensch und Arbeit im technisch-organisatorischen Wandel. Bd. 3. Hrsg.: R. Marr, R. Reichwald).

Betriebs- und Wirtschaftsinformatik

Herausgeber: **H. R. Hansen, H. Krallmann, P. Mertens, A.-W. Scheer, D. Seibt, P. Stahlknecht, H. Strunz, R. Thome**

Band 3: **H. Krallmann** (Hrsg.)

Unternehmensplanung und -steuerung in den 80er Jahren

Eine Herausforderung an die Informatik

Anwendergespräch, Hamburg,
24.–25. November 1981
Gesellschaft für Informatik e. V. Verband der Hochschullehrer für Betriebswirtschaft e. V. (WK Betriebsinformatik)

1982. DM 82,–. ISBN 3-540-11600-1

Band 4: **R. Thome** (Hrsg.)

Datenverarbeitung im KFZ-Service und -Vertrieb

Anwendergespräch, Universität Bamberg,
21.–22. Oktober 1982
Gesellschaft für Informatik e. V.
Arbeitskreis für Wirtschaft und Verwaltung an der Universität Bamberg e. V.

1983. DM 59,–. ISBN 3-540-12005-X

Band 5: **H. R. Hansen, W. L. Amsüss, N. S. Frömmer**

Standardsoftware

Beschaffungspolitik, organisatorische Einsatzbedingungen und Marketing

1983. DM 49,–. ISBN 3-540-12332-6

Band 6: **W. Sinzig**

Datenbankorientiertes Rechnungswesen

Grundzüge einer EDV-gestützten Realisierung der Einzelkosten- und Deckungsbeitragsrechnung

2. Auflage. 1985. DM 62,–. ISBN 3-540-15240-7

Band 7: **R. Anselstetter**

Betriebswirtschaftliche Nutzeffekte der Datenverarbeitung

Anhaltspunkte für Nutzen-Kosten-Schätzungen

2., durchgesehene Auflage. 1986. DM 55,–.
ISBN 3-540-16097-3

Band 8: **T. Noth, M. Kretzschmar**

Aufwandschätzung von DV-Projekten

Darstellung und Praxisvergleich der wichtigsten Verfahren

2. Auflage. 1986. DM 38,–. ISBN 3-540-16069-8

Band 9: **J. Zentes** (Hrsg.)

Neue Informations- und Kommunikationstechnologien in der Marktforschung

Informationstagung 18. Januar 1983, Frankfurt, veranstaltet vom Gottlieb-Duttweiler-Institut für wirtschaftliche und soziale Studien, Rüschlikon- Zürich

1984. DM 40,–. ISBN 3-540-12906-5

Band 10: **H. Krallmann** (Hrsg.)

Lokale und öffentliche Netze

Interdependenzen, Erfahrungsberichte, Wirtschaftlichkeit und Entwicklungstendenzen

Tagung des Fachausschusses „Büroinformations- und -Kommunikationssysteme" im Fachbereich 5 – Informatik in der Wirtschaft der Gesellschaft für Informatik e. V., Frankfurt, 20. September 1983

1984. Broschiert DM 39,–. ISBN 3-540-13357-7

Band 11: **W. Mülder**

Organisatorische Implementierung von computergestützten Personalinformationssystemen

Einführungsprobleme und Lösungsansätze

1984. DM 55,–. ISBN 3-540-13360-7

Springer-Verlag
Berlin Heidelberg New York
London Paris Tokyo

Springer